长江中游城市群一体化模式选择与机制研究

基于市场、产业、空间三维视角

A Study on the Integrated Development Model and Mechanism of Urban Agglomeration in the Middle Reaches of the Yangtze River

Based on the Three-dimensional Perspective of Market, Industry and Space

李　琳　著

国家社科基金后期资助项目
出版说明

后期资助项目是国家社科基金设立的一类重要项目，旨在鼓励广大社科研究者潜心治学，支持基础研究多出优秀成果。它是经过严格评审，从接近完成的科研成果中遴选立项的。为扩大后期资助项目的影响，更好地推动学术发展，促进成果转化，全国哲学社会科学工作办公室按照“统一设计、统一标识、统一版式、形成系列”的总体要求，组织出版国家社科基金后期资助项目成果。

全国哲学社会科学工作办公室

摘　要

长江中游城市群是我国当前三大区域战略之一的长江经济带发展战略的中部支撑，也是中国区域战略布局中的中部核心增长极，肩负着构建支撑中国经济新常态下可持续发展的新经济横轴、打造中国区域经济增长新动力源的重任；在新型城镇化加速推进和城市群一体化发展逐渐成为中国参与国际竞争重要载体的背景下，探究长江中游城市群一体化发展论题显得尤为迫切与重要。本课题以“长江中游城市群一体化发展模式与机制”为主题，以市场一体化—产业一体化—空间一体化为主线，以微观的市场基础—中观的产业支撑—宏观的空间载体三维层层递进为分析逻辑，对长江中游城市群一体化论题展开探索性研究。旨在通过探析城市群一体化发展的理论基础、市场—产业—空间三重维度下城市群一体化水平测度指标与测度方法、市场—产业—空间三重维度下城市群一体化模式选择，实现市场—产业—空间三重维度下城市群一体化模式的一体化发展机制体系，来尝试构建市场—产业—空间三重维度下的城市群一体化发展理论分析框架；同时，通过解析长江中游城市群一体化发展的现实基础，定量测度近15年来长江中游城市群市场一体化水平、产业一体化水平和空间经济联系水平，解析市场一体化水平、产业一体化水平、空间经济联系水平的动态演化特征及凸显问题，提出并阐析市场一体化模式、产业一体化模式和空间一体化模式选择，进而构建城市群一体化发展机制框架及实现策略，为政府推进长江中游城市群一体化发展战略实施提供理论支撑和决策参考。围绕以上研究目标，本课题展开了以下研究。

城市群一体化发展的基础理论解析，为本课题提供理论支撑。城市群一体化的实质是要素自由流动，形成城市群地域空间组织高度集中、产业关联高度紧密、要素市场高度融合的一种状态。区域分工与协作理论、区域一体化理论、城市群空间演化理论以及共生理论分别为城市群一体化发展提供了以下理论启示：重视要素禀赋的差异性、比较优势的可创造性与区域分工的外部性；重视制度统一的必要性、政府干预的有效性以及大市场的优越性；重视打造整体产业链、强化中心城市的辐射带动效应、协调城际利益关系以及完善网络化设施；重视城市群内城市间的差异化共生、合作性共生与进化性共生。

长江中游城市群一体化发展的现实条件分析。长江中游城市群具备良好的一体化发展现实基础，主要体现在城市群共同深厚的历史文化渊源和良好的历史机遇，独特的区位条件与良好的交通基础，渐强的经济实力与良好的发展契机，相似的产业分工定位与共同的利益诉求，政府间、企业间以及非政府组织间的多领域的交流合作平台的搭建以及交通运输、产业发展和市场一体化等重点领域的一体化已逐渐推进等方面。

长江中游城市群市场一体化测度及市场一体化模式选择。首先，从支撑因素以及表征因素两个维度构建了城市群市场一体化水平评价指标体系，利用城市流模型、专业化指数、价格法、熵权法及变异系数等方法引进一系列综合指标和复合指标，采用基于遗传算法的投影寻踪聚类评价模型对长江中游城市群近 15 年市场一体化水平进行动态评估，结果表明：长江中游城市群市场一体化水平加速提升，但四大构成要素呈现非均衡发展格局，尚处于以城市间联系度为单一支撑的初级发展阶段；三大次城市群呈现武汉城市圈—环长株潭城市群—环鄱阳湖城市群的梯级格局，产品市场一体化和政府效能同一度是主驱动因子；武汉城市圈呈现“四要素协同驱动型”特征，环长株潭城市群呈现城市间联系度主导的“单要素驱动”特征，环鄱阳湖城市群则是城市间联系度和要素市场一体化共同主导的“双要素驱动”型。其次，结合实证分析结论探析长江中游城市群市场一体化发展模式选择，指出长江中游城市群市场一体化应从城市群整体以及三大次城市群层面选择差异化发展模式。长江中游城市群应选择协调高效的城市群区域政策协调模式；武汉城市圈应选择城市群市场一体化推进阶段的多层次交通体系模式；环长株潭城市群以及环鄱阳湖城市群应选择序贯式政策协调模式和政府主导的产品要素市场整合模式。具体思路是，长江中游城市群区域政策协调化，武汉城市圈交通通信网络化，以及环长株潭城市群、环鄱阳湖城市群区域政策协调化、产品要素流通自由化。

长江中游城市群产业一体化测度及产业一体化模式选择。首先，构建产业一体化指数，探析近15年长江中游城市群三次产业以及工业行业的产业一体化水平，结果表明：长江中游城市群三次产业同构程度较高，产业互补性有待增强；工业产业一体化水平虽有所提升，但仍处于较低水平，专业化分工有待提升。其次，运用区位熵分析了具体专业化行业的动态演变，结果表明：长江中游城市群在16个工业行业具备比较优势，但专业化产业多为低技术产业或高耗能产业，整体呈现产业结构层次低、高技术产业缺乏专业化优势的特征；近15年来，长江中游城市群的专业化产业变动呈现能源密集型产业衰退、轻纺制造业优势形成的特征，工业产业结构调整虽有成效，但新专业化产业多为低技术产业，陷入专业化产业高技术支撑乏力的困境。最后，结合实证结果提出并阐析长江中游城市群产业一体化的模式选择，即针对不同的产业采取不同的一体化模式，石油化工产业可选择产业链纵向型的一体化模式，装备制造业应采取技术市场协同型和异构互补型相结合的一体化模式，战略性新兴产业可选择蛛网辐射型一体化模式，冶金工业可选择技术市场协同型和蛛网辐射型相结合的一体化模式。具体思路是，增强增长极作用，实现区域产业功能互补；沿经济带合理布局，优化产业空间结构；打造优势产业集群，分工合作承担产业转移；实施低碳化发展，助推能源密集型产业链转型升级；科学编制产业规划。

长江中游城市群空间经济联系测度及空间一体化模式选择。首先，从空间节点、交通通道、城市间要素流、城市群等级结构、空间组织网络五个方面，对长江中游城市群空间一体化的现状特征进行了测度分析，得出要素空间分布分散、尚未形成围绕中心的指向性分布格局，基本形成“顶层小，中层多，基层大”的城市群等级结构，初步显现“一核、两次、三圈、四轴”的空间网络结构等主要结论。其次，运用修正的引力模型，结合主成分分析法与 GIS 空间分析方法，对长江中游城市群近 15 年不同空间尺度的一体化水平进行了动态比较分析。结果表明：长江中游城市群城市对外经济联系整体呈上升之势，新余、益阳、萍乡等城市通过产业互补在非中心城市对外经济联系中表现尤为突出；城市间经济联系差异扩大，基本维持以武汉为中心以及以长沙、新余组团为中心的两大圈层式扩散形态的空间结构，呈北部与中南强、东部弱的空间分异特征；三大次城市群之间的互动集群式结构尚未形成。最后，基于实证分析结论，提出长江中游城市群空间一体化模式的总体构想，即以武汉为主角，以长沙、南昌为副角的成三角一体化模式，并向星座式一体化模式进化，最终成为世界网络城市体系的一部分，具体发展策略是，构建“一区三圈四组团五轴”的城市网络格局；催育长江中游城市群核心区，强化组织带动作用；完善城市体系结构，加强协作对接。

长江中游城市群一体化发展机制研究。首先，简析了城市群一体化机制的内涵与构成。城市群一体化机制是指特定城市群在形成、发展、成熟过程中所涵盖的各种要素之间相互联系、相互作用、相互制约的关系集合，具有整体性、客观性、复杂性，以及动态性等多种特征，包括利益机制、动力机制、链接机制和保障机制等多种机制。其次，探讨了国内外典型城市群一体化机制建设经验及启示。利益机制方面，要注重并优化各主体的参与方式，明确不同行政等级政府的利益归属和职能管辖，尊重企业的市场主体地位；动力机制方面，要重视多样性交通工具的建设，要强化科技创新与产业集群创新能力的培育；链接机制方面，要打造错位发展的空间布局，形成产业互补；保障机制方面，要建立完善的法律法规政策体系，注重政策延续性和反馈与监督机制的构建。再次，剖析了长江中游城市群一体化机制缺失的主要表现。最后，提出了长江中游城市群一体化机制构建的思路与策略。一是构建合理的利益机制，包括合理有效的利益表达与参与机制、和谐共赢的利益共享与补偿机制。二是完善城市群交通网络，强化城际互联互通；强化创新投入，协同促进创新发展机制建设。三是促进不同层次产业在“核心—外围”城市的有效分工，优化城市群产业布局；“串点成线”，整合产业存量资源，提升城市群特色产业整体竞争力；强化点、提升线、发展圈，点、线、圈有序推进，构筑城市群合理空间链。四是探索区域性法律法规建立，加强城市群内部区域协作，消除地方保护，构建城市群一体化发展的评价与评估机制。

关键词：长江中游城市群　市场一体化　产业一体化　空间一体化　模式选择　机制构建

Abstract

Middle Yangtze River urban agglomeration provides "middle" support for China's strategic regional plan of Yangtze River economic belt and also positioned as the core growth pole in central China. It holds important positions to build the economic horizontal axis of sustainable development and form new momentum of regional economic growth under the background of China's "New Normal". Besides, along with the rapid development of new urbanization and the fact that urban agglomeration is becoming a critical carrier of China to participate the international competition, it is of great significance to study on the middle Yangtze River urban agglomeration integration. We take "the integration mode and mechanism of the middle Yangtze River urban agglomeration" as the subject, use "market integration-industrial integration-spatial integration" as the framework and consider "micro market basis-meso industrial support-macro spatial carrier" as the analytic logic. We build the theoretical analysis framework of urban agglomeration integration under the three dimensions of "market-industry-space" by analyzing the theoretical basis of urban agglomeration integration, the measurement indexes and methods of "market-industry-space" integration, the "market-industry-space" integration modes and the "market-industry-space" integration mechanism. Also, we provide theoretical support and decision-making reference for government to formulate the development strategy of the middle Yangtze River urban agglomeration integration by analyzing the realistic basis, empirically measuring the market integration, industrial integration and spatial economic linkage, discovering the evolution rules and problems, putting forward market integration mode, industrial integration mode and spatial integration mode, finally building the integration mechanism and the implementation strategy. Around the above objects, several researches are taken.

Analyze the theoretical basis of urban agglomeration integration to provide the theoretical support. Urban agglomeration integration means the free flow of productivity factors and the state of geographically concentration, close industrial relationship and market convergence. The theories of regional division and cooperation, regional integration, spatial evolution of urban agglomeration and symbiosis provide theoretical enlightenments for urban agglomeration integration as below: pay attention to the difference of factor endowment, the re-creation of comparative advantage and the externality of regional division; value the necessity of unified institution, the effectiveness of government intervention and the superiority of integrated market; attach importance to construct the industrial chain, strengthen the driving effects of central cities, coordinate the intercity benefit relationship and improve the infrastructure network; concern the different symbiosis, cooperated symbiosis and evolving symbiosis among cities inside the urban agglomeration.

Explain the realistic basis of the middle Yangtze River urban agglomeration integration. The main realistic basis of the middle Yangtze River urban agglomeration integration are the common profound culture and favorable historical opportunity; unique location conditions and well-built infrastructure; improved economic strength and superior development opportunity; similar industrial basis and common interest demand; multi-field cooperation and communication among governments, enterprise and non-governmental organization; the gradual integration of critical fields such as transportation, industry and market.

Evaluate the market integration of the middle Yangtze River urban agglomeration and select the market integration mode. Firstly, we build the market integration evaluation system, construct composite indexes and use the projection pursuit classification evaluation model to analyze the market integration of the middle Yangtze River urban agglomeration in recent 15 years. Result shows: the market integration has been improved, but still stays at the low level with the single drive (city contact); three subordinate urban agglomerations show gradient difference, product market integration and government efficiency are the main drives; Wuhan urban agglomeration is four factors synergistic drive pattern, Pan-Chang-Zhu-Tan urban agglomeration is single factor (city contact) drive pattern, around Poyang Lake urban agglomeration is two factors (city contact and element market integration) drive pattern. Secondly, we select different market integration mode according to the empirical conclusions. The middle Yangtze River urban agglomeration should select coordinated regional policy mode; Wuhan urban agglomeration should select multi-level traffic system mode; Pan-Chang-Zhu-Tan urban agglomeration and around Poyang Lake urban agglomeration should select the combined mode of sequential coordinated regional policy and government driven product and factor market integration.

Analyze the industrial integration of the middle Yangtze River urban agglomeration and select the industrial integration mode. Firstly, we build industrial integration index to evaluate the three industries integration and the second industry integration of the middle Yangtze River urban agglomeration in recent 15 years. Result shows: the three industries isomorphism stays at high level and the industry complementarity need to be improved; the integration level of the second industry has improved, but still at low level and specialization division should be improved. Secondly, we use location quotient to analyze the evolution of specialized industries. Result shows: the 16 specialized industries of the middle Yangtze River urban agglomeration are almost low-technology or high energy-consuming, which means the industrial structure is at low level and high technology industry lacks comparative advantage; the energy intensive industries has declined while the advantage of textile manufacturing has formed, which shows industrial structure has been improved, but the specialized industries still lack high technology support. Thirdly, we select the industrial integration mode according to the empirical conclusions. Different industry should select different mode, petrochemical industry, equipment manufacturing industry, strategic emerging industry and metallurgical industry should select longitudinal industrial chain mode, the combined mode of synergistic technology and complementary structure, cobweb spread mode and the combined mode of synergistic technology and cobweb spread respectively. The development strategy is strengthening the driving effect of growth pole and developing complementary industries; optimizing industrial distribution along the economic belt; developing effective industrial clusters and promoting industry transfer; improving the low-carbon development of energy intensive industries and formulating industry planning properly.

Measure the spatial economic linkage of the middle Yangtze River urban agglomeration and select the spatial integration mode. Firstly, we analyze the spatial integration in recent 15 years from space node, traffic channel, intercity factor mobility, hierarchical structure and spatial pattern. Result shows: factors distribute dispersedly and center convergence has not formed; the hierarchical structure is "small top layer, big middle layer and large bottom layer"; the spatial pattern is "one core, two secondary cores, three circles and four axles". Secondly, we use modified gravity model, principal component analysis and GIS visualization to analyze the spatial integration. Result shows: the economic linkage among cities has been on the rise, Xinyu, Yiyang and Pingxiang perform well among non-center cities; the regional disparity has been enlarged and the spatial pattern is dual-core circular spreading layout with one circle centering on Wuhan and another circle centering on Changsha and Xinyu, along with the characteristic of closer linkage in northern and central southern areas but weaker linkage in eastern area; the interactive cluster among the three subordinate urban agglomerations has not formed. Thirdly, we select the spatial integration mode according to the empirical conclusions. The middle Yangtze River urban agglomeration should select the triangle integration mode with Wuhan as the core and Changsha and Nanchang as secondary cores, which should gradually evolve to constellation integration mode and make the middle Yangtze River urban agglomeration become a part of international urban network. The development strategy is building the urban network of "one district, three circles, four groups and five axles"; developing the core area and intensifying its driving effect; improving urban network and promoting cooperation.

Analyze the integration mechanism of the middle Yangtze River urban agglomeration. Firstly, we analyze the connotation and constitution of urban agglomeration integration mechanism briefly. Urban agglomeration integration mechanism refers to the interconnected and interactional relationship set among various elements which is formed during the formation, development and maturation process. It has features like integrity, objectivity, complexity and dynamics and it includes interest mechanism, dynamic mechanism, linkage mechanism and guarantee mechanism. Secondly, enlightenments of urban agglomeration integration mechanism at home and abroad are discussed. For interests mechanism, it is suggested to focuse and optimize the participation of each subject, clear the interest and function range of different executive levels of government and show respect for the market dominant position of enterprises; for dynamic mechanism, attention shall be paid to the diversity of vehicle construction to strengthen scientific and technological innovation and foster industrial clusters innovation ability; for linkage mechanism, it is required to build spatial layout dislocation development to form complementary industries; for guarantee mechanism, a sound system of laws and regulations and policies should be established, focusing on policy continuity and the build of monitoring and feedback mechanism. Thirdly, we discover the missing of the integration mechanism in the middle Yangtze River urban agglomeration and put fomard the ideas and strategies of integration mechanisms build. (1) Build a reasonable benefit mechanism, including reasonable and effective mechanisms for interest expression and participation, harmony and win-win mechanism for benefit-sharing and compensation; (2) Improve the urban traffic network and strengthen intercity interoperability; increase innovation investment and build synergistic innovation mechanism; (3) Promote effective industrial division in the "core-periphery" cities and optimize the industrial distribution; "string point into line" to integrate resources and form industrial competitiveness; strengthen points, lift lines and develop circles orderly to properly build urban agglomeration chain; (4) Establish regional laws and regulations, strengthen internal regional cooperation, eliminate local protectionism and build an evaluation mechanism for urban agglomeration integration.

Keywords: Middle Yangtze River Urban Agglomeration; Market Integration; Industrial Integration; Spatial Integration; Mode Selection; Mechanism Build

目　　录

第一章 绪 论

第一节 研究背景与意义

一 研究背景

进入 21 世纪，随着全球新一轮科技革命与产业变革的推进，世界经济正加速呈现集团化、一体化发展趋势。经济活动空间组织形态也逐步趋向于区域一体化的发展格局，都市圈、城市群的构建与发展正成为区域经济发展和区域经济一体化的主要特征和主导模式。城市群作为城市化发展和区域一体化过程中的一种高级地域空间组织形式，对世界经济格局的发展具有重要推动作用，并愈来愈成为一国或区域参与国际竞争与专业化分工的重要主体。在这一国际趋势下，中国的区域竞争也正由个体竞争走向群体竞争，区域发展模式正由单个区域发展向跨区域合作与区域一体化发展模式转变。随着我国城镇化发展进入快速推进阶段，新型城镇化愈来愈彰显其对于我国在经济新常态下培育新动能的支撑作用，城市群一体化作为区域经济一体化的主体形态，逐渐上升为国家战略，受到政府的高度重视。2011 年，国家“十二五”规划就明确提出了城市群发展方向，即要“按照统筹规划、合理布局、完善功能、以小带大的原则优化城市化布局和形态，以大城市为依托，以中小城市为重点，逐步形成辐射作用大的城市群，促进大中小城市和小城镇协调发展”，同时“在东部地区逐步打造更具国际竞争力的城市群，在中西部有条件的地区培育壮大若干城市群”。2014 年，《国家新型城镇化规划（2014～2020 年）》进一步明确提出，“以城市群为主体形态，推动大中小城市和小城镇协调发展”；“要加快培育成渝、中原、长江中游、哈长等城市群，使之成为推动国土空间均衡开发、引领区域经济发展的重要增长极”。2016 年出台的国家“十三五”规划纲要强调，“要加快城市群建设发展，优化提升东部地区城市群，培育中西部地区城市群，发展壮大东北地区、中原地区、长江中游、成渝地区、关中平原城市群”；同时，“要建立健全城市群发展协调机制，推动跨区域城市间产业分工、基础设施、生态保护、环境治理等协调联动，实现城市群一体化高效发展”。2015 年国务院批复同意《长江中游城市群发展规划》（简称《规划》），《规划》指出，长江中游城市群是长江经济带三大跨区域城市群支撑之一，亦是实施促进中部崛起战略、全方位深化改革开放和推进新型城镇化的重点区域，在我国区域发展格局中占有重要位置。《规划》强调，要推进合作联动发展，着力突破行政区域的限制，打破地区封锁和市场垄断，推进城市群一体化发展。2017 年中共十九大报告指出，要“以城市群为主体构建大中小城市和小城镇协调发展格局，加快农业转移人口市民化”。由此明确，城市群一体化发展正式上升到国家战略层面，一体化发展的区域布局，呈现逐步由沿海转向内地的发展趋势，以长江中游城市群为代表的内地城市群逐渐成为国家新型城镇化的重点推进区域和城市群一体化发展的战略布局区域。

长江中游城市群，是以武汉、长沙、南昌为中心城市，涵盖武汉城市圈、环长株潭城市群、环鄱阳湖城市群等中国中部经济发展地区，以浙赣线、长江中下游交通走廊为主轴，向东向南分别呼应长江三角洲和珠江三角洲。长江中游城市群地处长江中下游地区，区位条件优越，地域面积广阔，教育资源丰富，交通网络发达，东西有长江黄金水道，南北有京广铁路，经济实力和辐射带动力强，在我国未来空间开发格局中，具有举足轻重的战略地位和战略意义。2010 年 12 月，国务院审批的《全国主体功能区规划》，以武汉城市圈、环长株潭城市群以及鄱阳湖生态经济区为主体的长江中游地区被列为 18 个国家重点开发区域之一；2012 年 8 月，国务院出台的《关于大力实施促进中部地区崛起战略的若干意见》

提出，鼓励和支持武汉城市圈、环长株潭城市群和环鄱阳湖城市群开展战略合作，促进长江中游城市群一体化发展。2014 年 9 月，国务院印发的《关于依托黄金水道推动长江经济带发展的意见》明确，要优化沿江城镇化格局，提升长江三角洲城市群国际竞争力，培育发展长江中游城市群，促进城市群一体化发展。2015 年 4 月，国务院批复《长江中游城市群发展规划》，这是贯彻落实长江经济带战略的重要举措，也是《国家新型城镇化规划（2014～2020 年）》出台后国家批复的第一个跨区域城市群规划，确定长江中游城市群包括武汉城市圈、环长株潭城市群、环鄱阳湖城市群共 31 市，将长江中游城市群正式定位为中国经济发展新增长极、中西部新型城镇化先行区、内陆开放合作示范区和“两型”社会建设引领区；同时，该规划明确指出，要推动城市群集约集聚发展，优化城市空间形态和空间布局，提高城镇综合承载能力，促进城镇发展与产业支撑、转移就业和人口集聚相统一，推动建立城市群一体化发展模式。

《长江中游城市群发展规划》对于推进城市群一体化发展目标的定位，为学术界提出了重大的崭新课题。尽管近年随着我国经济进入新常态，经济发展战略重心逐渐向内陆沿江地区转移的趋势强化，以及长江中游城市群上升为国家战略，学术界对于长江中游城市群一体化发展论题进行了一些零星的探讨，但由于长江中游城市群属于新兴城市群，一体化发展起步晚，学术界对其一体化发展探讨整体尚处于起步阶段，尚缺乏深入系统的探索。鉴于此，本研究以“长江中游城市群一体化发展模式与机制”为主题，以市场一体化—产业一体化—空间一体化为主线，对长江中游城市群一体化论题展开探索性研究，旨在尝试构建市场—产业—空间三重维度下的城市群一体化发展理论分析框架；同时，解析长江中游城市群一体化发展的现实基础，定量测度长江中游城市群市场一体化水平、产业一体化水平和空间一体化水平，解析市场一体化水平、产业一体化水平、空间一体化水平的动态演化特征及凸显的问题，进而提出并阐析市场一体化模式、产业一体化模式和空间一体化模式选择及具体实现策略，为政府推进长江中游城市群一体化发展战略的具体实施提供理论支撑和决策参考。

二 研究意义

在新型城镇化加速推进和城市群一体化发展逐渐成为中国参与国际竞争重要载体的背景下，探究长江中游城市群一体化发展论题显得尤为迫切与重要。本研究以“长江中游城市群一体化发展模式与机制”为主题，以市场一体化—产业一体化—空间一体化为主线，对长江中游城市群一体化论题展开探索性的理论与实证研究，旨在尝试构建市场—产业—空间三重维度下的城市群一体化发展理论分析框架，同时，创造性提出长江中游城市群适宜的市场—产业—空间三重维度一体化模式选择及实现一体化发展模式的机制保障。研究成果具有重要的理论价值和现实意义。

（一）理论价值

本研究围绕“长江中游城市群一体化发展模式与机制”的主题，以市场一体化—产业一体化—空间一体化为主线，以微观的市场基础—中观的产业支撑—宏观的空间载体三维层层递进为分析逻辑，对长江中游城市群一体化论题展开探索性的理论研究，旨在通过探析城市群一体化发展的理论基础、市场—产业—空间三重维度下城市群一体化水平测度指标与测度方法、市场—产业—空间三重维度下城市群一体化模式选择，实现市场—产业—空间三重维度下城市群一体化模式的一体化发展机制体系，尝试构建市场—产业—空间三重维度下的城市群一体化发展理论分析框架。研究成果对于弥补传统的城市群一体化研究维度的单一性和研究框架的欠完整性，进而丰富我国区域经济学、城市经济学、经济地理学等相关学科理论体系，具有较重要的学术价值。

（二）现实意义

长江中游城市群作为我国当前三大区域战略之一的长江经济带发展战略的中部支撑，以及作为将长江经济带战略、“一带一路”倡议、京津冀协同发展战略有机衔接的重要载体，肩负着构建支撑中国经济新常态下可持续发展的新的增长极以及中西部地区新型城镇化示范区的重任，因此，对于“长江中游城市群一体化发展模式与机制”论题的探讨，不仅具有理论价值，更具有重要的现实意义。本研究围绕“长江中游城市群一体化发展模式与机制”的主题，展开了以下实证研究：解析长江中游城市群一体化发展的现实基础，分别运用投影寻踪聚类评价模型、产业分工多重指标、修正的引力模型，定量测度近 15 年来长江中游城市群市场一体化水平、产业一体化水平和空间经济联系水平，解析市场一体化水平、产业一体化水平、空间经济联系水平的动态演化特征及凸显问题，阐析长江中游城市群市场一体化模式、产业一体化模式和空间一体化模式选择，进而创造性提出长江中游城市群一体化发展的机制框架及实现策略，为政府推进长江中游城市群一体化发展战略实施提供重要决策参考。研究成果对于推进中部地区新型城镇化，促进中部地区在有机融入长江经济带战略、“一带一路”倡议和京津冀协同发展战略中加速崛起，以及为促进中西部地区新兴城市群一体化发展提供具有借鉴意义的“样本”，具有重要意义。

第二节　相关研究综述

国内外关于城市群一体化发展的研究涵盖了城市群一体化发展的内涵、机制、格局及模式等方面的理论研究，以及采用城市流模型、柯布—道格拉斯生产函数、中心地模型、引力模型、灰色系统模型、GIS 空间分析技术等方法的实证研究。整体而言，国外研究起步较早，成果较为完善，国内无论是理论探讨还是实证研究均滞后于国外。本节将从国外研究和国内研究两个大的视角对城市群一体化的理论研究及实证研究进行梳理与评述。

一　国外研究综述

（一）理论研究

对城市群一体化的研究源于 19 世纪末期，霍华德（Howard）是最早从城市群体的角度来研究城市问题的学者。1898 在其论著《明天：通往真正改革的和平之路》（*Tomorrow：A Peaceful Path to Real Reform*）中，针对当时的大城市所面临的城市拥挤、卫生等问题，适时提出了“田园城市”概念（Garden City），并在其著作《明日的田园城市》（*Garden Cities of Tomorrow*）中较为详细地阐述了“田园城市模式”，倡导“城乡一体”

的理念，构想建设一个新的兼有城市和乡村优点的理想城市。霍华德的“田园城市”理论是希望通过新建的组合群体的协调发展来新建城市以解决大城市所产生的城市通病。Geddes（1915）在《进化中的城市》（*Cities in Evolution*）中运用区域综合规划的方法对城市的演化形态进行了研究，预见性地提出了“集合城市”（Conurbation）等城市演化形态。1943 年，Saarinen（1943）在《城市：它的发展、衰败和未来》中提出了“有机疏散”理论，强调城市群的发展应遵循从无序的集中到有序的疏散的规律，对当时的城市群体构造及改进具有重大的指导意义。随后，Friedmann（1986）和 McGee（1994）等学者对城市一体化发展做了进一步研究，提出了城乡一体化区域的概念，发展了世界城市理论，强调了空间资源和生态环境的重要性。至此，国外学者对城市群一体化的研究全面展开。

1. 城市群一体化内涵

国外关于城市群一体化的概念并没有统一的界定，主要是围绕经济一体化的内涵展开研究。早在欧洲煤钢共同体的筹划阶段，经济一体化这一概念就已被提出，但其界定并未统一。Balassa（1962）认为经济一体化指完全消除商品、资本和劳动力在有关国家移动的所有人为限制，是一个过程，也是一种状态。Triffin（1954）认为经济一体化是要素市场、产品和服务市场的大集成过程，而任何一个经济一体化联盟建立同时涉及机构、理论、政策上的统一。总体而言，经济一体化是指成员国之间逐渐消除贸易障碍与生产要素的流动限制，使商品、服务与生产资源的市场逐渐合为一体的过程，可以得出经济一体化的基本特征，即参与方为不同国家，经济活动包括物质、人员和资金的流动，参与方之间达成一定的协调规则并设有永久性的协调机构。

2. 城市群一体化形成机制

国外学者关于城市群一体化形成的机制研究起步相对较早，研究角度与研究内容颇为丰富。新经济地理学派认为城市群的形成是一个自组织的过程，报酬递增、规模经济、运输成本和路径依赖等是重要的微观影响因素。Krugrnan（1996）建立了“多中心城市结构的空间自组织模型”，指出城市中厂商之间的向心力和离心力相互作用导致该城市结构的形成，其中规模经济是向心力，而运输成本是离心力。内生增长理论学派将知识和技术看作城市群形成的重要内生动力。Durantot 等学者从内生经济增长的角度切入，试图解释城市群一体化的形成原因。Durantot 和 Puga（2000）对城市群体系形成的研究指出，技术的创新与老化会伴随着新城市的催生与旧城市的衰落，因此技术和人才是导致城市群产生的内生动力，并根据厂商学习生产新产品的方式推导出了专业化城市、多样化城市和包含二者特点的混合性城市。Henderson 和 Wang（2007）从知识溢出的角度切入，解释了人力资本聚集和知识溢出是导致城市规模扩大和城市数量增加进而形成城市群一体化的原因，同时指出，随着知识和人才对经济增长的贡献程度和重要程度上升，国家受教育人群数量也会上升，城市规模会随之扩大，城市等级也会有所提高，从而城市群体系会不断扩大，从而促进城市群一体化的发展。Chen 和 Hall（2012）从交通一体化角度切入，探讨高铁等基础设施建设效应能否由核心城市向外围城市扩散并对城市群一体化的形成和发展起带动作用，结果表明基础设施建设、交通网络的完善等是促进城市群经济发展和一体化形成的重要因素。Nicolaides（2012）以欧盟为例，对成员国制度在一体化机制中的作用进行了考察，认为成功的经济一体化机制依赖于公共政策的有效实施，欧盟国家之间相互学习，进行法律与政策的协作，能提高欧盟制度规定的实施效果。Reitel 等（2013）从制度一体化的角度切入，以巴塞尔为例对跨国界的城市网络体系进行了研究，指出开放的政治环境与有效的制度政策有助于跨境城市在空间形态与内部功能上的整合，促进跨境城市网络体系的形成与发展。Hayek（2015）从区域系统动力学的角度切入研究了城市扩展以及城市群一体化的形成，指出城市群内部存在一个内部功能结构区，使各个城市子系统能更好地对接，实现其在城市群内功能的转换，促进城市群一体化的形成与发展。Serret 等（2014）从生态一体化的角度切入探讨了城市绿色空间对城市群生态一体化发展的重要性，指出城市绿色空间不仅有助于维持城市间生态连接，实现城市群生态一体化发展，而且对保护生物多样性及生态环境具有贡献作用。

3. 城市群一体化空间结构

现代城市群空间结构研究，主要是在区域一体化以及经济全球化的大背景下，针对区域城市群的空间组织架构展开。Gottmann（1957）当数现代城市群空间结构研究的开拓者，提出城市群具有人口、基础设施等要素高度密集特点，同时具备培养和枢纽功能，一般都会经历城市离散阶段、城市体系形成阶段、城市向心体系阶段和城市群发展阶段。Hagerstrand（1968）对城市群的空间演化进行了研究，提出了现代空间扩散理论，并揭示了城市群空间扩散的形式和过程。随后，城市群的空间形态由单核型向多核型演化，并随着交通、通信的发展，向更开放更有联系的一体化空间结构发展。Qin 等（2003）对中国吉林省中部城市群的空间格局的形成机制进行了研究，从地理条件、经济基础、政策背景和交通条件等方面，将吉林城市群分成五个城市经济区域以建立合理的工业空间布局。Fang 等（2007）基于中心地理论对中国城市群一体化的空间结构进行了探讨，通过引入中心指数和分形理论研究了中国城市群一体化的空间结构的稳定性。Wang 等（2014）探讨了一个城市的影响空间范围的界定对城市与区域一体化发展的重要性，提出城市影响范围的界定对城市群一体化的空间结构体系规划及其腹地之间的集成具有重要的实践指导作用。Liu 等（2014）以中国苏州南部的城市群为例，从城市扩张的时空动力学角度切入对城市群空间结构的演变进行了研究，发现地级城市的扩张在空间上倾向于沿海地带发展，县级城市的空间分化倾向于毗邻的地级城市，较低一级城市地区在空间形态上往往接近较高一级核心城市进行发展。

（二）实证研究

国外学者对城市群相关研究较早，形成了城市群内涵、城市群一体化的空间演化与形成机制等相关成熟的理论。在实证研究上，国外学者针对城市群一体化的研究相对较少，主要对城市群内城市空间经济联系进行了测度研究。Hall 和 Pain（2006）组织来自不同国家的课题小组，对 8 个多中心欧洲巨型城市地区（MCR：Mega-city Region）包括英格兰东南部、兰斯塔德、比利时中部、莱茵—鲁尔地区、莱茵、瑞士北部、巴黎地区和大都柏林开展了“多中心网络”（POLYNET）的实证研究，并于 2006 年编辑出版《多中心大都市：来自欧洲巨型城市区域的经验》一书。Qi 和 Fang（2008）采用城市群工业和测量指标体系模型对中国城市群的工业密实度的空间分布进行了测度和研究，研究发现城市群工业密实度和城市群发展程度之间存在明显的正相关，且工业密实度显示了从东部往西部逐渐减少的趋势，而城市群的工业紧凑的空间分布差异比较大。Tabuch 和 Thisse（2011）运用新经济地理学的中心地模型结合相关数据对城市群体系一体化发展进行了实证分析研究，研究表明由小城市组成的城市系统产生结构变化时，一些城市通过以其他城市扩张为代价来吸引更多的产业，并且经济整合程度越深，城市的相对规模变化越大，大城市吸引的公司和工人也就越多，因而城市群一体化发展中，有些大城市脱颖而出起到中心地的作用。Veneri 和 Burgalassi（2011）运用不变规模效应的 C－D 生产函数，以 Italian NUTS－3 regions 为研究对象，从规模（人口）、集聚扩散效应（Wheaton index）和多中心或单中心性（Special functional Polycentricity index）三方面考虑了城市体系空间结构，其通过不变规模效应的 C－D 生产函数（OLS、2SLS），验证城市体系空间结构（城市集聚的外部性）对城市体系经济增长（生产率）是否有影响，研究表明规模、集聚对经济增长（生产率）有显著的正效应，而多中心性影响不显著。LeSage 和 Llano（2013）运用贝叶斯等级回归模型对空间相互作用模型（引力模型）的传统最小二乘估计方法进行了拓展，引入了对异质性进行考察的空间结构随机效应，考虑了跨区域流动的空间依赖（始发地与目的地的个体效应是否具有空间依赖），对城市群内城市间的空间经济联系进行了测度。

二 国内研究综述

相对于西方学术界，国内关于城市群一体化的研究起步较晚。综合相关文献研究，国内学术界对城市群一体化的形成机理、空间结构、发展模式及路径等方面进行了有益的探讨。

（一）理论研究

1. 城市群一体化内涵

关于城市群一体化内涵，国内有不少学者对其进行了探讨。赵勇、白永秀（2008）认为城市群一体化是城市化和城市区域化的必然结果，其本质是区域一体化过程在城市空间形态上的表现，它具备设施同城化、市场一体化、功能一体化与利益协同化的特点。林森（2010）将城市群一体化发展过程比拟成区域共同利益目标的探索过程和区域共同利益机制的形成过程，他认为一旦没有了区域经济共同利益机制的驱动作用，经济一体化就会受到影响。冯更新（2013）认为，城市群是生产力发展、生产要素逐步优化的产物，它体现为城市经济联系日益紧密、产业分工与合作、交通与社会生活、城市规划和基础设施建设相互关联，而城市群一体化是规划、市场、基础设施、社会管理、城乡全面一体化。

2. 城市群一体化形成机理

吴传清等（2005）从区域分工与协作、自组织理论、空间一体化理论、共生理论和城市管治理论等视角分析了城市圈区域一体化发展的理论基础，认为行政协调机制、利益共享机制、产业转移机制、制度一体化机制、市场一体化机制是促进我国城市圈区域一体化发展的重要机制。张攀（2008）从人文地理学和空间经济学的角度，论述了城市群一体化的形成机理，并对城市群整合的势博弈、交流演化和相关均衡进行了分析，解释了城市群整合现象。郑元凯（2008）以体制与政策变迁为切入点，强调了体制和政策变迁在城市群一体化形成中的重要作用，提出产业政策、政府协调机制、城市群合作机制是城市群一体化发展壮大的重要路径。庞晶、叶裕民（2008）从要素集聚与产业集聚的角度对城市群一体化形成的动因进行了分析，指出企业的集聚与扩散是微观动因，产业的分工与合作是中观动因，工业化和城市化是宏观动因，而产业集聚与扩散效应、城市功能集聚与扩散是城市群一体化发展的主要推动力。赵勇（2009）基于区域一体化的视角对城市群的形成机理和一体化过程进行了探讨，提出了城市群形成机理的企业区位选择假说、产业演化假说以及基于地方政府竞争的制度变迁假说，并且在新经济地理学中心—外围模型与地方政府竞争模型的基础上，分别从企业区位选择、产业演化与制度变迁三个层面对城市群形成机理进行了理论分析，最后还以长江三角洲城市群为例对上述理论假说进行了验证。陈云霞（2013）基于区域一体化的背景，对成渝城市群一体化形成与发展进行了研究，指出农业发展、生产要素及政府的行政决策和相关制度安排是成渝城市群一体化形成的推力。非农产业规模扩大、产业结构调整及比较利益的驱动是成渝城市群形成的拉力，城乡二元经济结构矛盾突出、户籍制度及产业结构趋同严重是阻碍城市群一体化发展的中间障碍。孙友银（2014）对长三角城市群一体化发展的动力机制进行了研究，指出政府推动力、企业推动力、市场吸引力、外部环境推动力等四力驱动是推动长三角城市群一体化发展的主要推动力，而这四大动力相互作用与联系构成城市群动力机制模型。

3. 城市群一体化发展的协调整合机制

国内一些学者对于城市群一体化协调整合机制进行了有益探索。童中贤（2011）在总结相关研究的基础上，对中部新兴城市群的整合机制与模式进行了较深入的探讨，指出利益机制、动力机制、链接机制、制导机制、城市群竞争力评价体系、核心增长极培育与整合等是城市群整合机制构建的主要内容。魏震等（2012）对京津冀都市圈一体化背景下的区域合作和产业整合的动力机制进行了探讨，从发展阶段、产业结构、产业层次和资源禀赋等多方面对京津冀地区实现区域合作和产业整合的条件进行了分析，指出京津冀都市圈实现“要素驱动”向“创新驱动”的转变，在区域范围内推进产业扩散、产业集聚和产业整合，并形成以新型产业分工为基础，错位竞争、链式发展的产业格局迫在眉睫。李红等（2010）以辽宁中部城市群为例，将新区域主义的合作理念引入城市群一体化发展的制度研究中，对城市群制度整合进行了探究，并提出了保持开放的制度空间范围、形成多元化的组织管理模式、建立网络型的管治体系、重视非正规制度的建设、构建相互依赖的产业集群等建议来构建辽宁中部城市群一体化制度体系。刘靖（2013）对长三角城市群一体化机制和实现路径进行了深入研究，其以利益机制为源头，以动力机制为直接推动力，以链接机制和制导机制为辅助，建立了由利益机制、动力机制、链接机制和制导机制组成的城市群一体化机制框架。利益机制包括激励机制、信息传递机制、利益共享机制；动力机制包含城市群发展的立足点、发展动力和支持手段；链接机制包含价值链、产业链和空间链；制导机制则包含导顺和制逆两个方面。并且提出了合理构建利益机制，综合协调动力机制，优化整合链接机制，规范发展制导机制的城市群一体化机制发展路径。

4. 城市群一体化发展模式

国内少数学者对城市群一体化发展模式展开了研究。侯天琛（2006）基于空间网络的视角对中原城市群空间一体化的发展布局进行了探索，较系统地探讨了城市空间一体化理论，采用科学的方法研究中原城市群空间一体化区域背景及形成机制，并从形态一体化、产业一体化、交通一体化、生态一体化对中原城市群一体化发展进行布局，提出了中原城市群“一核心两中心四圈层众三角”空间布局模式，提出空间一体化与产业互动一体化的“双重一体化”是提高城市群区域经济地域系统的组织能力及其经济实力的有效策略。河北经贸大学经济研究所课题组（2009）基于区域产业链的视角，对冀东经济区一体化发展战略模式进行了研究，主张构建以价值链分工为主导和以竞合关系为主导的两种基本集群模式，通过加强知识和技术创新改变曹妃甸新区一些制造业集群的产业要素特征，带动冀东经济区产业结构的调整和优化。杜荣江、蔡元成（2014）基于区域协调的视角，依据经济发展阶段理论和区域发展梯度理论，对安徽省城市群的发展模式和机制进行了研究，并在借鉴国内外城市群发展经验的基础上，结合安徽省城市群的发展现状，提出了安徽省城市群“雁型”模式的选择，进而设计了安徽省城市群区域协调发展的机制框架，并从社会、经济、资源、人口和环境层面，提出了安徽省城市群区域协调发展的具体措施。

（二）实证研究

相对于理论研究，国内关于城市群一体化的实证研究范围相对较窄，主要集中在城市群一体化程度的测度以及产业与空间结构分析上。刘静玉（2006）在对城市群和城市群经济整合的理论基础进行分析的基础上，运用 GIS 空间分析技术、分形理论等方法对中原城市群经济空间演化过程进行了测度与图示，提出成三角模式是最佳模式，从经济地域、产业、经济支撑系统依次进行了城市群一体化整合。王发曾等（2007）运用城市中心性强度指标、灰色系统 GM（1，1）模型，结合纳尔逊统计分析原理对 2010 年和 2020 年中原地区城市群体系结构进行了定量预测与分析，提出了促进中原城市群功能发挥的“两圈、两核、四带、一个三角”的城市群体系空间结构。吕典玮、张琦（2010）以京津冀地区为研究对象，从市场一体化、产业一体化和空间一体化三个维度对京津冀一体化整合程度进行了实证分析。首先，采用“价格法”对市场进行分析，得出市场一体化的优势条件；其次，运用区位熵分析法对工业和第三产业进行分析，得出产业互补整合的潜在条件；最后，结合弗里德曼的空间结构演变理论，以京津冀地区的城市分布情况为研究对象，对其空间一体化程度进行划分。楚芳芳、蒋涤非（2012）从自然、经济、社会三个子系统出发，运用能值理论与分析方法，分析了长株潭三市2000～2009年城市生态经济系统的动态能值，提出以生态经济系统达到最大效率和可持续发展为目标，加强区际资源互补和消除行政壁垒，保障较好的能值匹配，使能值流动得到优化并趋向最大化，促成城市互补、互利、可持续发展，促进环长株潭城市群一体化发展。陈雯、王珏（2013）从密度、距离、功能分工、联系分割维度4个指标度量空间一体化格局，测度了长江三角洲一体化的空间发展格局，发现长江三角洲正在形成多层次多模式的网状区域管治体系。徐慧超等（2013）选取2000年、2003年、2006年和2009年4个时间截面，采用城市流强度模型对中原经济区28个城市的城市流强度进行了测度，同时运用Q形聚类法将中原经济区28个城市的城市流强度划分为15种类型，并进一步分析了中原经济区城市流强度的时空演变规律。高新才、杨芳（2015）采用城市流分析方法，运用区位熵、外向功能量、城市流强度和城市流强度结构等指标测度丝绸之路经济带城市间的经济联系与外向服务功能。李慧玲、戴宏伟（2016）运用城市流强度模型反映城市间对外联系的密切程度，从外向型部门区位熵、总外向功能量动态变化、城市流强度动态空间变化三个维度对京津冀城市群和长三角城市群2004～2013年经济联系动态变化进行对比分析。

（三）针对长江中游城市群一体化的研究

国内针对长江中游城市群一体化的研究并不多。陈丽媛（2012）分析了长江中游城市群一体化发展现状与存在问题，并提出了长江中游城市群一体化发展的针对性建议。汤尚颖、杨丹丹（2015）提出“区域创新发展”是长江中游城市群一体化发展的必由之路，应该从建立完备的城市群体系、构建产业链调整和优化产业结构、促进产业集聚区功能的转变三方面推进城市群创新发展，进而实现城市群一体化发展。秦尊文（2015）从推进空间开发、基础设施、产业发展、生态文明建设、社会公共服务、对内对外开放等六个方面对加快推进长江中游城市群一体化发展提出了政策建议。李雪松、孙博文（2013）先从密度、距离与分割三个维度对区域一体化进行了界定，构建了区域一体化评价体系；在此基础上，运用2000～2010年的数据，结合层次分析法对长江中游城市集群内部区域一体化进行测度与比较分析。张玉英、畅向辉（2015）采用产业结构相似系数、主要工业产品变异系数、区位熵分析对长江中游城市群产业分工协作一体化进行了定量测度。田超、王磊（2016）运用 2006～2012 年的面板数据，通过对第二产业进行细分，考察了长江中游城市群产业结构变化与经济增长的关系，并测算了市场一体化下各细分产业对经济增长的贡献程度。李琳等（2016）从市场一体化的支撑因素和表征因素两个维度出发，构建城市群市场一体化的评价指标体系，运用投影寻踪聚类评价模型对长江中游城市群 1999～2013 年的市场一体化水平进行评估与比较，得出结论：长江中游城市群 15 年间市场一体化水平加速提升，但发展的协调性不足；三大分城市群市场一体化水平呈现“武汉城市圈—环长株潭城市群—环鄱阳湖城市群”的梯级分布格局；武汉城市圈市场一体化呈现“四要素协同驱动”特征，环长株潭城市群呈现以城市间联系度为主导推动市场一体化进程的“单要素驱动”特征，环鄱阳湖城市群则呈现以城市间联系度和要素市场一体化共同推进市场一体化的“双要素驱动”特征。李琳、彭宇光（2017）采用相对价格法对 1999～2013 年中三角城市群和长三角城市群市场一体化进行测度，运用熵权法构建复合指标和固定效应模型，对两大城市群市场一体化影响因素进行实证研究，得出两大城市群市场一体化的差异化影响因素。刘耀彬、喻群等（2017）从六个维度构建城市群一体化评价指标体系，对长江中游城市群一体化演进格局进行测度，运用动态偏离—份额方法对各城市群产业融入份额及潜力进行分析，得出长江中游城市群一体化程度总体处于初中级发展阶段，城市群内部各城市群经济总量差距呈现扩大趋势；长江中游城市群三次产业内部竞争不仅体现在竞争份额不同上，而且体现在发展潜力上也存在较大差距。

三　研究评述

国外学者对城市群一体化的研究早于国内学者，两者均在理论和实证上取得了较丰硕的成果，然而也存在不足之处。第一，在研究视角上较为单一，国内学者多为对城市群空间经济联系及空间一体化的测度，较少进行产业一体化的测度研究，且缺乏从市场、产业、空间多维视角定量测度城市群一体化发展水平以及动态演化过程；第二，在研究方法与指标构建上缺乏创新，国内学者多应用传统的引力模型与城市流模型，模型指标的选取存在单一性，不能综合反映城市多方面的联系；第三，在研究对象上存在局限性，国内学者多集中于经济较发达、城市群发展较成熟的东部地区，如长三角、珠三角，而对经济欠发达、城市群发展较晚的中西部地区研究较少，尤其是对长江中游城市群一体化的研究，无论是理论研究还是实证研究均较少；第四，在研究思路上缺乏突破性，国内相关研究多为某一区域的一体化途径的定性研究，而少有在区域市场融合、区域产业分工、区域经济联系多维度实证研究的基础上，根据每一维度的实证分析结果对其进行合适的模式选择探讨。

第三节　研究框架与主要内容

一　研究框架

本书围绕“长江中游城市群一体化发展模式及机制”展开了探索性研究，研究框架分为四大模块：第一大模块是城市群一体化发展理论基础探析，为本书提供理论支撑；第二大模块是长江中游城市群一体化发展的现实条件分析，为本书提供现实基础支撑；第三大模块是实证研究，这是本书的研究重点，从市场、产业、空间三重维度对长江中游城市群市场一体化发展水平、产业一体化演变特征及空间一体化演化格局进行定量测度与动态分析，依据实证分析结论针对性提出并阐析长江中游城市群市场一体化、产业一体化及空间一体化发展的模式选择；第四大模块是长江中游城市群一体化发展机制构建及推进策略。技术路线如图 1 - 1 所示。

二　主要内容

本书包括八章共四大部分：第一部分，包括第一章绪论和第二章基础理论分析，是本书的理论支撑；第二部分，即第三章长江中游城市群一体化发展的现实基础分析；第三部分，包括第四章、第五章、第六章，是本书的实证研究部分，也是本书的重点研究内容之一，是基于市场—产业—

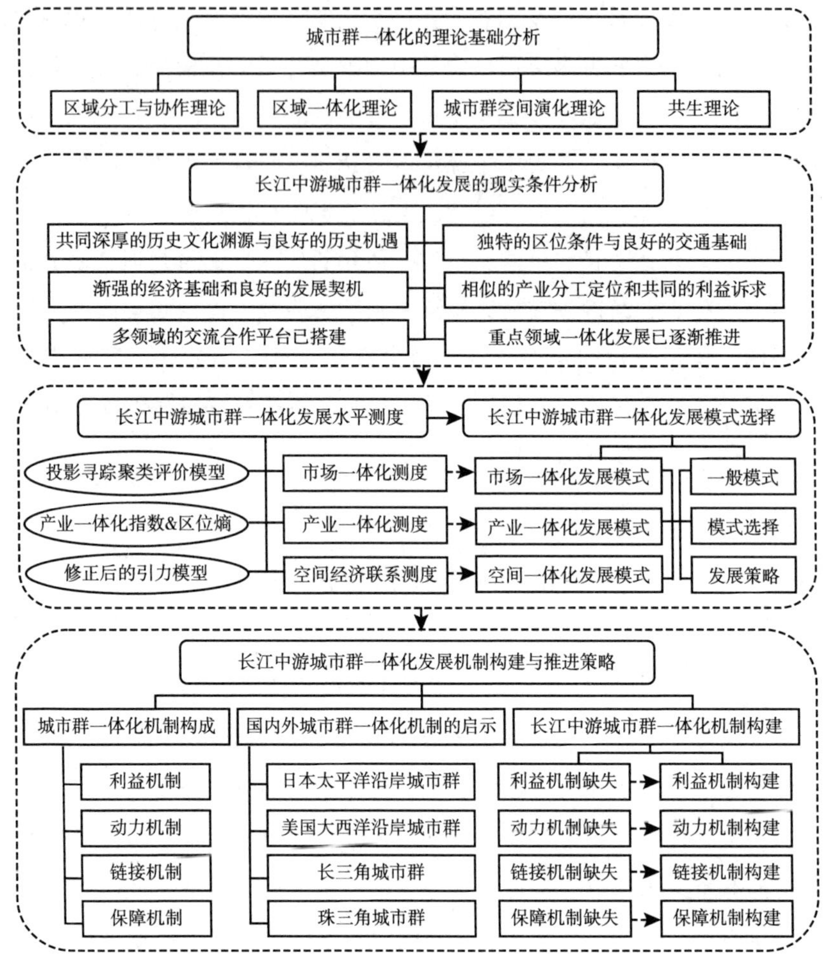

图 1-1　技术路线

空间三重维度的长江中游城市群一体化水平的测度与演化特征分析，基于市场—产业—空间三重维度的长江中游城市群一体化发展模式选择；第四部分，即第七章，探讨长江中游城市群一体化发展机制构建；第八章，是本书的结论与研究展望。

第一章，绪论。简要介绍研究的背景与意义，对国内外相关研究进行梳理并解析不足，介绍本研究的基本思路和方法、研究框架和主要内容以及主要创新点。

第二章，城市群一体化的理论基础研究。界定城市群一体化的基本内涵与特征，重点从区域分工与协作理论、区域一体化理论、城市群空间演化理论以及共生理论等视角分析城市群一体化的理论机理，并阐述各理论对城市群一体化发展的理论启示。

第三章，长江中游城市群一体化发展的现实条件分析。简析长江中游城市群发展概况，并从历史文化渊源与历史机遇、区位条件与交通基础、经济基础与发展契机、产业分工定位与利益诉求、多领域交流合作平台及重点领域一体化推进状况等方面探究长江中游城市群一体化发展的现实基础。

第四章，长江中游城市群市场一体化测度及市场一体化模式选择。从支撑因素和表征因素两个维度构建长江中游城市群市场一体化发展水平评价指标体系，利用城市流模型、专业化指数、价格法、熵权法等引入综合指标和复合指标，采用投影寻踪聚类评价模型动态评估 1999～2013 年长江中游城市群市场一体化水平，进而阐析长江中游城市群市场一体化发展模式选择及推进策略。

第五章，长江中游城市群产业一体化测度及产业一体化模式选择。构建产业一体化指数分析长江中游城市群 1999～2013 年的三次产业一体化以及工业行业一体化水平，并运用区位熵分析具体行业专业化水平的动态演变，揭示长江中游城市群产业一体化的演化特征；简析长江中游城市群产业一体化的一般模式、长江中游城市群产业一体化适宜模式选择及推进长江中游城市群产业一体化发展的具体思路。

第六章，长江中游城市群空间经济联系测度及空间一体化模式选择。从空间节点、交通通道、城市间要素流等分析长江中游城市群空间一体化的现状特征；采用从综合评价与产业互补性两个视角修正后的引力模型分析 1998～2013 年长江中游城市群空间经济联系的时空演变；基于长江中游城市群空间组织现状特征与时空演变特征，提出长江中游城市群空间一体化的总体构想与发展策略。

第七章，长江中游城市群一体化发展机制探讨。探析城市群一体化发展机制构成，包括利益机制、动力机制、链接机制与保障机制，阐析国内外典型城市群一体化发展机制及启示，解析长江中游城市群一体化发展机制缺失，重点阐析长江中游城市群一体化发展机制的构建思路。

第八章，结论与研究展望。得出本书的主要结论，指出研究不足以及未来的研究方向。

第四节 研究方法与创新点

一 研究方法

本书综合采用文献阅读法、实证分析法、跨学科研究法、动态分析法等来展开对长江中游城市群一体化模式与机制论题的系统研究。

（1）文献阅读法。从相关文献的广泛研读中获取启迪是从事任何一项科研项目研究必须采用的方法。本书是在对相关研究成果进行系统阅读与梳理，准确把握相关研究动态与不足，进而审视性地从已有相关成果中获得启迪与借鉴的基础上展开的探索性研究。

（2）实证分析法。本书尝试运用投影寻踪聚类评价模型对长江中游城市群1999～2013年市场一体化水平进行动态评估与比较分析，以揭示长江中游城市群市场一体化发展的动态特征和凸显的问题。同时，创造性运用修正的引力模型，对长江中游城市群1998～2013年的空间经济联系进行测度，运用GIS可视化与空间插值，对其时空演化进行动态比较，以科学揭示长江中游城市群空间经济联系的动态演变特征与空间格局的变化特征。

（3）跨学科研究法。本书尝试将遗传学中的遗传算法技术和地理学中的GIS空间分析技术应用于城市群的市场一体化和空间一体化的实证研究。具体而言，一是采用遗传学当中的遗传算法投影寻踪聚类评价模型，探析长江中游城市群市场一体化水平的动态变化特征和凸显的问题。二是运用地理学当中的GIS可视化功能和空间插值工具，探究长江中游城市群空间经济联系的结构特征及演变格局。

（4）动态分析法。本书从时间和空间维度相结合的研究视角，对长江中游城市群近15年来市场一体化、产业一体化和空间经济联系进行测度及动态比较分析，以揭示长江中游城市群市场一体化、产业一体化和空间经济联系的动态演化特征及凸显的问题。

二　主要创新点

（1）研究视角的独特性。一是市场—产业—空间三重维度层层递进的研究视角。本书以“长江中游城市群一体化发展模式与机制”为主题，以市场一体化—产业一体化—空间一体化为主线，以微观的市场基础—中观的产业支撑—宏观的空间载体三维层层递进为分析逻辑，对长江中游城市群一体化论题展开探索性研究。这种市场—产业—空间三重维度层层递进的分析视角，既聚焦了城市群一体化的核心内容，又避免了单一维度分析视角的局限性，使本书能较深入系统地对长江中游城市群一体化论题进行探究。二是时空分析相结合的研究视角。本书对长江中游城市群近15年来市场一体化、产业一体化和空间经济联系进行测度，在此基础上分析了近15年来市场一体化、产业一体化和空间经济联系的动态演化特征和空间分异特征，以科学揭示长江中游城市群市场一体化、产业一体化和空间经济联系的动态演化特征及凸显的问题。

（2）试图构建市场—产业—空间三重维度下的城市群一体化发展理论分析框架。本书试图通过探析城市群一体化发展的理论基础，市场—产业—空间三重维度下城市群一体化水平测度指标与测度方法，市场—产业—空间三重维度下城市群一体化模式选择，实现市场—产业—空间三重维度下城市群一体化模式的一体化发展机制体系，来尝试构建市场—产业—空间三重维度下的城市群一体化发展理论分析框架。

（3）城市群一体化水平评价指标体系上的尝试。在城市群市场一体化水平评价指标体系的构建上，针对目前相关研究多选用单一指标或较为单一的指标，且缺乏能体现城市间市场一体化过程特征的“流”的指标的局限性，本书尝试从市场一体化水平的表征因子和市场一体化水平的支撑因子两个维度构建城市群市场一体化水平评价指标体系，运用引力模型、价格法和专业化指数等在指标体系中引入一系列综合指标，利用熵权法将单一指标转化为复合指标并计算其变异系数以衡量该项指标区域内部协调度，进而构建由4个一级指标、9个二级指标和43个具体指标构成的城市群市场一体化水平评价指标体系。在城市群经济联系测度的指标选择上，针对现有相关研究仅从GDP和人口指标衡量城市经济质量，无法综合反映城市多维度联系的局限性，本书构建了由 4 个一级指标和 16 个具体指标构成的城市综合实力评价指标体系，并运用主成分分析法得到城市综合经济实力评估值，以其来修正引力模型中的“质量”指标。

（4）实证研究方法的创新。本书采用基于遗传算法的投影寻踪聚类评价模型对长江中游城市群市场一体化水平进行测度，一则可使评价目标值更加科学，二则应用此方法能清晰反映目标值的各构成要素的值，便于对评价目标进行深入分析与挖掘。同时，在对城市群经济联系的实证研究中，基于综合经济实力和产业互补性视角对引力模型进行修正，应用修正的引力模型对长江中游城市群经济联系进行测度及空间演化特征分析。

（5）对于城市群一体化模式研究的创新。尽管已有文献涉及了城市群市场一体化模式或产业一体化模式或空间一体化模式，但仅零星分布于相关研究中，缺乏系统深入研究，更缺乏市场—产业—空间三重维度下的城市群一体化模式的融合研究。本书对于每一维度的长江中游城市群一体化模式选择均按照以下逻辑进行深入探讨：城市群市场（产业、空间）一体化水平的定量测度及动态演变特征与凸显问题—城市群市场（产业、空间）一体化的一般模式分析—基于实证结论的长江中游城市群市场（产业、空间）一体化模式选择—实现一体化发展模式的思路。

第二章

城市群一体化的理论基础研究

第一节　城市群一体化的内涵与特征

一　城市群一体化的基本概念

（一）“城市群”的相关概念

“城市群”（Urban Agglomerations）是指在城镇化过程中，在特定的地域空间里，以发达的交通通信网络为依托，由若干个密集分布的不同等级的城市及其腹地通过空间相互作用而形成的城市—区域系统。一般来说，每个城市群以一个或两个经济发达、具有较强辐射带动功能的中心城市为核心，由若干个空间距离较近、等级体系有序、经济联系紧密、功能互补性强的周边城市共同组成。作为一种特殊的区域形态存在，城市群本质是跨城市—区域系统，是工业化、城市化进程中区域空间形态演变的高级现象，一般具有内部城市间经济联系紧密、产业分工明细、合作动力大的特点，能够产生巨大的集聚经济效益，是推动区域经济协调发展以及城市化进程的重要形态。

和“城市群”相关的概念有很多，比如都市圈、城市带（带状城市群）、组合城市等。由于这些概念存在着一定的共性，有时将其混用。埃比尼泽·霍华德（2000）最早在著作《明日的田园城市》中提出“城市群”的概念，设计了由若干个田园城市围绕中心城市构成的城市组群，并称之为“无贫民窟无烟尘的城市群”。Geddes（1915）提出“组合城市”的概念，定义为随着城市扩展其诸多功能跨越了城市的边界，从而众多的城市影响范围相互重叠所产生的城市区域（City Region）。Gottmann（1957）的论文《大都市带：美国东北海岸的城市化》中提出了“Megalopolis”的概念，认为“Megalopolis”是一个范围广大的、由多个大都市连接而成的城市化区域，是有一定人口密度的都市地带。他指出，在这种巨大的城市化区域内，巨大城市整体取代了单一的城市支配着整个空间经济形式，并且这个城市整体由多个都市在人口和经济等方面密切联系形成。Ginsburg 等（1991）发展了 Gottmann 的大都市带思想，提出了“分散大都市带”（Dispersed Metroplis）的概念，将“分散大都市带”定义为一个由许多专门化职能的城市中心组成的多核系统。McGee（1994）在对东南亚发展中国家进行研究时，提出“城乡一体化区域”的概念，并认为这些地区已出现类似西方大都市带的空间结构。随着城市群相关理论的发展与成熟，现代意义上的城市群研究中的“城市群”内涵也随之变化。英国地理学者戈德认为，城市群是城市发展到成熟阶段的最高空间组织形式，是在地域上集中分布的若干城市和特大城市集聚而成的庞大的、多核心、多层次的城市集团，是大都市区的联合体。

（二）城市群一体化的基本概念

关于“城市群一体化”的概念至今尚未有统一表述，不同学者从不同角度进行界定。林森（2010）从多层次区域视角界定城市群一体化，认为城市群一体化的实质是在合理分工和充分协作的基础上形成区域共同利益，城市群一体化发展过程即为区域共同利益目标的探索过程和区域共同利益机制的形成过程。赵勇、白永秀（2008）从区域一体化视角界定城市群一体化，认为城市群一体化是经济主体在区域选择的基础上，通过产业部门结构和空间结构的演化，实现区域市场一体化、城市功能一体化和城市间利益协同化，最终实现区域一体化发展。金世斌（2017）认为城市群一体化是指城市群内部的各个城市，为了实现经济社会资源的优化配置，以发达的交通通信等基础设施网络为依托，通过推进资源共享、功能互补、治理协同、制度统一，形成一种经济联系紧密、城际分工协作、空间组织紧凑的区域经济社会发展格局。城市群一体化，是区域一体化发展的必然要求。城市群一体化一方面体现为城市群内不同城市间经济发展要素的流动、经济市场的融合，实现城市经济的联动发展，另一方面体现为城市群内跨城市区域政府合作，打破行政区域壁垒从而制定和完善跨城市区域合作体制机制。因此，客观上说，城市群一体化（Integration of Urban Agglomerations）是在区域经济一体化发展的基础上，伴随着区域工业化和社会经济现代化而出现的一种必然的社会现象，是区域生产力水平高度发达的重要体现，同时两者也是互相促进、相辅相成的。本书认为，城市群一体化是指群内各城市间借助城际发达的交通通信等基础设施网络和群内政府间的协作，促使商品、劳动力、资金、技术、信息等要素在各城市间自由流动，以及通过群内产业部门结构和空间结构的演化，形成城市群市场高度融合、产业关联高度紧密、地域空间组织高度集中的一种状态。

二　城市群一体化的内涵与特征

（一）城市群一体化的内涵

城市群一体化是城市群演进过程的高级形态，是城市群发展至一定阶段的必然产物，亦是区域经济发展内生的客观要求。一般来说，城市群一体化内涵包括市场一体化、产业一体化、空间一体化、制度一体化、交通一体化、生态环境一体化、基本公共服务一体化等内容。而从城市群形成主导机制——集聚与扩散机制和政府协调机制看，城市群一体化内涵主要包括三大维度，即微观层面的市场一体化，中观层面的产业一体化和宏观层面的空间一体化。其中，市场一体化是基础，这是城市群一体化的重要前提，只有群内城市间建立统一开放大市场，才能促进商品和技术、劳动力、资本、信息等要素在城市间低成本自由流动，进而实现经济社会资源的优化配置；产业一体化是核心，是实现群内经济社会资源优化配置、提高资源配置效率的表现形式；空间一体化是载体，城市群各规模不同、等级各异、功能互补的城市构成城市等级体系，它们之间既明确分工又相互协作，功能互补，形成布局优化的空间组织结构，使城市群获得 $1+1>2$ 的空间组织结构功能。三者之间相互关联、交互作用，既共同构成城市群一体化的主导过程，又共同成为城市群一体化的主导目标。同时，三个维度一体化的实现均有赖于制度或机制一体化的保障。

（1）市场一体化。消除城市间要素流动和区域合作的障碍，是推进城市群一体化发展的微观基础。在市场经济条件下，由市场这只“无形的手”自发调节资源分配和商品供求，并通过平均利润调节资本在各生产部门的分布。要保证各种生产要素在市场间自由流动，就必须打破要素流动壁垒，发育完善的市场体系，实现要素市场的统一。因而，市场一体化是城市群一体化的必然要求，是实现城市群一体化发展的基础。它主要包括：消费市场一体化、资本市场一体化、技术市场一体化、人力资源市场一体化、产权市场一体化、文化市场一体化等。

（2）产业一体化。城市群一体化的本质是在市场一体化的基础上实现城市区域的产业分工与合作，使城市群内产业结构合理化与高级化，以提升整体核心竞争力。产业一体化，是实现城市群一体化发展的核心，是城市群一体化发展的内核驱动力。因此，应根据各个城市的工业化水平，进行产业整合，形成垂直与水平一体化；根据垂直分工，加强处在不同梯次的城市之间的产业联系；根据互补性的水平分工，强化处在同一梯次的城市间的产业互补性。只有在坚持市场为主导的作用机制下，各城市才会趋向于按比较利益优势来确定本地的产业定位，从而最终实现资源的优化配置。

（3）空间一体化。城市群空间组织是城市群内部各城市要素在空间上的组合和布局，在流动中形成相互作用，引起空间集聚程度和形态的变化，是城市群经济和社会结构在空间上的投影，作为城市群经济运行的场所，凸显网络化的联系特征，呈现不同的空间结构。当城市群一体化高度发展时必然会导致城市地域空间组织的高度集中以及城市在空间形态上的聚集，从而在空间形态上形成多核心的生产要素高度密集的星云状结构，充分发挥要素流动枢纽与创新孵化器的功能。因此，城市群空间一体化是城市群一体化发展的外在表征和重要载体。

（4）制度一体化。规范各地政策和制度，实现城市群制度一体化建设，是城市群一体化有序规范进行的重要保障。特别是在城市群一体化发展的初期，各级政府和非政府组织之间的调控机制尚未建立，城市群在管理体系、协调体系方面尚未形成，建立起支撑城市群内城市间顺利合作与发展的一系列制度安排显得尤为必要。

（二）城市群一体化的特征

（1）外部相对独立与内部高度开放。城市群一体化是以不同性质、类型和等级规模的城市集合为载体通过城际关系互动谋求整体利益提升的发展过程。相对于外部环境，城市群内部的城市由于具备相近的制度、文化、社会背景，对于城市群以外的城市来说是一个相对独立的发展整体；相对于内部环境，各城市基于共创价值理念，形成一种点对点、点对面高度开放的关系，实现城市群内资源共享与优势互补。

（2）设施同城化与网络交叉化。城市群是在各城市之间强烈的交互作用下形成的特定地域空间上的城市集聚体，是由规模各异的城市相互连接而成的一种设施同城化的城市网络。城市群城市结构体系具有扁平化、网络化的城市结构特征，这种网络化的城市结构特征与城市群内城市之间产业高度分工与合作而形成的产业网络息息相关。也就是说，城市间产业联系是导致网络化城市结构出现的主要原因，特别是城市群内城市间优势产业集群相互作用，往往会导致产业组织网络化。

（3）产业分工与协作合理化。城市群内的城市由于地理邻近，有利于经济要素和经济主体的相互作用，相对于群外城市而言，群内各城市之间市场联系紧密，表现为城市群内城市间呈现市场一体化和功能一体化特征。特别是在产业结构转换升级背景下，中心城市与周边城市及腹地之间的要素流动和企业区位再选择活动加快，企业总部和工厂组织结构分离，中心城市与周边城市在价值链分工和产业部门组织结构上分离程度不断深化，区域范围内的产业不断转移扩散，生产、制造等传统业务流程分布于二级城市。企业区位选择、产业组织垂直解体以及产业集聚扩散使各城市之间逐渐形成完善的产业分工与协作网络（赵勇，2009），不仅为产业集群的演进发展创造良好的环境，而且也强烈地影响着城市群的创新与可持续发展，也影响着城市群一体化的演进。城市群内各城市尽管在行政职能上相互独立，但由于产业联系而成为一体化区域。因此，城市群的本质是一个经济功能城市体而不是行政功能城市体。

（4）利益协同化与协调机制有效化。城市群一体化发展目标是在形成 1 +1 >2 的“整体效应大于局部效应”的发展格局，实现城市群内城市间利益协同化。但是由于行政壁垒的阻碍，不仅存在中央政府与地方政府的利益博弈，而且存在地方政府之间的利益博弈。如果地方政府之间的竞争与基于产业联系所形成的城市群一体化趋势相悖，行政力量或市场管制将对城市群的一体化进程和进一步发展形成制约，因此城市群内城市间的协调机制有效化对城市群一体化发展尤其是市场一体化的实现起到决定性作用。

第二节 城市群一体化的理论基础分析

一 区域分工与协作理论

区域分工与协作理论源于国际贸易理论，经区域经济学家引入区域经济研究领域，用以解释一国范围内的区域间经济关系现象。从斯密倡导的古典贸易理论到克鲁格曼倡导的新贸易理论，为区域分工与协作理论提供了丰富的理论源泉与方法论基础。主要包括古典学派理论、现代学派理论——国际贸易理论、新国际劳动分工理论。

（一）古典贸易理论

古典贸易理论主要由绝对优势论和比较优势论组成，分别由英国古典学派经济学家亚当·斯密和大卫·李嘉图提出。绝对优势论的核心观点在于一个国家应该大量出口在生产成本上绝对低于他国的商品，进口成本绝对高于他国的商品。在绝对优势理论中，亚当·斯密强调地域分工的作用，指出分工是市场交换的基础，地域分工与市场交换可以提高社会劳动生产率。比较优势论是在绝对优势论基础上提出的，指出国际贸易的基础是生产技术的相对差别（而非绝对差别）造成的相对成本差别，从而每个国家都应集中生产并出口具有“比较优势”的产品，进口具有“比较劣势”的产品。两大理论的主要区别在于绝对优势理论本质是直接在“二者中选出谁好谁劣”，只能说明各国分别在某一种或某几种产品的生产上劳动生产率高于其他国家，从而分工得以形成；而比较优势理论则是“两利相权取其重，两弊相权取其轻”，当一国在所有产品的劳动生产率都高于他国时国际贸易得以成立，即考虑到相对技术优势。在古典生产函数中，劳动是唯一的生产要素，生产技术差异体现为劳动生产率的差异，成为国际贸易的一个重要起因，比较优势贸易理论在更普遍的基础上解释了贸易产生的基础和贸易利得。

（二）新古典贸易理论

新古典贸易理论是在古典贸易理论的基础上发展的，主要代表理论有要素禀赋论以及 H－O－S 定理。要素禀赋论由赫克歇尔（Heckscher，1936）最早提出，并由俄林（2008）完善，因而又称 H－O 理论，其核心内容为在两国技术水平相等的前提下，产生比较成本的差异有两个原因：一是两国间的要素充裕度不同；二是商品生产的要素密集度不同。举个例子简单来说，就是劳动丰富的国家出口劳动密集型商品，而进口资本密集型商品；相反，资本丰富的国家出口资本密集型商品，进口劳动密集型商品。与古典贸易模型的单要素投入不同，H－O 理论以比较优势为贸易基础并有所发展，在两种或两种以上生产要素框架下分析产品的生产成本，用总体均衡的方法探讨国际贸易与要素变动的相互影响。20 世纪 40 年代，萨缪尔森用数学方式演绎了 H－O 模型，建立了赫克歇尔—俄林—萨缪尔森模型（H－O－S 定理），又称生产要素价格均等化定理。即在满足要素禀赋论的全部假设条件下，自由的国际贸易通过商品相对价格的均等化，将使同种要素的绝对和相对报酬趋于均等。这一定理潜在地认为，在没有要素跨国流动的条件下，仅通过商品的自由贸易也能实现世界范围内生产和资源的有效配置。

（三）新贸易理论

新贸易理论是指 20 世纪 80 年代初以来，以克鲁格曼（Paul Krugman）为代表的一些经济学家提出的一系列关于国际贸易的原因、国际分工的决定因素、贸易保护主义的效果以及最优贸易政策的思想和观点。新贸易理论认为，国际贸易产生的动因和基础发生了变化，技术和要素禀赋差异不再是产业内贸易、国际分工和贸易迅速增长的单一原因，更多地应从供给、需求、技术差距论等不同视角分析国际贸易的动因与基础。相对于新古典贸易理论以规模报酬不变的假定进行的产业间贸易研究，新贸易理论则主要研究的是规模报酬递增和不完全竞争条件下的产业内贸易。新贸易理论把竞争优势拓展到产业内部，强调企业聚集有利于劳动力市场共享和知识外溢，而产业集聚可产生外部规模经济效应，因此企业规模经济、集聚区行业规模、市场规模导致了规模经济分工的产生。1977 年，迪克希特和斯蒂格利茨建立的 D－S 模型，阐述了在不完全竞争市场结构下消费者需求多样化和企业生产规模经济的两难冲突问题。即各国专业化大规模生产具有某一方面差异的同种产品并进行贸易，既可以利用规模经济性所带来的比较优势，又满足了消费者对差异产品的需求。20 世纪 80 年代中后期，克鲁格曼将 D－S 模型应用到国际贸易分析中，建立了规模经济理论，指出国际贸易的意义在于能够形成一个一体化的世界市场，在世界范围内扩大产品销售市场，并从别国进口其他差异性产品，以满足消费者需求。新贸易理论还强调需求因素对贸易产生和贸易结构的影响。瑞典经济学家林德提出的代表性需求理论，将需求与产品差异结合起来解释了产业内贸易产生的原因。他指出，一国应集中生产并出口本国代表性需求的产品，并从与本国收入水平相似的其他国家进口相似产品，以满足本国其他收入水平消费者的消费需求。

（四）区域分工与协作理论对城市群一体化发展的理论启示

城市群经济是由内部不同城市通过密切的分工与协作形成的综合经济，属于区域一体化经济的特殊形态。在城市群内部，一个城市的产业专业化发展将带动其他城市相关生产部门的综合发展，进而形成错落有致、优势互补的城市圈区域功能结构。区域分工与协作理论对城市群一体化发展的理论指导主要有以下三点。

（1）要素禀赋的差异性。根据 H－O 定理可知，基于区域之间资源禀赋的差异性，各区域选择集中生产要素相对低廉的产品，然后通过区域间贸易流通即可获得比较利益。这一原理对带动城市群内欠发达城市的发展从而实现城市群一体化发展具有重要意义。在城市群一体化发展中，欠发达城市可以利用要素禀赋差异所产生的比较优势参与区域分工获得最初的原始资本积累，缩小与发达城市的经济发展差距，为承接发达城市的经济辐射和产业转移奠定良好基础。

（2）比较优势的可创造性。随着区域分工与协作程度的加深，各区域间的比较优势不再仅仅依赖于资源禀赋差异所产生的低级的比较优势。规模经济优势、聚集经济优势等后发比较优势逐渐主导着区域分工与协作。将这一原理类比用于城市群一体化发展，表明欠发达城市可以通过选择适宜的产业政策，建立具有自身竞争力的产业结构，并逐步培育成城市的主导优势产业，突破“比较利益陷阱”，从而促进城市群一体化发展。

（3）区域分工的外部性。区域一体化发展是区域间分工与协作所产生的结果。在区域分工发展过程中，发达区域可通过区位因素在空间经济活动中产生乘数效应，带动周边欠发达区域相关活动的发展。这种发达区域内部性外部化和不发达区域外部性内部化的过程机制是区域由分工到协作，并最终走向区域一体化的核心动力机制。因此，在城市群一体化发展过程中，相对发达城市的某些内部性因素向城市外扩散和辐射，对落后城市经济发展产生一系列辐射带动效应，从而推动城市群整体经济的发展。

二　区域一体化理论

区域一体化初创于20世纪中期的欧美国家，经过60年代至80年代的探索，90年代在世界范围内蓬勃发展。早期的区域一体化研究主要从区域经济一体化范畴展开，而区域经济一体化主要研究的是伙伴国家之间市场一体化的过程，从产品市场、生产要素市场向经济政策的统一逐步深化，其关注的是国家之间的经济关系，代表人物有荷兰经济学家丁伯根（Tinbergen，1954）和美国经济学家巴拉萨（Balassa）。Balassa（1962）认为区域经济一体化一方面是将有关阻碍经济有效运行的人为因素加以消除，通过相互协作与统一，创造最适宜的国际经济组织的动态过程。巴拉萨将经济一体化的过程分为贸易一体化、要素一体化、政策一体化和完全一体化四个阶段，其中贸易一体化为取消商品流动限制，要素一体化为实现生产要素的自由流动，政策一体化实现集团内国家经济政策协调一致，而完全一体化则是所有政策的全面统一。区域经济一体化理论主要包括关税同盟理论和大市场理论。

（一）关税同盟理论

所谓关税同盟（Customs Union）是指两个或两个以上国家缔结协定，建立统一的关境，在统一关境内缔约国相互间减让或取消关税，对从关境以外的国家或地区的商品进口则实行共同的关税税率和外贸政策，它是经济一体化的组织形式之一。关税同盟组织对内实行减免关税和贸易限制，商品自由流动；对外实行统一的关税和对外贸易政策。关税同盟理论是以关税同盟为主要研究对象建立的系统理论，其中最具影响力的研究者为美国经济学家范纳（Jacok Viner）。范纳的关税同盟理论认为，完全形态的关税同盟应具备三个特征：完全取消各成员国间的关税；对来自成员国以外的国家和地区的进口设置统一的关税；通过协商方式在成员国之间分配关税收入。这种自由贸易和保护贸易相结合的结构，使关税同盟对整个世界经济福利的影响呈现贸易创造和贸易转移并存的双重性。

（二）大市场理论

大市场理论是从动态角度来分析区域经济一体化所取得的经济效应，是针对共同市场提出的，其代表人物为西托夫斯基（Scitovsky）和德纽（Deniau）。此理论的主要内容为通过建立共同市场，使国内市场向统一的大市场延伸。大市场理论的核心观点是阐述了共同市场产生的两大效益。一是共同市场的建立将比较分散的生产集中起来进行规模化的大生产，从而生产更加专业化、社会化，高新科技得到更广泛的利用；二是生产专业化导致生产成本下降以及销售价格下降，体现为居民购买力的增强与生活水平的提高，进一步促进消费和投资的增加，从而进入良性的循环。

（三）区域一体化理论对城市群一体化发展的理论启示

城市群一体化发展包含城市群市场一体化、产业一体化、空间一体化、制度一体化等多方面的内容，而区域经济一体化理论中的关税同盟理论、大市场理论等理论，强调综合考虑政治、经济因素，打破行政壁垒，建立统一的制度政策，实现市场大融合。因此，区域一体化理论对城市群一体化发展的指导意义有如下三点。

（1）制度统一的必要性。区域制度一体化是区域一体化发展的重要内容，它要求区域之间打破行政区域壁垒，以共创价值为目标，为实现区域整体经济利益最大化制定有效的、统一的制度与政策。例如，关税同盟理论要求成员国之间制定统一的关税制度，成员国之间完全取消关税，而对来自成员国以外的国家和地区的进口设置统一的关税。类似地，城市群一体化发展同样要求城市群内城市间打破城市区域壁垒，建立统一的制度政策，实现城市群制度一体化，使城市群内城市间的分工合作更加便捷化、互惠化，为实现城市群整体利益最大化建立有利的制度基础。

（2）政府干预的有效性。综合发展战略理论充分考虑了区域一体化过程内外制约因素，把一体化当作实现区域集体自力更生的手段，并且提出在制定经济一体化政策时，主张综合考虑政治、经济因素，强调政府干预的有效性。而城市群一体化发展同样要求在实现城市群整体发展的基础上追求各城市的共同发展，因此需要在城市群内建立有效的政府政策，为城市群内城市间分工合作的有序展开提供有利条件，促进经济效益在城市群内有效扩散。因此，有效的政府干预对于实现城市群经济一体化是很重要的。

（3）大市场的优越性。在区域一体化发展中，市场一体化是极为重要的内容，是实现区域经济一体化发展的重要部分。大市场理论正好揭示了市场一体化对实现区域一体化发展的重要性。区域间的生产要素流动越自由充分，市场容量越大，市场竞争也越激烈，企业通过技术、价格等竞争实现优胜劣汰。建立在共同市场的这种竞争，使企业的生产更加专业化、规模化，进而实现区域规模经济与区域间产业分工合作。因此，打破城市间要素的流动壁垒，建立城市群内城市间的共同市场，实现城市群内经济资源有效与最大化配置，是提高城市群整体经济实力以及实现城市群市场一体化的重要途径。

三　城市群空间演化理论

关于城市群空间演化理论的主要成果有中心地理论、增长极理论、点轴系统理论、“大都市带”演变理论、空间结构演变理论、城市群空间相互作用理论等。

（一）中心地理论

中心地理论由德国地理学家克里斯泰勒于 1933 年在其代表作《德国南部的中心地原理》中提出并系统阐述，该理论主要研究一定区域内城市等级、规模、职能之间的相互关系及其空间结构的规律性特征，旨在研究城市空间组织和布局时寻求最优化的城镇体系。该理论认为，城镇是一定区域经济社会发展的核心，其位于区域的中心地点，向周边居民提供所需产品和服务；城市按规模分为不同等级，不同等级城市承担不同职能，城市等级越高承担职能越多越复杂；市场、交通、行政是影响城市等级结构的三大支配性因素，在三大因素支配下城市等级结构呈现为不同的六边形网络结构特征。中心地理论，后经德国经济学家廖什（A. Losch）等学者的进一步完善，成为城市群空间结构研究的基础理论。

（二）增长极理论

增长极理论最先由法国经济学家佩鲁（Perroux，1950）提出，佩鲁笔下的增长极是指“经济空间”中起支配和推动作用的经济部门，或称“推进型单位”，这种“推进型单位”通过外部经济和产业间关联乘数效应，带动其他产业的增长。后来，布代维尔等经济学家将部门增长极拓展至空间增长极，即地理空间产业（工业）集聚效应的中心城镇。增长极理论认为，经济增长不会同时出现在所有的地方，总是首先在少数区位条件优越的点上不断发展成为经济增长中心（中心城镇）；增长极通过极化效应和扩散效应两种机制带动周边地区经济增长，但在增长极形成的不同阶段这两种机制作用的方向和强度不同，在初级阶段，极化效应占主导，表现为周边地区大量资金、人才、技术等要素向中心城镇集聚并推动极点地区经济快速增长，当极点地区发展至一定程度后，极化效应逐渐减弱，扩散效应逐渐占主导，表现为极点地区大量要素和产业向周边地区转移和扩散，进而带动周边地区经济增长。

（三）点轴系统理论

点轴系统理论是由我国经济地理学家陆大道于1986年首次提出，后经系统探讨而形成的区域开发空间结构理论。1986年陆大道在《地理科学》上刊文《2000年我国工业布局总图的科学基础》，从区位论与空间结构理论视角提出区域开发战略的“点轴”开发理论（陆大道，1986）；后来，陆大道多次撰文对“点轴”系统理论进行深入探讨与完善（陆大道，1995，2001，2002）。“点轴”系统理论是增长极理论的延伸，这里的“点”是指各等级的中心城市，“轴”是连接各个等级“点”的线状基础设施，且不是简单的交通基础设施轴，而是经济要素密集轴。该理论认为，一定区域的点轴空间结构系统的形成演变是一个动态过程，大体分四个阶段，即“点—轴”形成前的原始阶段、“点—轴”同时形成阶段、主要“点—轴”空间结构系统形成阶段、“点—轴”空间结构系统形成与完善阶段。而驱使“点—轴”空间结构系统演化的动力机制是空间集聚和空间扩散机制。区域经济以“点—轴系统”模式发展不仅有利于充分发挥各等级中心城市的“极”点作用，而且有利于城市之间、城市与腹地之间便捷联系、要素流动和资源优化配置，进而有利于推动区域经济的协同发展。

后来，魏后凯（1995）在点轴系统理论的基础上，提出了网络开发模式理论。该理论认为，区域发展模式是一个动态演化的过程，一般遵循由“点”至“线”再至“面”的开发模式顺序和相应的空间组织结构特征。处于不同发展阶段和不同发展水平的区域，适宜选择不同的空间开发模式，落后地区宜采用增长极模式，发展中地区宜采用点—轴开发模式，发达地区宜采用网络开发模式（戈银庆，2004）。

（四）“大都市带”演变理论

戈特曼的“大都市带”演变理论是在郊区城市化作用加剧、城市地域间出现连成一片的趋势的背景下提出的。戈特曼所谓的“大都市带”，是指在一定地理或行政区域内，以一两个大城市或特大城市为核心，辐射并带动周边一定范围内的一批中小城市，使其成为在世界范围内有一定影响力、竞争力的区域城市群或城市带，是在人口和经济活动等方面密切联系的由若干都市区的集聚所形成的巨大整体，是从量变到质变的城市经济空间组织形态的变化。戈特曼的“大都市带”具备两大显著特征，从空间形态上看，在核心地区构成要素的高度密集性和整个地区多核心的星云状结构，高度密集性体现在人口、各种可见和不可见的要素及其相互交织的网络的高度密集性；从空间组织上看，基本单元内部组成的多样性与宏观上的大都市带的“马赛克”结构。这里的基本单元是指由自然、人文、经济特征完全不同的多种成分构成的都市区，而大都市带则是由多个各具特色的都市区镶嵌形成的自然、社会、经济、政治、文化等多方面的组合体（Aggfomeratfon）。这种存在着有机联系和一定程度分工的镶嵌组合体结构，戈特曼形象地称之为马赛克（Mosaic）。例如，纽约是美国东北海岸大都市带的经济和对外联系中心，华盛顿则是鲜明的政治城市，而费城、巴尔的摩等则更多的是产业城市。

（五）空间结构演变理论

弗里德曼的城市群空间结构演变理论，是区域空间结构演变理论中的经典，是在他的核心—边缘理论的基础上提出的。弗里德曼将城市群形成与发展划分为四个阶段，并描述了每个阶段相应的空间结构特点。①前工业化阶段。区域生产力水平极为低下，居民部落分散且依旧是自给自足的农业生活方式，总体上处于低水平的均衡状态。此阶段的区域空间结构的基本特征是区域空间均质无序，其中有若干个无等级结构分异的地方中心存在。②工业化初期阶段。点状分散的城镇开始出现，国家选择1～2个区位优势显著的城市培育成区域经济中心，使其产生聚集经济效应。此阶段区域空间结构由单个相对强大的经济中心与落后的外围地区所组成，区域空间结构趋于不平衡化。③工业化的成熟时期。经济活动范围进一步扩展，新的经济中心产生，并与原来的经济中心在经济上、空间上产生联系，从而形成由若干规模不等的中心—外围结构组成的有序的区域空间中心体系。④工业化后期。城市间边缘地区发展很快，城市间在经济、文化、科技方面联系越来越紧密、深入，使城市间产生相互吸引与反馈作用，城市间经济发展水平差异不断缩小，并最终形成了功能一体化的城市群空间结构体系。弗里德曼的四阶段理论展示了城市群空间结构形成的动态过程，揭示了经济增长对城市群空间结构演化的推动作用。

（六）城市群空间相互作用理论

城市群空间相互作用理论是城市空间相互作用理论的延伸，属于区域空间结构理论的重要分支，主要是对城市群的空间结构与空间组织进行研究，是近代经济地理学、区域经济学等学科的理论研究产物，其中空间结构与空间组织是重点研究领域。Foley（1964）是较早对城市空间结构进行系统研究的学者。对城市空间结构研究更多地强调“静态活动空间”与“动态联系空间”的统一，其中形式作为静态表征体现活动要素的空间分布，而过程则更多强调要素的空间相互作用所形成的“流”和“网络”，体现动态的联系过程。随后，国内学者柴彦威（1999）等对城市空间结构做了进一步研究，认为城市空间结构包括空间形态与相互作用，认为相互作用是过程，而空间形态是作用的结果，是城市空间结构的直接表征。与空间结构不同的是，空间组织从最初的节点—区域，到核心—腹地的层级，发展到一个由中心区、腹地、层级、彼此间的相互联系和流量构成的复杂网络，一直延续着传统的“结构—功能相关律”逻辑关系。因此人文地理学研究习惯于把空间组织看作一个组织化的过程而非静态的框架，空间组织与空间格局是过程与结果的辩证关系。Gottmaim（1957）则认为空间组织是社会组织的有形表现，相比空间结构概念，空间组织对于相互作用的表述相对更为清晰。宁越敏、石崧（2011）将空间组织定义为社会—空间系统经由自然以及社会过程的共同作用，空间组织和空间结构是过程和格局的辩证关系，指出空间组织化过程构成某一时间断面上的空间结构，而上一轮形成的空间结构又对下一轮空间组织的开始至关重要，二者互为因果。

（七）城市群空间演化理论对城市群一体化发展的理论启示

在城市群空间结构的演化进程中，聚集与扩散机制始终起着关键作用，并决定着城市群演化的不同阶段。虽然弗里德曼构建的空间演化模型在空间跨度上是与国家发展相联系的，但同戈特曼的“大都市带”演变理论一样，对城市圈区域的空间演化仍具有不可忽视的指导意义。

（1）实施产业升级，打造城市群整体产业链。处于城市群发展初级阶段的城市，其产业结构相对单一，中心辐射能力不强，与城市群内其他城市的经济联系薄弱，有被边缘化的趋势。因此，对于此阶段的城市，应该调整其单一的产业结构，培育优势产业，加强与外界的信息、技术、资金交流，积极融入城市群的产业分工体系，为打造群内产业链打好基础。

（2）重视整体规划，发挥中心城市的辐射带动作用。当城市群发展到一定阶段，中心城市的集聚作用显著，与周边城市发展水平差距逐步拉大时，应充分考虑城市群的整体发展规划。推行城市群整体发展规划，一方面可促进中心城市功能优化，提高中心城市的空间资源配置效率；另一方面可推进发达城市的产业转移和落后城市的产业承接，提高城市群内市场的一体化程度，加强城市群内资源要素的优化配置。

（3）协调城际利益关系，实施城市群一体化政策。当城市群发展到成熟阶段，次中心城市的形成和壮大容易导致逆城市化、中心城市地位的下降，引致城市群内“灰色区域”的出现。因此，构建跨区域的行政管理体制，并由其制定或协调各城市的财政政策、产业政策、科技政策，进而协调城市群的城际利益关系，实现城市群整体利益提高以及局部利益的均衡配置。

（4）完善网络化设施，提高经济功能发挥的高效性。发达的有机交叉网络是城市间进行有效、高效的经济联系的基础。在完善网络化基础设施的基础上，能有效实现城市群内资金灵活周转、能量高效转换、信息便捷传递和物质通畅流动。因此，加大路网、电网、水网、通信网等网络化基础设施建设，显得尤为必要。

（5）顺应城市群空间组织演化规律，有序推进城市群空间一体化。无论是西方的城市群空间演化理论还是国内的城市（区域）空间开发模式理论，都表明城市群的空间组织是一个由低级至高级的动态演化过程，是集聚机制与扩散机制交互作用所形成的驱动机制作用下的动态演化规律。因此，推动城市群空间优化的政策举措必须遵循其规律性，有序推进城市群空间一体化。

四　共生理论

（一）共生理论的基本内容

“共生”一词最初源于生物学，是指动植物互相利用对方的特性和自己的特性一同生活相依为命的现象，而共生理论与方法是在此基础上延伸出的理论。20世纪中叶以来，共生理论和方法开始应用于社会科学领域，主要是医学领域、农业领域和经济领域。共生理论认为，共生是自然界、人类社会的普遍现象，互惠共生是自然与人类社会共生现象的必然趋势；共生有三个基本构成要素，即共生单元、共生关系、共生环境。其中，“共生单元”是基础，是构成共生体或共生关系的基本能量生产和交换单位；“共生关系”（又称“共生模式”）是纽带，指共生单元之间相互作用的方式或相互融合的形式；“共生环境”是外部环境和外部条件，共生单元以外的所有因素的总和构成共生环境。共生关系在行为方式上可分为寄生关系、偏利共生关系和互惠共生关系，在组织程度上可分为点共生、间歇共生、连续共生和一体化共生（吴传清、刘陶等，2005）。

（二）共生理论对城市群一体化发展的理论启示

城市群内城市间的协调与共生既是区域一体化发展的内在要求，也是外部环境决定的必然结果。将共生理论运用于指导不同层次城市的整体协调，进而提高城市群整体竞争力，已成为城市群一体化发展战略研究的一个重要方向。

（1）城市群内城市间的差异化共生。每一个城市群内的城市子系统都应保持自身的独立性和自主性，充分发挥各自比较优势参与到城市群的区域分工。共生单元之间的差异化必然引发物质、信息、能量、观念的激烈冲突与碰撞，它是形成新物质形态的基础，是城市群区域观念创新、技术创新、制度创新的基本动力之一。

（2）城市群内城市间的合作性共生。城市群内城市间既有合作也有竞争，但绝不是共生单元之间的恶性竞争。由于城市群内城市间的产业同构而引发的对同一资源、同一市场的争夺，只会导致恶性竞争的产生与市场资源的浪费。因此，在互利共生的基础上开展合作竞争，通过共同开发资源、创新技术、开拓市场，有助于促进城市群内部单元结构的优化与产业结构的升级。

（3）城市群内城市间的进化性共生。共同激活、共同适应、共同发展不仅是生物体共生的本质，也是社会经济实体共生的本质。良好的共生合作，可以使共生单元产生质的变化。一方面，城市群内各城市子系统的共生发展有助于提高城市群整体的核心竞争力；另一方面，城市群内各城市子系统围绕城市群整体的核心竞争力构建产业链，有助于实现区域产业分工，进而提升自身竞争力。因此，共生为城市群内各城市子系统提供了理想的进化路径。

第三节　本章小结

区域分工与协作理论、区域一体化理论、城市群空间演化理论及共生理论是城市群一体化发展的重要理论基础，本章重点阐述了各理论的主要内容及其对城市群一体化发展的理论启示。

首先，对城市群及城市群一体化的相关概念进行界定，并从市场一体化、产业一体化、空间一体化、制度一体化等方面阐述了城市群一体化的内涵，指出城市群一体化具备外部相对独立与内部高度开放、设施同城化与网络交叉化、产业分工与协作合理化及利益协同化与协调机制有效化的特征。

其次，从古典贸易理论、新古典贸易理论及新贸易理论阐析区域分工与协作理论的主要内容及理论启示；从关税同盟理论和大市场理论解析区域一体化理论的主要内容及理论启示；从中心地理论、增长极理论、点轴系统理论、“大都市带”演变理论、空间结构演变理论及城市群空间相互作用理论阐述城市群空间演化理论的主要内容及理论启示；阐析共生理论的主要观点及其对城市群一体化发展的理论启示。剖析城市群一体化发展的基础理论为探索长江中游城市群一体化发展提供理论支撑。

第三章

长江中游城市群一体化发展的现实条件分析

本章之目的在于从城市群内部的历史文化、区位条件、交通基础、经济实力、产业分工、利益诉求等多方面综合分析长江中游城市群一体化的基础条件，探寻长江中游城市群一体化发展的必要性与可行性，为后文深入研究奠定现实基础。

第一节　长江中游城市群发展概况

一　长江中游城市群简介

根据2015年4月5日国务院批复实施的《长江中游城市群规划》（简称《规划》），长江中游城市群是以湖北省武汉城市圈、湖南省环长株潭城市群、江西省环鄱阳湖城市群三个城市群板块为主体形成的特大型城市群，土地面积约31.7万平方公里，其中：武汉城市圈以中部地区最大城市武汉市为圆心，覆盖黄石市、鄂州市、黄冈市、孝感市、咸宁市、仙桃市、潜江市、天门市、襄阳市、宜昌市、荆州市、荆门市12个周边城市；环长株潭城市群以长沙市、株洲市、湘潭市为中心，外围发展岳阳市、益阳市、常德市、衡阳市、娄底市5个次级城市；环鄱阳湖城市群包括南昌市、九江市、景德镇市、鹰潭市、新余市、宜春市、萍乡市、上饶市及抚州市、吉安市的部分县（区）。长江中游城市群呈现“三核三圈四极”的显著特征：三大核心城市武汉、长沙和南昌呈“品”字形分布，是三个次城市群（圈）的“首位城市”和“核心力量”（即为“三核”）；以“三核”为中心形成武汉城市圈、长沙（长株潭）城市圈、南昌（昌—九）城市圈共三大城市圈（即为“三圈”）；三大城市圈，在各省的经济总量中所占的比重均在60%以上，是带动周边地域经济发展的拉动力量，是推动三省经济增长以及“中部崛起”的增长极（即为“四极”）。

长江中游城市群承东启西、连南接北，是长江经济带的重要组成部分，也是实施促进中部地区崛起战略、全方位深化改革开放和推进新型城镇化的重点区域，作为《国家新型城镇化规划（2014～2020年）》出台后，国家批复的首个跨区域城市群规划，《规划》将其正式定位为中国经济发展新增长极、中西部新型城镇化先行区、内陆开放合作示范区和“两型”社会建设引领区，由此可知其在我国区域发展格局中占有重要地位。2015年长江中游城市群经济总量超过6.6万亿元，位于长三角城市群、京津冀都市圈、珠三角城市群之后居第四位。

二 长江中游城市群发展概况

长江中游城市群人口、城镇和产业相对密集，是中部地区经济发展的核心区域，在促进中部崛起和全国经济发展中起着重要作用（魏后凯、成艾华，2012）。作为继长三角城市群、珠三角城市群、京津冀都市圈、成渝经济区之后全国区域经济发展的第五个城市集群，目前长江中游城市群正处于快速发展阶段，政府正按照市场经济规律和区域协调发展要求，积极制定相关发展战略，推动城市群融入长三角、珠三角和京津冀经济圈等东部较发达的城市群，并通过制定相关政策和实施规划，推动城市群内城市之间的一体化和协调发展。近年来长江中游城市群发展稳中有进，为全国经济发展做出了积极贡献。

（一）经济总量不断提升

2015年，长江中游城市群实现地区生产总值66551.33亿元，在全国五大城市群中排第3位，比上年增长5046.98亿元，增长幅度为8.21%，增幅居全国五大城市群之首，同年长三角城市群、珠三角城市群、京津冀都市圈、成渝经济区分别为6.87%、8.01%、5.15%、7.13%。从地区生产总值占全国GDP比重来看，2013～2015年，长江中游城市群分别为

9.51%、9.55%、9.66%，为五大城市群中提升幅度最高的地区，且在长三角城市群、京津冀都市圈占全国比重逐年趋稳乃至下降的趋势下，其占比仍然保持稳定的增长，由此可知长江中游城市群的巨大经济潜力正在逐渐显现。

在长江中游城市群内部，武汉城市圈、环长株潭城市群以及环鄱阳湖城市群三个次城市群的地区生产总值也逐年明显增加，2011 年均突破万亿元大关，城市群地区生产总值占全国的比重也持续稳定上升。其中，武汉城市圈 2013～2015 年地区生产总值占我国 GDP 比重分别为 4.03%、4.02%、4.10%，在三个次城市群中列第 1 位，提升 0.07 个百分点；环长株潭城市群 2013～2015 年占比分别为 3.32%、3.35%、3.39%，在三个次城市群中居中，提升 0.07 个百分点；环鄱阳湖城市群 2013～2015 年占比分别为 2.15%、2.17%、2.16%，提升 0.01 个百分点，提升幅度相对其他两个次城市群较小（见表 3－1）。

表 3－1　2013～2015 年长江中游城市群与其他四大城市群地区生产总值比较

单位：亿元，%

区域		2013 年			2014 年			2015 年		
		GDP	占比	排名	GDP	占比	排名	GDP	占比	排名
全国		590422.40	—	—	643974.03	—	—	689052.10	—	—
长江中游城市群	Ⅰ	23799.70	4.03	—	25903.50	4.02	—	28281.37	4.10	—
	Ⅱ	19656.82	3.32	—	21600.43	3.35	—	23391.28	3.39	—
	Ⅲ	12667.84	2.15	—	14000.42	2.17	—	14878.67	2.16	—
	合计	56124.36	9.51	3	61504.35	9.55	3	66551.33	9.66	3
长三角城市群		108436.34	21.05	1	126800.89	19.69	1	135512.43	19.69	1
珠三角城市群		44090.91	8.56	4	57650.02	8.95	4	62267.78	9.04	4
京津冀都市圈		52170.78	10.13	2	66565.50	10.34	2	69994.16	10.16	2
成渝经济区		28902.13	5.61	5	39306.69	6.10	5	42107.81	6.11	5

注：原始数据来源于 2014～2016 年《中国城市统计年鉴》，表中Ⅰ代表武汉城市圈，Ⅱ代表环长株潭城市群，Ⅲ代表环鄱阳湖城市群，如无特殊说明，后表同；“占比”指城市群 GDP 占全国 GDP 的比重，“排名”指城市群 GDP 在全国五大城市群中的排名。

（二）产业结构不断优化

目前长江中游城市群呈现典型的“二三一”产业结构，第一、二、三产业比重分别为 9.76%、50.58%、39.66%，第二产业仍占据主要地位。2013～2015年，长江中游城市群第一产业和第二产业比重均逐年下降，第三产业的占比则逐年上升，产业结构不断优化。三年间，长江中游城市群第一产业和第二产业比重分别下降了0.37个和2.34个百分点，第三产业比重则上升了2.71个百分点，同期长三角城市群、珠三角城市群、京津冀都市圈和成渝经济区第三产业比重分别上升4.25个、1.96个、4.75个、2.75个百分点，由此可见，长江中游城市群产业结构与上述四大城市群相比还有一定差距，但其产业结构优化的趋势明显。

在长江中游城市群内部，2013～2015年武汉城市圈、环长株潭城市群和环鄱阳湖城市群三个次城市群均有第一产业和第二产业比重下降、第三产业比重上升的趋势，其中环长株潭城市群第三产业比重上升了4.11个百分点，上升幅度明显高于珠三角城市群和成渝经济区，由此可见城市群内三个次城市群产业结构也不断优化（见表3－2）。

表3－2　2013～2015年长江中游城市群与其他四大城市群三次产业结构比较

单位：%

区域		2013年			2014年			2015年		
		第一产业占比	第二产业占比	第三产业占比	第一产业占比	第二产业占比	第三产业占比	第一产业占比	第二产业占比	第三产业占比
全国		10.02	43.87	46.11	9.11	43.09	47.80	8.81	40.87	50.22
长江中游城市群	Ⅰ	10.71	50.57	38.71	10.78	51.20	38.03	10.36	49.81	39.83
	Ⅱ	9.58	53.70	36.72	9.25	52.65	38.10	9.28	49.89	40.83
	Ⅲ	9.97	55.21	34.82	9.55	54.76	35.69	9.38	53.13	37.49
	合计	10.13	52.92	36.95	9.96	52.52	37.52	9.76	50.58	39.66
长三角城市群		4.08	48.58	47.34	3.74	46.71	49.55	3.64	44.77	51.59
珠三角城市群		2.00	45.33	52.67	1.86	45.00	53.15	1.79	43.58	54.63
京津冀都市圈		6.03	42.41	51.56	5.77	40.76	53.48	5.42	38.26	56.31
成渝经济区		10.41	52.21	37.38	9.78	51.79	38.43	9.66	50.21	40.13

资料来源：2014～2016年《中国城市统计年鉴》。

（三）投资驱动逐渐强劲

2013～2015年，长江中游城市群固定资产投资额逐年稳定上升，2015比上年增加8065.51亿元，较上年增长15.94%，高于全国平均水平（9.46%）近6.5个百分点，增长幅度远高于长三角城市群（10.09%）、珠三角城市群（10.98%）、京津冀都市圈（12.20%）和成渝经济区

(11.84%），且其投资额在全国的占比较2013年提高1.25个百分点，而同期珠三角城市群投资额占全国的比重还出现较明显下降。从固定资产投资率（固定资产投资额/地区生产总值）来看，2015年长江中游城市群为88.16%，在全国五大城市群中居第1位，同年长三角城市群、珠三角城市群、京津冀都市圈、成渝经济区分别为58.75%、37.71%、72.88%、82.32%。由此可知，长江中游城市群经济发展的基础比较厚实。

在长江中游城市群内部，2013～2015年，武汉城市圈、环长株潭城市群以及环鄱阳湖城市群三个次城市群的固定资产投资额均明显上升，增长幅度十分明显，分别为41.40%、40.38%和35.46%，均超过其他四大城市群的增长幅度，而且武汉城市圈和环长株潭城市群在全国的占比都有显著的上升趋势，武汉城市圈提升幅度最大，为0.59个百分点，其固定资产投资额到2014年甚至超过珠三角城市群，由此可见城市群内三个次城市群经济发展的投资驱动力也较强劲，经济发展的后劲比较充足（见表3－3）。

表3－3　2013～2015年长江中游城市群与其他四大城市群固定资产投资额比较

单位：亿元，%

区域		2013年			2014年			2015年		
		投资额	占比	排名	投资额	占比	排名	投资额	占比	排名
全国		418770.45	—	—	474973.21	—	—	519900.76	—	—
长江中游城市群	Ⅰ	17883.20	4.27	—	21844.66	4.60	—	25287.53	4.86	—
	Ⅱ	13150.40	3.14	—	15850.64	3.34	—	18460.12	3.55	—
	Ⅲ	11019.58	2.63	—	12913.59	2.72	—	14926.75	2.87	—
	合计	42053.16	10.04	2	50608.89	10.66	2	58674.40	11.29	2
长三角城市群		63126.01	15.07	1	72313.89	15.22	1	79608.95	15.31	1
珠三角城市群		19229.61	4.59	5	21157.90	4.45	5	23481.48	4.52	5
京津冀都市圈		40013.94	9.56	3	45465.20	9.57	3	51010.73	9.81	3
成渝经济区		27125.37	6.48	4	30991.90	6.52	4	34661.08	6.67	4

注：原始数据来源于2014～2016年《中国城市统计年鉴》。表中“占比”指城市群固定资产投资占全国固定资产投资的比重，“排名”指城市群固定资产投资在全国五大城市群中的排名。

（四）消费市场大幅增长

2013～2015年，长江中游城市群社会消费品零售总额逐年大幅度提升，2015 年实现 26696.04 亿元，在全国五大城市群中居第 3 位，比 2013 年增长 7107.76 亿元，增长 36.29%，增长幅度列全国五大城市群第 1 位，显著高于长三角城市群（25.47%）、珠三角城市群（19.54%）、京津冀都市圈（23.63%）和成渝经济区（30.77%）。从社会消费品零售总额占地区生产总值的比重来看，2015 年长江中游城市群为 40.11%，在五大城市群中居第 2 位，其余 4 大城市群分别为长三角城市群 38.86%、珠三角城市群 36.35%、京津冀都市圈 37.38%、成渝经济区 43.61%。由此可见长江中游城市群消费市场增长幅度显著，消费需求增长后劲十足。

在长江中游城市群内部，2013 ~ 2015 年，武汉城市圈、环长株潭城市群以及环鄱阳湖城市群三个次城市群的社会消费品零售总额均有明显上升，武汉城市圈总额最大且于 2014 年突破万亿元大关。三年间长株潭城市群总额增长 2874.77 亿元，增长率为 46.83%，增长幅度居三个次城市群中第 1 位，武汉城市圈总额增长 2886.32 亿元，增长率为 30.09%，环鄱阳湖城市群总额增长 1346.65 亿元，增长率为 34.92%，均高于全国平均水平（26.56%）。由此可见，长江中游城市群内部消费市场发展势头强劲，巨大的消费市场潜力正在显现（见表 3 - 4）。

表 3 - 4　2013 ~ 2015 年长江中游城市群与其他四大城市群社会消费品零售总额比较

单位：亿元，%

区域		2013 年			2014 年			2015 年		
		总额	占比	排名	总额	占比	排名	总额	占比	排名
全国		230096.87	—	—	262238.56	—	—	291217.16	—	—
长江中游城市群	Ⅰ	9592.66	4.17	—	10779.14	4.11	—	12478.98	4.29	—
	Ⅱ	6139.09	2.67	—	7757.76	2.96	—	9013.86	3.10	—
	Ⅲ	3856.54	1.68	—	4391.11	1.67	—	5203.20	1.79	—
	合计	19588.28	8.51	3	22928.00	8.74	3	26696.04	9.17	3
长三角城市群		41975.61	18.24	1	47449.24	18.09	1	52666.85	18.09	1
珠三角城市群		18933.00	8.23	4	20580.98	7.85	4	22633.05	7.77	4
京津冀都市圈		23006.22	10.00	2	26163.83	9.98	2	28442.59	9.77	2
成渝经济区		14043.07	6.10	5	16375.06	6.24	5	18363.89	6.31	5

注：原始数据来源于 2014 ~ 2016 年《中国城市统计年鉴》。表中“占比”指社会消费品零售总额占全国社会消费品零售总额的比重，“排名”指城市群社会消费品零售总额在全国五大城市群中的排名。

（五）招商引资持续增长

招商引资、扩大开放是加快经济社会发展的重要手段，与长三角城市群、珠三角城市群以及京津冀都市圈三大对外开放水平较高的城市群相比，长江中游城市群利用外资的程度还有着明显的差距，但近年来，长江中游城市群实际利用外资额持续增长，招商引资力度和效果有所加强。2015 年，长江中游城市群实现实际利用外资额 270.53 亿美元，比上年增长 22.52 亿美元，同比增长 9.08%，增长幅度为全国五大城市群中第 2 位，明显高于长三角城市群（-1.03%）、珠三角城市群（3.07%）和成渝经济区（0.26%）。从实际利用外资额占全国比重来看，2013～2015 年长三角城市群和成渝经济区均呈下降趋势，长江中游城市群 2015 年占比较 2013 年提高 1.07 个百分点，仅次于京津冀都市圈。招商引资的良好成效为长江中游城市群提高对外开放程度、提升地方经济总量与财政收入、增加地方就业与地方基础设施投入等奠定了坚实的基础。

在长江中游城市群内部，2013～2015 年，武汉城市圈、环长株潭城市群以及环鄱阳湖城市群三个次城市群实际利用外资额稳步上升，2015 年武汉城市圈和环长株潭城市群分别比上年增长 12.27%、12.78%，增幅高于全国平均水平（4.16%）及长三角城市群、珠三角城市群和成渝经济区，但环鄱阳湖城市群增幅较低（2.04%）。城市群内部招商引资的持续增长，有效地为城市群经济建设提供了充足的资金来源，有利于缩小与东部地区的经济差距，但城市群内部仍存在较大的差距（见表 3-5）。

表 3-5　2013～2015 年长江中游城市群与其他四大城市群实际利用外资额比较

单位：亿美元，%

区域		2013 年			2014 年			2015 年		
		总额	占比	排名	总额	占比	排名	总额	占比	排名
全国		2725.11	—	—	2865.01	—	—	2984.32	—	—
长江中游城市群	Ⅰ	77.32	2.84	—	87.14	3.04	—	97.83	3.28	—
	Ⅱ	67.87	2.49	—	79.57	2.78	—	89.74	3.01	—
	Ⅲ	72.92	2.68	—	81.30	2.84	—	82.96	2.78	—
	合计	218.10	8.00	4	248.01	8.66	4	270.53	9.07	3

续表

区域	2013 年			2014 年			2015 年		
	总额	占比	排名	总额	占比	排名	总额	占比	排名
长三角城市群	677.99	24.88	1	654.56	22.85	1	647.84	21.71	1
珠三角城市群	230.62	8.46	3	248.61	8.68	3	256.24	8.59	4
京津冀都市圈	320.03	11.74	2	349.16	12.19	2	407.20	13.64	2
成渝经济区	204.17	7.49	5	195.70	6.83	5	196.21	6.57	5

注：原始数据来源于 2014～2016 年《中国城市统计年鉴》。表中“占比”指城市群实际利用外资额占全国实际利用外资额的比重，“排名”指城市群实际利用外资额在全国五大城市群中的排名。

（六）地方财政实力有待提高

地方财政收入具有资源配置、收入分配以及经济稳定的职能。2015 年，长江中游城市群地方财政一般预算收入达 6346.28 亿元，在五大城市群中排第 4 位，较 2013 年增长 20.47%，增幅低于长三角城市群（26.30%）、珠三角城市群（36.89%）和京津冀都市圈（26.81%）。从占比来看，2013～2015 年，长江中游城市群占全国比重基本平稳，但长三角城市群和珠三角城市群均提升超过 1 个百分点。从地方财政一般预算收入占地区生产总值的比重来看，2013～2015 年，长江中游城市群分别为 9.39%、10.51%、9.54%，同比提高 0.15 个百分点，同期长二角城市群、珠三角城市群和京津冀都市圈分别提升 1.01 个、1.47 个和 1.55 个百分点。从而可知长江中游城市群政府集中财力的能力相对薄弱，与发达城市群政府财政能力仍有一定差距。

在长江中游城市群内部，环长株潭城市群以及环鄱阳湖城市群两个次城市群地方财政收入显著上升，2013～2015 年分别提升了 52.56 个百分点和 31.52 个百分点，显著高于全国平均水平（提升 20.12 个百分点），但武汉城市圈 2015 年财政收入水平较 2013 年降低 0.5 个百分点。从占比来看，环长株潭城市群与环鄱阳湖城市群 2013～2015 年地方财政收入在全国的占比都有一定程度的提高，分别提升了 0.58 个和 0.21 个百分点，同期武汉城市圈占比下降了 0.77 个百分点。同时，环长株潭城市群和环鄱阳湖城市群两大次城市群 2013～2015 年地方财政一般预算收入占地方生产总值的比重均有上升，提升幅度分别为 1.84 个和 1.25 个百分点，但武汉城市圈下降了1.82个百分点。由此可知，长江中游城市群内部财政实力差距较大，环长株潭城市群和环鄱阳湖城市群近年有显著提高，但武汉城市圈呈现下降趋势（见表3-6）。

表3-6 2013~2015年长江中游城市群与其他四大城市群地方财政一般预算收入比较

单位：亿元，%

区域		2013年			2014年			2015年		
		收入	占比	排名	收入	占比	排名	收入	占比	排名
全国		59434.90	—	—	64855.35	—	—	71395.56	—	—
长江中游城市群	Ⅰ	2660.84	4.48	—	2250.20	3.47	—	2647.45	3.71	—
	Ⅱ	1283.35	2.16	—	1508.04	2.33	—	1957.87	2.74	—
	Ⅲ	1323.71	2.23	—	2705.31	4.17	—	1740.96	2.44	—
	合计	5267.91	8.86	3	6463.55	9.97	3	6346.28	8.89	4
长三角城市群		13388.71	22.53	1	15923.13	24.55	1	16910.59	23.69	1
珠三角城市群		4669.05	7.86	4	5374.93	8.29	4	6391.66	8.95	3
京津冀都市圈		7593.33	12.78	2	8491.88	13.09	2	9628.86	13.49	2
成渝经济区		2406.67	4.05	5	2972.68	4.58	5	2282.43	3.20	5

注：原始数据来源于2014~2016年《中国城市统计年鉴》。表中"占比"指地方财政一般预算收入占全国财政一般预算收入的比重，"排名"指城市群地方财政一般预算收入在全国五大城市群中的排名。

第二节 长江中游城市群一体化发展的现实基础分析

一 共同深厚的历史文化渊源和良好的历史机遇

（一）共同深厚的历史文化渊源

湘鄂赣三省山水相连、人文相亲，自古以来就有着特别深厚的历史文化渊源，经贸往来与人文交流非常密切，为长江中游城市群一体化并使其发展成为跨区域特大型城市群奠定了坚实的基础。

在地域文化上，湘鄂赣三省拥有共同的文化起源，成为长江中游城市群形成与演进的一条重要发展脉络。荆楚文化和湖湘文化同为楚文化的重要分支，因而湘鄂赣三省均为楚文化的构成地区，并且深刻影响了三省人文与经济地理的分布，促使其形成了比较相近的社会观念、生活习惯和生活方式；在历史活动上，湘鄂赣三省是中国近现代革命的发源地，红色纽带联结了三省的政治、经济与文化交往，20 世纪二三十年代中国共产党在湘鄂赣边区建立的苏维埃红色政权更是加深了三省的政府和民间交往；在旅游资源上，三省的红色文化以及红色旅游资源是区域内极具特色和优势的旅游资源，在全国均占有极其重要的地位，区域内的武昌、南昌、安源、长沙、韶山、井冈山、瑞金、大别山等革命发源地全国闻名。湘鄂赣三省深厚的历史渊源使长江中游城市群人文地理交相辉映，文化魂脉广为传承，同宗、同源的文化属性为促进三省区域合作交流从而推进长江中游城市群一体化奠定了坚实的社会基础。

（二）良好的历史机遇

1. 国家长江经济带发展战略实施所带来的历史机遇

2010 年 12 月，国务院发布《全国主体功能区规划》，将沿长江经济带定为国土开发主轴，将包括武汉城市圈、长株潭城市群和鄱阳湖生态经济区的长江中游地区列为国家重点开发区域，以推动形成“新的大城市群和区域性的城市群”；2014 年 9 月 25 日，国务院发布了关于依托黄金水道推动长江经济带发展的指导意见，提出要把长江经济带建设成具有全球影响力的内河经济带，从而使我国的发展重心由沿海地区转向内陆地区。2016 年 3 月 25 日，中共中央政治局召开会议正式审议通过《长江经济带发展规划纲要》，目标是到 2020 年培育形成一批世界级的企业和产业集群，基本形成陆海统筹、双向开放，与“一带一路”建设深度融合的全方位对外开放新格局，基本建立以城市群为主体形态的城镇化战略格局，城镇化率达到 60% 以上。国家正在实施的长江经济带发展战略将极大地发挥长江黄金水道的独特作用，构建现代化综合交通运输体系，推动沿江产业结构优化升级，促进全方位进一步对外开放，为培育和发展长江中游城市群提供了良好的契机。

2. 以破除行政壁垒促进要素流动为核心的改革攻坚所带来的历史机遇

2009 年 9 月，国务院常务会议通过《促进中部地区崛起规划》，强调深化中部地区省际合作，区域内经济联系密切的经济圈、城市群、经济带要编制区域合作规划，打破行政界限和市场分割，加快建设区域市场体系，并且明确把武汉城市圈、环长株潭城市群和环鄱阳湖城市群列为中部重点培育的六大城市群增长极；2013 年 11 月，党的十八届三中全会提出了全面深化改革的战略部署，指出我国当前改革进入攻坚阶段，改革的核心是正确处理好政府与市场的关系，更好地发挥市场在资源配置中的决定性作用。《国民经济和社会发展第十三个五年规划纲要》提出，要健全现代市场体系，加快形成统一开放、竞争有序的市场体系，建立公平竞争保障机制，打破地域分割和行业垄断，着力清除市场壁垒，促进商品和要素自由有序流动、平等交换。党的十九大强调加快完善社会主义市场经济体制，经济体制改革必须以完善产权制度和要素市场化配置为重点，实现产权有效激励、要素自由流动。行政障碍的破除反映了长江中游城市群一体化的契机，将极大地推动长江中游城市群一体化的进程。

3. 长江中游城市群上升为国家战略所带来的历史机遇

2011 年 3 月，国务院发布《国民经济和社会发展第十二个五年规划纲要》，明确指出要加快构建“沿长江中游经济带”，并将长江中游地区纳入国家“两横三纵”城镇化战略格局之中，长江中游地区在国家区域发展战略中的地位日益凸显；2012 年 2 月 10 日，湖南、湖北、江西三省签署《加快构建长江中游城市群战略合作框架协议》，长江中游城市群建设进入实质性推动阶段；2012 年 9 月，国家发布《国务院关于大力实施促进中部地区崛起战略的若干意见》，明确指出要“鼓励和支持武汉城市圈、长株潭城市群和环鄱阳湖城市群开展战略合作，促进长江中游城市群一体化发展”；2014 年 3 月，中共中央、国务院印发《国家新型城镇化规划（2014～2020 年）》，指出要加快培育包括长江中游城市群在内的中西部城市群，使之成为推动国土空间均衡开发、引领区域经济发展的重要增长极；2015 年 4 月，国务院批准实施《长江中游城市群发展规划》，将武汉城市圈、环长株潭城市群、环鄱阳湖城市群作为促进中部崛起、全方位深化改革开放和推进新型城镇化的重点区域，明确了将其打造为中国经济发展新增长极、中西部新型城镇化先行区、内陆开放合作示范区、“两型”社会建设引领区的战略定位，至此，长江中游城市群正式上升为国家发展战略。

随着国家深入实施区域发展总体战略与新型城镇化战略，全面深化改革开放，积极谋划区域发展新格局，推动经济增长空间从沿海向沿江内陆拓展，依托长江黄金水道推动长江经济带发展，长江中游城市群将全面提高城镇化质量、推动城乡区域协调发展、加快转变经济发展方式，同时也将提升开发开放水平、增强整体实力和竞争力，长江中游城市群的比较优势和内需潜力将得到充分发挥，在全国发展中的地位和作用进一步凸显。

二　独特的区位条件与良好的交通基础

（一）区位条件

长江中游城市群地处中华腹地长江中游平原，涵盖“一江两湖”（长江、洞庭湖、鄱阳湖），拥有承东启西、连南接北的重要区位优势。三个次城市群武汉城市圈、环长株潭城市群和环鄱阳湖城市群沿长江两岸连绵相结，环形围绕长江中游，相互比邻，互为犄角，形成三角布局，呈“品”字形分布。其中，武汉城市圈地处中国中西部的接合部，既位于长江流域的中部，也处于中部五省的中心位置，拥有“中部之中”的综合区位优势，其中心城市武汉是承东启西、接南转北的国家地理中心，是全国重要的水陆空综合交通枢纽，历来有“九省通衢”之称；环长株潭城市群“一部一带”区位优势凸显，其中“一部”指位于长江经济带与沿海经济带的接合部，“一带”指沿海地区与中西部地区的过渡带，这是2013年习近平总书记视察湖南时给包括环长株潭城市群在内的湖南新的战略定位，这一新定位为环长株潭城市群重构了在全国经济版图中的战略坐标，凸显了其独特的区位优势，为环长株潭城市群全面融入长江经济带和“一带一路”建设指明了新路径；环鄱阳湖城市群位于沿长江经济带和沿京九经济带的交汇点，是连接南北、沟通东西的重要枢纽，毗邻武汉城市圈、环长株潭城市群、皖江城市带，是长三角、珠三角以及海峡西岸经济区等重要经济板块的直接腹地，在我国区域发展格局中具有重要地位。

综之，长江中游城市群在全国区域经济版图中具有放大的“一部一带”区位优势，为长江中游城市群全方位融入长江经济带、“一带一路”以及京津冀协同发展战略提供了极为有利条件，必将有力推动长江中游城市群在融入国家战略中打造内陆开放新高地以及在中西部地区城市群一体化发展示范区建设中迈上新台阶。

(二) 交通基础

在长江黄金水道的紧密串联下，长江中游城市群临江达海，拥有一批现代化港口群，天然水运优势十分明显，且区域枢纽机场以及铁路、公路交通干线等基本形成了密集的立体化交通网络框架，综合交通枢纽建设取得了积极进展。京广、京九、沪昆三条铁路与长江黄金水道穿越长江中游城市群境内，共同构成“井”字形交通大动脉，形成了城市群整体上全方位、立体式的大交通网络格局。城市群内部三核心城市武汉、长沙、南昌基本呈等边三角形分布，相互毗邻，形成一个天然的“铁三角”，核心城市之间交通便利，铁路、公路和水路相互连接形成一个立体网络。长江中游城市群在全国综合交通网络中“承东启西、连南接北、吸引四面、辐射八方”的战略性地位和枢纽性区位独特优势正逐渐显现。

铁路交通方面，在中国铁路第六次大提速中，动车组为中部省份之间的经济发展铺就了一条快速通道，而湘鄂赣之间也由于动车组的开行，驶出了一个“三小时经济圈”，长沙正处于“三小时经济圈”的圆心位置。2014 年 9 月，沪昆高铁长沙至南昌段正式开通运营，武汉、长沙、南昌三地实现高铁回环互通，武汉到长沙最快 1 小时 18 分、到南昌 2 小时 40 分，长沙到南昌 1 小时 27 分，中部地区的“铁三角”格局得到加强。2017 年 4 月 10 日，长江中游城市群四省会签署《长江中游城市群省会城市合作行动计划（2017 ~ 2020 年）》，四个省会城市将协同推进城市群高速铁路、城际铁路网络建设，建设“90 分钟互达”高铁网，其中重点规划建设长沙—九江—合肥、武汉—九江—南昌、合肥—九江—南昌、武广高铁复线（武长段）等高速铁路。目前为止，京广、京九、武九、浙赣、焦柳等国家铁路干线沟通了城市群内部三个板块，形成了较发达的铁路交通网。

公路交通方面，汉长昌高速环路的建成，极大地缩短了城市群内三个板块之间的交通距离，为长江中游城市群交通一体化的形成奠定了高等级公路主骨架。2009 年武广客运专线的开通，加快了武广经济带的形成，大大缩短了沿线城市间的时空距离，有力地推动了武汉城市圈与环长株潭城市群的融合对接，使二者间联系更加方便密切。正在开工建设的沪昆客运专线将紧密连接环鄱阳湖城市群与环长株潭城市群，武九客运专线将推动武汉城市圈与环鄱阳湖城市群加速融合，使武汉与九江、南昌间形成快速城际交通圈。此外，京港澳（G4）、大广（G45）、二广（G55）、福银（G70）、济广（G35）、沪昆（G60）、沪蓉（G42）、沪渝（G50）、杭瑞（G56）等高速国道贯穿其境，加之随岳高速、长张高速、长株高速、衡邵高速、漳吉高速等重要辅助交通通道，长江中游地区已经成为全国高速公路最密集的地区之一，为武汉、长沙、南昌三大核心城市扩大其对外经济交往与经济辐射范围提供了有利的交通条件。2017 年 4 月 10 日，四省会签署的《长江中游城市群省会城市合作行动计划（2017 ~ 2020 年）》推进长江中游省会城市公交一卡通工程建设，助推武汉城市圈、环长株潭城市群、合肥都市圈、环鄱阳湖城市群等城市群（圈）内的交通一体化建设。

航空和水运方面，武汉天河机场、长沙黄花机场、南昌昌北机场等均已开通国际国内航线，辐射全国各大城市，共同打造中部国际航空港群。宜昌港、荆州港、岳阳港、武汉新港、九江港等长江沿岸重要港口吞吐量规模大、水运市场活跃、航运要素密集，在促进长江中游城市群经济交流并融入长江经济带建设中发挥了强大的作用。

三　渐强的经济基础与良好的发展契机

湘鄂赣三省城市群（圈）不仅是各省的经济核心区域，集中了各省的主要经济要素，同时也是长江中游的核心区域，在中部地区占有极为重要的地位，当前，三省均处于工业化中期阶段，其经济总量均超过万亿元，其中湖北省和湖南省均突破 2 万亿元大关，经济发展速度也高于全国平均增幅，在迎合改革创新的浪潮中，三省发挥各自的有利资源条件，努力将长江中游城市群发展为中国区域经济增长第四极而奋斗。

农业方面，长江中游城市群现代农业发展势头良好，形成了一批特色优势农业和农产品生产基地，粮食、棉花、油料、畜牧、水产、蔬菜、林果、茶叶、蚕桑等产业均在全国占有重要地位。工业方面，该城市群历来工业基础雄厚，拥有一大批老工业基地，如武汉、黄石、长沙、株洲、湘潭、衡阳、南昌、九江、景德镇、萍乡等，工业门类较为齐全，形成了以装备制造、汽车及交通运输设备制造、航空、冶金、石油化工、家电等为主导的现代产业体系，战略性新兴产业和服务业发展迅速，并在光电子、重型机械、重大成套设备制造、汽车、轨道交通设备制造、船舶等行业拥有一批核心技术和关键技术（魏后凯、成艾华，2012）。

就三个次城市群而言，武汉城市圈长期以来为国家级的商品粮、棉、油基地，工业方面已经初步建立了门类较为齐全的现代工业体系，拥有钢铁、汽车、光电子信息、有色冶金、装备制造、建材、医药、纺织服装等在国内具有一定影响力的支柱行业，服务业方面物流、商贸新业态、信息通信、房地产、旅游、文化等行业发展迅速。此外，武汉城市圈还是中部地区科技教育事业、人才与智力资源的密集区（赵凌云等，2010）。环长株潭城市群农产品资源十分丰富，是湖南省的粮食、生猪主产区，其水稻单产水平闻名全国，工业方面已形成了相对比较雄厚的工业基础，特别是在冶金、机械制造、化工等方面具有相当的规模和技术优势，服务业方面旅游、商贸、休闲娱乐、电子动漫、信息出版等具备较好基础的行业发展较迅速。在“两型社会”的建设要求下，环长株潭城市群经济增长模式正逐步向循环经济、低能耗、高增长的增长方式转变（库诗雨，2013）。环鄱阳湖城市群生态农业发展势头良好，有机食品产量位居全国前列，新型工业初具规模，初步建立了以汽车、航空及精密仪器制造、特色冶金和金属制品加工、中成药和生物制药、电子信息和现代家电产业、食品工业、精细化工及新型建材等为核心的产业体系，服务业中旅游业发展较快，是我国中部地区重要的旅游目的地。

次城市群较强的经济实力提高了其区域吸引力，从而为区域间加强交流合作并促进长江中游城市群一体化发展提供了经济基础。2015 年，长江中游城市群实现规模以上工业总产值 99739.08 亿元，比上年增长 5962.97 亿元，增长幅度为 6.36%，远高于全国平均水平（0.05%），且 2015 年，长江中游城市群规模以上工业总产值在全国的占比较上年上升 0.54 个百分点，高于同期长三角城市群（0.43 个百分点）、珠三角城市群（0.35 个百分点）和成渝经济区（0.28 个百分点）的增长速度，京津冀都市圈下降 0.22 个百分点，从而可知长江中游城市群工业发展十分迅速，正在逐渐缩小与东部沿海城市群之间的差距（见表 3－7）。

表 3-7　2013~2015 年长江中游城市群与其他四大城市群规模以上工业总产值比较

单位：亿元，%

区域		2013 年			2014 年			2015 年		
		产值	占比	排名	产值	占比	排名	产值	占比	排名
全国		1008926.61	—	—	1098804.44	—	—	1099301.07	—	—
长江中游城市群	Ⅰ	36621.15	3.63	—	39325.18	3.58	—	41832.42	3.81	—
	Ⅱ	26134.89	2.59	—	28388.94	2.58	—	30110.19	2.74	—
	Ⅲ	22098.83	2.19	—	26061.99	2.37	—	27796.47	2.53	—
	合计	84854.87	8.41	4	93776.11	8.53	4	99739.08	9.07	3
长三角城市群		219334.56	21.74	1	231785.39	21.09	1	236552.08	21.52	1
珠三角城市群		90697.30	8.99	2	98026.20	8.92	2	101905.19	9.27	2
京津冀都市圈		88665.00	8.79	3	94157.74	8.57	3	91738.21	8.35	4
成渝经济区		45826.87	4.54	5	51901.14	4.72	5	55010.71	5.00	5

注：原始数据来源于 2014~2016 年《中国城市统计年鉴》。表中“占比”指规模以上工业总产值占全国规模以上工业总产值的比重，“排名”指城市群规模以上工业总产值在全国五大城市群中的排名。

长江中游城市群人口密集，内需潜力巨大，市场空间广阔，内需动力较强劲。在当前资本和技术回流的趋势下，武汉城市圈、环长株潭城市群以及环鄱阳湖城市群因其“承东启西”的区位条件以及“黄金水道”的交通优势，成为承接东部沿海产业转移的重点区域。来自沿海的各种要素的充分流动，将有利于消除市场壁垒，促进长江中游城市群产业一体化的发展。同时，西部大开发的政策优势和其本身相对廉价的生产要素，为推动产业结构升级和经济快速发展提供了良好的契机。

四　相似的产业分工定位与共同的利益诉求

产业一体化是城市群一体化发展的核心内容与基本前提，长江中游三省同属中部地区，经济相辅相融，产业相似性较强，且三大次城市群在产业合作方面有共同的利益诉求与良好的现实基础，因此，应通过优化产业空间布局、打造优势产业集群、统一要素市场和建立合作协调机制，加快形成合力，积极促进长江中游城市群一体化发展（白洁，2012）。

由表 3-8 可知，长江中游城市群产业分工的相似性极强，这主要决定于湘鄂赣三省在全国区域经济版图中相似的产业分工定位。湘鄂赣三省区位条件的相似性导致了其资源禀赋的相似性，这在一定程度上决定了三省在全国区域产业定位上的相似性，加之目前经济发展水平的相似性以及同处于工业化中期阶段，从而共同决定了三省在全国区域经济版图中的分工定位。

表 3-8　2015 年湘鄂赣三省千亿元产业

地区	千亿元产业
湖北省	汽车、食品、化学制品、非金属矿物质、纺织、计算机通信、黑色金属、电气、电力、有色金属、金属制品、农副产品、通用设备制造、橡胶和塑料、医药制造、专业设备制造
湖南省	工程机械、装备制造、石化、轻工、有色金属、食品、冶金、建材、电子信息、电力、轨道交通、汽车制造、文化创意、旅游
江西省	有色金属、钢铁、石油化工、食品、纺织、建材、医药、汽车制造、电子信息、光伏、电器机械及器材制造

资料来源：湖南省经信网、中国联合商报、湖北省工业和信息化委员会网站。

产业分工的相似性为长江中游城市群实现产业一体化提供了良好的关键性开端。三大次城市群中，武汉城市圈的钢铁、汽车、光电子信息、石油和盐化工、装备制造、纺织服装等行业已成为具有全国影响的支柱行业，环长株潭城市群在工程机械制造、交通运输设备、电子信息、有色金属、石油化工等行业具有明显的规模和技术优势，环鄱阳湖城市群新型制造业发展迅速，近年来正在着力打造光电、新能源、生物、铜冶炼及精深加工、优质钢材深加工、炼油及化工、航空、汽车及零部件生产等产业基地。在此条件下，长江中游城市群依托现有产业基础，发挥比较优势，强化分工协作，联合创新，加快产业转型升级，淘汰落后过剩产能，共同承接产业转移，不断提升产业和产品竞争力，打造一批有较强竞争力的优势产业基地，对构建具有区域特色的一体化现代产业体系具有重要意义。

同时，相似的产业分工定位也决定了长江中游城市群在经济发展中将面临共同的问题，进而产生共同的利益诉求。首先，三个次城市群具有发展“两型产业”的共同战略任务。武汉城市圈和环长株潭城市群是全国资源节约型和环境友好型社会建设综合配套改革试验区，鄱阳湖生态经济区则着重构建以生态农业、新型工业和现代服务业为支撑的环境友好型产业体系。其次，承接产业转移是三个次城市群共同的现实任务。随着当前国际国内产业分工的深刻调整，我国东部沿海地区产业向中西部地区转移步伐加快，长江中游地区也必须充分发挥其资源丰富、要素成本低、市场潜力大的优势，积极承接产业转移并形成分工合理、优势互补、合作共赢的产业格局，携手促进我国区域经济协调发展。最后，开放长江经济带是三个次城市群共同的战略部署。随着国家长江经济带建设以及“一带一路”倡议的提出，中国经济发展的重点由沿海转向内陆，长江中游城市群必须借助良好的发展机遇，依托长江航运的黄金水道扩大外向型经济，并大力推进沿江、沿湖开发和产业布局，在港口、航运、物流、临港产业等方面进行合理分工与协作，从而推动长江中游城市群的联动发展。

因此，加快推进长江中游城市群产业一体化建设，整合三个次城市群的资源，统筹规划、发挥比较优势、扬长避短、合理分工，构建互惠互利、共同发展的产业新格局具有良好的合作基础。

五 多领域的交流合作平台已搭建

目前长江中游城市群内已有跨省交流合作平台30多个，自2012年初签订长江中游城市群战略合作框架协议以来，基础设施、产业、市场、社会事业等重点领域合作迅速展开，各省会城市先后签署了《武汉共识》《长沙宣言》《南昌行动》等协议，咸（宁）岳（阳）九（江）小三角、九江与黄冈跨江跨区合作开发、新（余）宜（春）萍（乡）与长株潭合作等重点地区一体化发展积极推进。总体而言，当前长江中游城市群间的合作以交通、旅游、文化、商务等为重点，以联席会议为主要形式，且政府间的合作相对企业和非政府组织间的合作更多（龚胜生等，2014）。

（一）政府间的合作

1. 省际高层与部门间的合作

2012年2月4日，湘鄂赣皖四省交通运输厅负责人聚首武汉，共同签订了推进设立长江中游城市群综合交通运输示范区合作意向书；2012年2月10日，湘鄂赣三省在武汉签订《加快构建长江中游城市集群战略合作框架协议》，开启了长江中游城市群一体化发展的新平台，逐步实施长江中游地区高层次与高水平合作；2013年4月7日，湘鄂赣皖四省在海南博鳌亚洲论坛上联袂举办长江中游城市群主题宣传活动，与国际政要、知名企业家、学者共话长江中游城市群发展战略，共谋区域协同发展良策（龚胜生等，2014）；2013 年 9 月 26 日，国家发改委地区经济司在湖北省武汉市组织召开长江中游城市群一体化发展规划前期工作会议，湘鄂赣皖四省发改委负责同志和有关专家参加了会议，就推进一体化规划编制工作进行了部署；在湘鄂赣三省签署“战略合作框架协议”以后，三省政府的旅游、商务、经合、工信、农业、科学、教育、文化等近 20 个职能部门或先或后签署合作协议，初步建立了各部门间的合作机制（江景和，2013）。2015 年 6 月 16 日，省会城市合作协调会第一次会议在武汉召开，会议通过的《长江中游城市群城市合作协调会制度》，标志着省会城市合作协调会制度的正式建立。2017 年 4 月 15 日，长江中游城市群人才发展高峰论坛在武汉举行，南昌、武汉、长沙、合肥四省会城市签署《长江中游四省会城市人才发展合作框架协议》，确立了到 2021 年搭建辐射四省会城市的人才服务平台，区域人才发展合作迈入整体联动新格局。

2. 市际高层与部门间的合作

长江中游城市群市际合作主要在长沙、南昌、武汉 3 个省会城市以及由岳阳市、九江市、咸宁市组成的“小三角”之间展开。2012 年 4 月 19 日，岳阳市、九江市、咸宁市三市市长在岳阳签署了三市区域合作框架协议，三市旅游局局长签署了区域旅游合作协议；2012 年 3 月 13 日至 14 日，武汉、长沙、南昌三市团委在武汉举办青年发展论坛，共同签署了《武汉、长沙、南昌“城市合作发展、青年协作交流”战略框架协议》；2012 年 5 月 31 日，岳阳市、九江市与咸宁市三市交通运输局签署了交通运输发展框架协议；2012 年 7 月 11 日，岳阳市、九江市与咸宁市三市商务局签署《关于共同促进区域商务事业发展加快“小三角”城市区域市场一体化进程战略合作协议书》；2012 年 11 月，黄冈与九江两市政府签订了《关于推进跨江跨区合作开发框架协议》，两地将在空间布局、基础设施和产业发展等方面全面推进一体化；2013 年 2 月 23 日，长江中游城市群省会城市首届会商会探讨了湘鄂赣皖省会城市经济社会合作发展领域及重点，长沙、南昌、合肥、武汉 4 个省会城市负责人共同签署了《长江中游城市群暨长沙、合肥、南昌、武汉战略合作协议》（简称“武汉共识”)，四市宣传、经信、教育、科技、规划、环保、交通运输、商务、文化、卫生、旅游等11个部门分别签署合作子协议；2013年6月18日，首届长江中游城市群建设论坛暨四省会城市社科院（联）会商会在武汉隆重召开；2014年5月13日，江西萍乡与湖南株洲签订了《赣湘开放合作实验区战略合作框架协议书》；2014年5月18日，合肥、南昌、武汉、长沙联合在长沙举办长江中游城市群四省会城市旅游合作会商会议专门研讨并通过了《2014长江中游城市群四省会城市旅游合作会商会（长沙）宣言》；2014年6月12~13日，“长江中游城市群省会城市第二届科技合作联席会”在长沙召开，来自武汉、合肥、南昌和长沙四市的相关领导及科技部门负责人再次聚首，共商年度科技合作大计，会议一致通过并形成了《长江中游城市群省会城市第二届科技合作联席会会议纪要》（龚胜生等，2014）。2015年11月19日，长江中游城市群四省会城市在合肥召开人社工作一体化发展第三届商会，会上，合肥、武汉、长沙、南昌四市共同签署《中部四省会城市深化“双创”工作备忘协议》，就强化自主创新、加快全面创新、聚焦高端创新、推进协同创新，以及强化人才服务、金融服务、平台服务、创业服务等达成12项协议。2016年10月22日，在合肥签署《长江中游四省会城市一卡通互联互通战略框架协议》，以长江中游城市群一卡通互联互通为目标加强合作，建立长江中游城市群互联互通示范区的运营平台。2017年4月11日，长江中游城市群省会城市社会信用体系建设区域合作论坛召开，武汉、长沙、合肥、南昌四省会城市共同签订《长江中游城市群省会城市社会信用体系建设区域合作框架协议》，力争到2018年，实现基本信用信息的共享和信息定期更新以及信用服务机构跨市服务和信用信息互用机制，实现“一市失信、四市受限”。

（二）企业间的合作

在长江中游城市群政府间交流日益频繁的趋势下，城市群内企业间交流合作的意愿也十分强烈。2012年2月24日，“长江中游商务网”上线；2012年4月18日，“长江中游”演艺联盟暨武汉地区演出院线联盟在武汉成立；2012年9月18日，湘鄂赣三省商务厅和中企万盟国际集团在武汉共同主办长江中游中美企业投资并购对接会，湘鄂赣30多家企业齐聚武汉，共同商讨赴美投资事宜；2012年10月18日，湘鄂赣三省新华书店在武汉签订发行产业联盟战略合作框架协议；2012 年 12 月 22 日，楚商资本集团正式挂牌成立，这是目前湖北乃至华中地区最大的民营企业和民营投资机构；2013 年 1 月 20 日，中部传媒合作与发展论坛暨中部传媒战略合作协议签字仪式在武汉举行，江西日报传媒集团、湖南日报报业集团和湖北日报传媒集团出席论坛，共同签署了《中部传媒战略合作协议》；2013 年 4 月 19 日，湘鄂赣皖四省 10 家城市商业银行齐聚武汉签署《战略发展业务合作协议》（龚胜生等，2014）。2015 年 6 月 5 ~ 7 日，在长沙红星国际会展中心举办武汉名优创新产品展销会，展销会参展企业 161 家（其中包括应邀参加的 12 家长沙企业），接待专业买家及观众 2.3 万人次，实现签约项目金额 9.17 亿元，销售 109.5 万元。2016 年 9 月 28 日，长沙极地体育用品有限公司和城市主场（武汉）体育发展有限公司在城市主场红星店举行战略合作签约仪式暨搏翼绿茵长沙红星球场店开业盛典，意在分享与整合各自细分领域的优质资源，形成产业内的联动，促进行业的整体良性发展。

（三）非政府组织间的合作

目前，长江中游城市群非政府组织间的合作相对政府间的合作交流较少，其合作主体以商会、行业协会以及学术性组织为主。

1. 商会间的合作

目前，湘鄂赣三省间已经互设有异地商会，如湖北省湖南商会、湖南省江西商会、江西省湖南商会等，在推进省际交流合作方面发挥了积极作用。例如，2013 年 9 月 26 日，湖北省湖南商会代表前往株洲参加了 2013 年湖南经济合作洽谈会暨第六届湘商大会，现场签约重大项目 93 个，总投资 766 亿元，发布省级招商合作项目 431 个，主要涉及基础设施、先进制造业、现代农业、现代服务业等，总投资 1.2 万亿元；2013 年 12 月 29 日，湖北省湖南商会第二届二次会员代表大会在武汉光谷金盾大酒店召开，会上湘鄂两省十一个会员单位代表作企业形象展示和产品推介，之后大会号召全体会员同心协力，凝聚湘情，共同为商会的全面发展而努力奋斗；2015 年 1 月 16 日，江西省湖南商会在南昌鑫顺祥国际大酒店召开了第二届会员代表大会第三次会议暨 2014 年年会，会议表彰了 2014 年度商会优秀会员，同时增加了商会理事单位，加深了湘赣两省的商业联系；

2015 年 4 月 2 日，江西省湖南商会在江西省林业科学院召开了 2015 年的第一次理事会，会议提出要加强与会员的联系，利用现代科技手段，建立信息平台，交流各类信息，资源共享，共同发展；2015 年 5 月 19 日，湖南省江西商会代表在武汉参加了江西省昌九地区扩大开放合作推介会，现场举行了项目集中签约仪式，共签约重大项目 32 个、总投资 177 亿元；2015 年 11 月，湘赣边 12 个县域城市商会合作交流年会在浏阳召开，成立了湘赣边县域城市商会合作联盟；2017 年 12 月 9 日，湖北省湖南商会在武汉市洪山宾馆举办商会成立十周年庆典大会，湖北省湖南商会计划三年内组织 1000 家全球湘商企业到湖北考察投资，力争签约金额不少于 500 亿元。

2. 行业协会间的合作

2013 年 4 月 18 日，长沙、合肥、南昌、武汉四市餐饮协会在武汉签署《长江中游城市群暨长沙、合肥、南昌、武汉餐饮行业协会合作协议》，约定每年召开一次四市餐饮行业协会工作联席会议，举办高规格餐饮发展高峰论坛，搭建四市餐饮信息交流平台，实现信息资源互通共享等（龚胜生等，2014）；2015 年 5 月 25 日，由湘鄂赣三省酒业协会主办，英博金龙泉啤酒（湖北）有限公司承办的 2015 湘鄂赣啤酒产品质量检评会在金龙泉大酒店举行，“长江中游”27 家啤酒企业的 44 种啤酒产品香飘荆城，41 位国家级及省级啤酒评酒委员对它们进行专业品鉴并打分定级评奖，对不断提升三省啤酒企业产品品质，推动啤酒行业成为“长江中游”的稳定经济增长点具有积极意义。

3. 学术性组织间的合作

2012 年 2 月 26 日，由湘鄂赣三省社科院、三省经协办等单位共同主办的长江中游城市集群论坛在武汉举行（秦尊文等，2014）；2012 年 5 月 16 日，以“共建长江中游‘智造’新引擎”为主题的“长江中游城市集群发展论坛”在湖北经济学院开幕，强调城市群建设要超越行政思维、联合推动城市群建设避免零和游戏、避免主次之争和产生从属争议，实现多重正外部性，为长江中游城市群的建设提供智力支持（龚胜生等，2014）；2012 年 7 月 7 日，中国企业家论坛 2012 年夏季高峰会在湖北武汉正式开幕，峰会主题为“中国大市场——从珠三角、长三角到长江中游”，并发布《关于“长江中游成为国家战略”的倡议》（龚胜生等，2014）；2012 年 10 月 29 日，以“研究开发湘鄂赣苏区红色资源，助推长江中游城市集群建设”为主题的第二届湘鄂赣苏区论坛在湖北黄石市召开（秦尊文等，2014）。2016 年 4 月 20 日，武汉市农科院、合肥市农科院、南昌市农科院、长沙市蔬菜科学研究所共同签署协议，组建长江中游城市群农业科技创新战略联盟，旨在为国家和长江中游现代农业发展提供强有力的技术支撑。2017 年 11 月 30 日，长江中游城市群科技成果转化促进联盟在江岸区武汉会议中心正式成立，长沙、合肥、南昌、武汉、黄石、岳阳、九江、安庆八座城市的高校院所、科技中介服务机构、科技金融机构、科技企业将整合资源，促进科技资源向产业集群集聚，推动地方区域特色产业发展，开展科技成果转化工作体系研究。

湘鄂赣三省政府间、企业间以及非政府组织间的密切交流合作为推进长江中游城市群一体化发展提供良好的社会共识，加强了城市群内部的交流，深化与巩固了城市群一体化发展的意识基础。

六　重点领域一体化发展已逐渐推进

在良好的一体化合作基础之下，目前长江中游城市群已经形成一定程度的联系，随着武汉城市圈、环长株潭城市群以及环鄱阳湖城市群三大次城市群经济实力的增强以及区域合作交流的日益增多，城市群的一体化发展将会取得更大的进展。长江中游城市群将成为我国具有优越的区位条件、交通发达、产业具有相当基础、科技教育资源丰富的城市群之一，在我国未来空间开发格局中，具有举足轻重的战略地位。

（一）交通运输一体化率先推进

在长江中游城市群一体化建设中，交通联合率先进行并已经取得了一定成效。2012 年 2 月，湘鄂赣三省达成了共同建设长江中游城市群综合交通运输示范区的共识，约定共同打通高速公路“断头路”，消除长江“肠梗阻”，推进多种运输方式联运，建立便捷、经济、可靠、安全的综合交通运输体系，构建“祖国立交桥”。2012 年 5 月 31 日，三省交通部门签订了一揽子重点项目合作协议，在基础设施建设、重大关联项目、重点领域、信息技术等方面协调对接，对接范围包括省际高速通道“断头路”建设、省际路网规划衔接、省际不停车收费系统、信息互通共享平台等，旨在提高长江中游交通运输效率。同年 12 月，三省又与重庆、陕西、河南等中西部省份达成了依托各地交通部门建立信息联动指挥中心的共识，各省市高速公路交警、路政、消防、气象等部门信息逐步实现共享。目前，鄂湘赣三省就城市公交“一卡通”联网互通达成一致，在全国率先实现区域“一卡通”运营一体化，并逐步向城市公交、城际公交、城际铁路、道路客运等领域拓展。2013 年 6 月，武汉召开首届长江中游城市群建设论坛，论坛提出加快建设长江中游城市群环状快速铁路网，合武客专将升级为高铁，并实现提速。2015 年 11 月 20 日，长江中游城市群省会城市交通运输合作联席会第二次会议在长沙市召开，会上四省会城市签订了《长江中游城市群省会城市交通运输合作联席会第二次会议合作协议》，共同推进长江中游城市群省会城市综合交通体系规划研究。

高速公路方面，连接长江中游城市群核心城市长沙、武汉、南昌的汉长昌高速环路已经建成，城市群内立体环状交通网正在形成。2013 年 5 月，在长江中游城市群综合交通运输示范区推进联席会议上，湘鄂赣皖四省确定了省际主要“断头路”的开工及通车时间表，打通“断头路”被列为重点项目对接的第一步。近年来，湘鄂赣三省已相继打通 10 余条高速“断头路”。目前，咸黄（咸宁—黄石）高速公路全线通车，连通了湖北咸宁与湖南岳阳平江县；九江长江公路大桥建成通车，使湖北黄小高速公路与江西昌九高速公路相连；杭瑞高速临湘至岳阳段已开工建设，建成后将与杭瑞线湖北段对接；银北高速公路恩施至来凤段、岳阳至宜昌高速公路中的石首至松滋段已宣布开工；安康至北海、二连浩特至广州、武汉至深圳等高速公路建设节点也都排出了具体的时间表。据湖北省交通厅消息，在 2020 年以前，湖北省高速公路的省际通道将达 29 条，与湖南对接的有 8 条，与江西对接的有 4 条。届时，长江中游城市集群中的武汉城市圈、环长株潭城市群、鄱阳湖经济区之间的“三小时城际交通圈”将更通畅。

铁路方面，以武汉为核心至邻近省市两小时高铁圈目前已基本成型，直通九江的武石城铁延长线也正在计划当中，届时将形成时速 250 公里的武九快速客运大通道，湘鄂赣三省的“两小时城际高铁交通圈”也即将完成。连接湖南省常德市和岳阳市与江西省九江市的常岳九铁路，将于“十三五”期间开工建设，是国家洞庭湖生态区建设的重要项目。同时，南昌至赣州、赣州至深圳、九江至武汉、武汉至西安、怀化经邵阳至衡阳、重庆至郑州等铁路以及武汉城市圈、环长株潭城市群等城际铁路也在积极规划建设当中。

此外，三省水运发展一体化建设也在逐步推进。2012 年 4 月 23 日，长江中游城市群水运合作联席会在湖北武汉召开，湘鄂赣三省港航部门负责人，就打破行政区划壁垒、加强水运交流与合作等问题进行研讨，并共同签署水运合作备忘录，此后三省将在规划对接、航道连通、港口合作、企业抱团、安全应急、信息共享、资质互认六大流域加强合作，并将发挥武汉港、岳阳港、九江港的承上启下作用，加强港口企业间的分工合作，并实行水上交通安全监管信息共享，加强事故和险情应急联动等。2012 年 7 月，三省水运规划座谈会在湖北宜昌召开，会议决定建立长江中游水运规划工作联席会议制度，9 月又联合签署了水利发展合作协议，在加强防洪保安、水资源综合利用、跨省水利项目建设等方面的合作达成一致共识。2015 年 4 月 3 日，湘鄂赣三省港航局共同签署水运合作备忘录，承诺在规划对接、航道连通、港口合作、企业抱团、安全应急、信息共享、资质互认等六大领域加强深度合作。2017 年 12 月 12 日，长江中游城市群水运合作第三次联席会议在湖南省长沙市召开，三省港航管理局共同签署了《长江中游城市群水运合作第三次联席会议备忘录》，重点提出在规划对接、设施互通、港口群一体化、市场管理、水运绿色发展、安全监管、船员管理、船舶检验技术等 11 个领域加强深度合作、互助共赢，开创长江中游城市群水运发展的新局面。

（二）产业发展一体化已在优势行业着手推进

2012 年 4 月，湘鄂赣三省工信部门在武汉签署了《湘鄂赣三省加强长江中游城市集群产业一体化战略合作协议》，长江中游城市群产业一体化启幕，湘鄂赣三省将发挥资源禀赋和比较优势，鼓励扩大相互投资，推进产业融合发展，加快主导优势产业集聚，提升区域产业综合实力，推进跨省域企业间协作配套和产业合作互补，完善上下游产业链，提升区域产业集中度，打造区域富有活力的现代产业集群。目前，长江中游城市群在旅游、工业和信息化、农业、文化产业等行业分别签署了一体化战略合作协议并达成了发展共识。

旅游方面，长江中游城市群以岳麓书院、滕王阁、黄鹤楼等著名景区为依托，共建长江旅游黄金带和中部高铁旅游协作区，联合推广“一程多站式”旅游，开放旅游市场。2012 年 2 月，湘鄂赣三省签署了旅游业合作协议，4 月，三省在青岛中国国内旅游交易会上共同推出了“长江中游”的概念，随后三省旅游部门联合举办了“万人畅游湘鄂赣”活动。2012 年 4 月 18 日，在武汉召开的长江中游旅游一体化会商会议上，三省通过了《“长江中游”旅游合作发展 2012 年行动计划》和一揽子工作方案，谋划构建“长江中游”旅游协作区，共同打响“一江两湖三名楼”的世界旅游品牌，创建以韶山、井冈山、大别山为依托的全国红色旅游示范区。2013 年，武汉、长沙、南昌与合肥四市旅游部门在武汉成立“长江中游城市群四省会城市旅游发展合作组织”，携手打造中部地区“无障碍旅游区”，并在会后联合推出旅游优惠联票，促进了长江中游城市群旅游产业一体化发展。此外，湖南与湖北两省共同编制的《洞庭湖生态经济区旅游发展规划（2012 ~ 2020）》已通过专家评审，湘鄂两省的旅游一体化发展有了进一步的政策支持。2015 年 5 月，长江中游城市群省会城市旅游合作会商会召开，四省会城市签署了《2015 长江中游城市群省会城市旅游合作会商会（合肥）纲要》，长江中游城市群旅游年卡在武汉正式开售，四省会城市市民花 200 元持此卡一年内可以不限次数游览 4 市 43 个旅游景点。

农业方面，湘鄂赣三省地形地貌相似，耕作制度接近，三省农业厅按照“加强合作、优势互补、协调行动、开放公平、共同发展、互利共赢”的原则推进农业交流与合作，促进互利共赢。2012 年 5 月 4 日，三省农业部门在武汉共同签署《湘鄂赣三省农业合作协议》，此后三省农业产业、农产品市场、农业技术、农业信息交流、农业资源保护等方面的合作逐步展开。目前，三省已经在推动农业科技合作以及农业生态和资源保护协作方面取得了较大进展。三省共建杂交水稻国家重点实验室，开展种质资源创新、超级稻新品种研发，开展绿色增产模式联合攻关，加强农机农艺融合，推进水稻、油菜全程机械化生产。同时，共同开展长江水生物种资源保护、人工增殖放流，并加强重大农作物病虫害和动物疫情监测和防控，协作开展外来农业有害生物监测，防控农业面源污染等。2016 年 4 月 20 日，武汉市农科院、合肥市农科院、南昌市农科院、长沙市蔬菜科学研究所共同签署协议，组建长江中游城市群农业科技创新战略联盟，为促进区域重大农业科技成果产出、高效转化和产业升级、实现一二三产业的融合发展具有重要意义。

文化产业方面，湘鄂赣三省为促进长江中游城市群文化产业一体化大繁荣进行了紧密合作。2012 年 7 月，三省共同签署了《文化发展战略合作框架协议》和《公共图书馆联盟协议》，在建立联席会议制度、舞台艺术演出、红色题材作品巡回展、演艺市场开发、文物保护利用、非物质文化遗产生产性保护技艺展、公共图书馆联盟建设等方面展开广泛合作。2013 年 3 月，三省又签订了《新闻出版发展合作协议》，共同促进新闻出版业的发展。为促进演出市场一体化的形成，2013 年 4 月 18 日，中国中部“长江中游”演艺联盟暨武汉地区演出院线联盟在武汉成立。4 月 26 日，湘鄂赣皖四省文化厅联合主办了“艺脉相承——鄂湘赣皖当代漆艺、陶艺作品展”，5 月又联合主办了第一届湘鄂赣皖非物质文化遗产联展，系统地向公众展示了四省的非遗精品。2015 年 4 月 9 日，武汉、长沙、南昌、合肥等地的文化界代表达成《长江中游城市群“3 + 1”演出联盟——武汉共识》，通过联盟运作，建立长江中游城市群统一、高效的演出市场体系，实现演出信息、演出剧目、演出场地等资源共享，突破传统单打独斗的市场操作方式，以规模化优势吸引国内外演出商，提升长江中游城市群在全国演出市场中的综合竞争力，活跃长江中游城市群演出市场。

（三）市场一体化已初显成效

目前，长江中游城市群主要在合理促进市场流通环境一体化、共同打造市场主体准入环境一体化、努力加快企业信用体系建设一体化、大力实施监管执法联动一体化、深入开展消费区域维权一体化、积极构建打击传销区域防控一体化、稳步构建区域工商信息化建设一体化、探索推动干部交流互动一体化等十个方面加强合作。

2012 年 4 月 11 日，长江中游经济圈小商品产业发展峰会在湖南岳阳举行，会议就长江中游小商品市场建设和发展进行了交流。2012 年 9 月

20 日，《湘鄂赣三省工商行政管理战略合作框架协议》在湖北武汉正式签订，标志着长江中游市场一体化建设从此迈入了一个新纪元。2013 年 10 月 22 日，湘鄂赣皖四省工商行政管理高层联席会议在长沙召开，会议签署了《湖南、湖北、江西、安徽省工商行政管理战略合作框架协议》和《湘鄂赣皖工商部门推进工商登记制度改革促进市场主体发展合作子协议》，研究确定了发挥工商行政管理职能、加强区域协助、携手促进经济社会加快发展的有效措施。自湘鄂赣皖消费维权协作平台建立以来，取得了以下三大成果。一是建立了省际消保联席会议制度。2013 年 6 月，由湖北省工商局发起，在湖北省黄石市召开了湘鄂赣皖“消费维权与信息化”首届联席会议。2014 年 8 月，轮值单位湖南省工商局在长沙牵头召开湘鄂赣皖“重点领域监管维权联动与信息交流”第二届联席会议。两次会议分别签署了消费维权合作备忘录。二是创设了 9 项协作制度和机制。如消费纠纷异地受理和转办、商品质量抽检信息交流、跨区域消费侵权案件协办、群体事件联手应急处置等。区域内 12315 数据分析报告共享、消保地方性立法借鉴、异地网购消费投诉处理等方面的协作也逐步展开。湖南省工商局、省消委会牵头承办了“2013 年中国中部最受消费者喜爱的农产品品牌”推荐、公示活动，湖北省工商部门积极响应，区域协作的凝聚力、影响力不断增强。三是推动了信息化系统对接。湖北省工商局牵头制定了《湘鄂赣皖 12315 平台联网技术方案》，推动四省维权系统联网对接。依托全国工商专网，在四省数据交互基础上，实现跨省投诉异地流转、处理结果反馈等功能，为异地纠纷网上转办、处理和数据共享提供网络技术支撑。2015 年 4 月，《长江中游城市群四省会城市公共资源交易（招投标）市场一体化发展行动方案》发布，为公共资源交易（招投标）各方提供更加便捷的跨地区信息服务，共同促进区域公共资源交易（招投标）市场繁荣发展，推动建立开放、公平、有序的区域市场格局。

第三节　本章小结

本章综合分析了长江中游城市群的发展概况，并从历史文化、区位条件、交通基础、经济实力等方面具体解析了长江中游城市群一体化发展的现实基础，较为全面地展示了长江中游城市群一体化发展的基础条件与现状特征。

首先，长江中游城市群是以湖北省武汉城市圈、湖南省环长株潭城市群、江西省环鄱阳湖城市群三个城市群板块为主体形成的特大型城市群，是长江经济带的重要组成部分，也是实施促进中部地区崛起战略、全方位深化改革开放和推进新型城镇化的重点区域。近年来，长江中游城市群经济总量不断提升，投资驱动逐渐强劲，消费市场增长潜力巨大，招商引资持续增长，地方财政实力有待增强。

其次，详尽阐述了长江中游城市群一体化发展良好的合作基础，这主要体现在城市群共同深厚的历史文化渊源和良好的历史机遇，独特的区位条件与良好的交通基础，渐强的经济实力与良好的发展契机，相似的产业分工定位与共同的利益诉求，政府间、企业间以及非政府组织间的多领域交流合作平台的搭建以及交通运输、产业发展和市场一体化等重点领域的一体化已逐渐推进等方面。

第四章

长江中游城市群市场一体化测度及市场一体化模式选择

上一章奠定了本书的现实基础，本章进一步对城市群一体化的内在本质进行深入研究，市场一体化是基础，产业一体化是核心，空间一体化是表征。因而本章先从微观层面分析长江中游城市群的市场一体化，第五章、第六章将分别从中观、宏观层面进一步分析长江中游城市群的产业一体化和空间一体化。

第一节 相关研究综述

一 国外研究综述

国外学者将“市场一体化”定义为不同市场之间相互作用或者共同决定商品价格。如果两个市场完全整合，则一个市场的价格变动将全部传递到另一个市场；市场分割意味着市场价格信息可能会歪曲市场，从而导致商品的低效率流转。

理论上形成了以关税同盟理论、自由贸易区理论、大市场理论等为基础的理论体系。实证方面主要集中在市场一体化水平评价指标选取和定量测度方法层面。

从静态视角看，国外学者多选取基础经济指标和价格指标等采用生产法、经济周期法和价格法测度市场一体化水平。Young（2000）采用生产法，根据地区生产总值和劳动力计算地区专业化 HOOVER 系数，通过行业集中度分析认为中国在改革之后区域经济分割程度越来越严重。Ogrokhina（2015）选取欧盟国家一系列贸易货物价格采用相对价格法测度其差异从而衡量市场一体化水平；Rughoo 和 You（2015）利用利率平价指标研究 2004～2012 年东南亚地区的金融市场一体化水平；Ravallion（1986）选取孟加拉国 1974～1986 年大米价格指数作为评价大米市场一体化程度的指标；Parsley 和 Wei（2001）、Engel 和 Rogers（2001）考虑到国际市场上汇率的差异，集中采用汇率和购买力平价指标对市场一体化进行评估；Hiernaux、Guerrero 和 McAleer（2013）定义和开发了一个模型使用相对价格的波动来分析市场一体化，结果表明，19 世纪美国内陆谷物市场一体化水平提升，欧元的引入促进了欧元区信贷价格的趋同，市场一体化进程逐步推进。

从动态视角看，国外实证研究多基于贸易流量法、社会网络分析法、调查问卷法等，其中贸易流量法应用最为广泛。McCallum（1995）在引力模型的基础上，指出地区间的贸易流量与地区生产总值、地区间的距离及边界效应相关，选取贸易流量指标对加拿大地区市场一体化水平进行测度，认为地区间贸易流量增加，地区间市场一体化程度增强；Naughton（1999）通过研究 1987 年和 1992 年中国省际工业品的贸易流量，发现改革开放以来，国内省际市场一体化程度在不断提高；Poncet（2003）运用贸易流量法，测算了国内和国际市场的壁垒，发现尽管国内市场的贸易流量在不断上升，但上升幅度远远落后于国外进口的增长，因此认为国际市场呈现一体化趋势，而国内市场表现出非一体化倾向。

二　国内研究综述

国内学者对市场一体化的研究起步较晚，在借鉴国外相关成果的基础上，对国内区域市场一体化进行研究。在市场一体化定义和内涵上，林文益（1994）认为：国内统一市场是指能把国内各地区的经济在社会分工和商品经济高度发达的基础上融合成一个相互依存的有机统一体的市场，也就是实现社会大生产的再生产所需要的国内市场。认可度比较高的概念是国务院发展研究中心课题组（2005）提出的区域市场一体化，是指一个完整区域内不同地方的市场主体之行为受到同一的供求关系的调节，是不同区域之间的“经济边界”逐步消失的过程。此外，石磊、马士国（2006）提出了“自然市场分割水平”的概念，即基于产品的特性而造成市场分割，比如有些产品不适合长途运输等。周章跃、万广华认为市场整合受包括价格信息的可得性、价格信息的质量、价格信息传输的速度、运输条件以及政府干预程度的影响。银温泉、才婉茹（2001）以路径依赖理论为基础，指出地方市场分割是经济转轨过程中出现的特有现象，其研究认为行政性分权及其后果是地方市场分割的深层体制原因并且加剧了地方市场分割倾向。

理论方面基本为西方相关理论的引进和借鉴，实证方面成果十分丰富，主要是市场一体化评价指标和测度方法层面，国内学者借鉴静态和动态两大视角的实证研究方法，针对国内区域市场一体化水平进行测度和评价。

从静态视角看，国内学者基于生产法、经济周期法和价格法测度市场一体化水平。吴三忙、李善同（2010）利用各省分行业的制造业数据，采用生产法对改革开放以来中国市场一体化水平进行测度，分析结果表明改革开放以来中国市场一体化水平不断提高。白重恩等（2004）针对中国 32 个行业的 HOOVER 地方化系数测度表明，研究期内中国各省份产业集中度的平均水平正不断提高，即中国区域市场整合水平正不断提高，从实证上否定了 Young（2000）的研究结论。Xu（2002）在经济周期法的基础上，采用误差成分模型分析，将省际部门实际增加值的增长分成国家、部门自身、该省对部门三个部分的影响，其研究结果表明虽然我国市场一体化水平还不高，但正向有利的方向发展。桂琦寒等（2006）利用商品零售价格指数构造度量市场分割程度的指标，根据 9 类商品 61 对相邻省市 1985 ~2001 年的数据测量中国国内商品市场的整合趋势，研究结果表明：中国国内市场的整合程度总体上呈现上升趋势。陈红霞、李国平（2009），江曼琦、谢姗（2015）运用相对价格法对京津冀区域市场一体化水平进行测度，并对其时空演化过程进行分析。杨凤华、王国华（2012）采用价格法对长三角区域市场一体化水平进行了测度，结果表明：当前长三角地区商品市场一体化格局已基本形成，要素市场的一体化却相对滞后，认为加快推进长三角地区要素市场一体化成为经济一体化深化发展的关键。李雪松、孙博文（2014）通过价格法对湘鄂赣皖四省1995～2012年九大类商品的零售价格指数进行市场整合程度的测度，用市场整合程度分析和评价四省区域经济一体化水平。

从动态视角看，国内学者多采用贸易流量法、调查问卷法测度市场一体化水平。黄颐琳、王敬云（2006）利用贸易流量法，从我国区域间行业贸易出发，利用区域间投入产出表分析我国八大区域不同行业的市场分割程度，结果表明国内市场一体化还很不完善。陈桦楠、姜德波（2006）利用双边贸易指标对长三角地区8个城市8个行业部门的市场一体化进行分析。范剑勇、林云（2011）在引力模型的基础上，采用贸易流量法，以区域间贸易的边界效应作为衡量指标，对国内产品市场一体化水平进行评估，认为国内市场没有处于严重分割状态。李善同等（2004）通过对地方保护主义调查问卷的分析，回答了国内地方保护的状况，研究结果表明，中国国内地方保护虽然已有很大程度的减轻，但依然存在，保护范围从产品市场逐渐扩大到了要素市场。随着研究的深入，为弥补单一指标测度的不足，学者们开始构建市场一体化评价综合指标体系，采用主成分分析法、层次分析法等对市场一体化进行综合评价。周立群、夏良科（2010），李雪松、孙博文（2013）等构建了区域一体化评价指标体系，结合层次分析法对京津冀、长三角和珠三角经济圈区域经济一体化进行测度。赵伟、徐朝晖（2005）利用主成分分析法评价中国30个省份1998～2002年的国内开放程度，结果显示，东部沿海地区比中西部地区的区际开放度更高，排名靠前和靠后的省份区际开放程度差距较大，且有继续扩大趋势；中西部各省份间的区际开放度差异较小。

三 研究评述

从现有研究可以看出，国外学者的研究起源较早，研究层面逐渐丰富和深入，理论基础已经形成成熟的体系，国内学者在借鉴国外经验的基础上，结合中国的实际情况进行研究，理论方面进一步成熟。实证方面，城市群市场一体化实证研究主要从市场一体化测度指标选取、市场一体化测度方法与实证评估两个维度展开。存在以下几点不足：①指标选取上，由于对市场一体化内涵理解较片面，当前对区域市场一体化水平测度往往选用单一指标或较为单一的指标，无法刻画区域市场一体化水平的本质特征；②测度方法上，多采用传统的贸易流量法、价格法和生产法等，无法科学全面地测度市场一体化水平，且评价方法缺乏创新性；③研究对象上，集中于经济较发达、城市群发展较成熟的东部地区，如长三角、珠三角，而对经济欠发达、城市群发展较晚的中西部地区研究较少，针对长江中游城市群市场一体化水平的评估与动态比较研究缺乏。

基于此，本书从市场一体化水平的支撑因素以及表征因素两个维度来构建城市群市场一体化水平评价指标体系，利用城市流模型、专业化指数、价格法、熵权法、变异系数等引入一系列综合指标和复合指标，采用基于遗传算法的投影寻踪聚类评价模型对长江中游城市群 1999～2013 年市场一体化水平进行动态评估与比较分析，探析其动态特征和凸显的问题。

第二节　长江中游城市群市场一体化发展现状

市场一体化是区域协作的本质要求，市场体系是现代市场经济条件下商品市场和要素市场在相互联系、相互作用过程中形成的有机整体。整体而言，市场一体化可根据市场的不同分为产品市场一体化和要素市场一体化，下文将从这两个方面分析长江中游城市群市场一体化的现状，并对其政策环境进行简要分析。

一　产品市场一体化发展现状

产品市场是整个市场体系的重要组成部分，党的十一届三中全会以来，改革开放逐渐深入，中国经济发展实现历史性飞跃，经济增长速度迅速提高，国内生产总值从 1978 年的 3650 亿元提升到 2016 年的 744127 亿元，2001～2016 年国内生产总值平均增速为 9.11%，生产力的发展带动市场规模的不断扩大，国内社会消费品零售总额由 1978 年的 1559 亿元上升到 2016 年的 332316 亿元，亿元以上商品交易市场 579 个。此外，国内产品市场体系迅速扩大，形成了覆盖全国的产品市场网络，产品市场开放度不断提高，产品种类多元化，改变了计划经济时期严格控制产品供应的局面，产品价格由市场决定，产品市场供求关系也由“卖方市场”转变为“买方市场”。产品市场的全面化、开放化、多元化使其在中国经济发展中的作用日益增强。

长江中游城市群在市场经济改革的大背景下，产品市场发展迅速，市场体制发生了根本性变革，以价格为主导的市场机制替代了计划经济时代统购统销的计划调拨机制；市场规模迅速扩大，市场网络全面铺开；社会消费品零售总额不断增长。从表 4－1 可以看出，1999～2016 年武汉城市圈、环长株潭城市群和环鄱阳湖城市群社会消费品零售总额大幅增长，就长江中游城市群整体而言，社会消费品零售总额由 1999 年的 2751.92 亿元上升到 2016 年的 35720.32 亿元，占全国社会消费品零售总额的比重从 8.8% 上升到 10.7%，武汉城市圈和环长株潭城市群社会消费品零售总额占到长江中游城市群的 80% 左右；限额以上批发零售企业数也由 1999 年的 1641 个跃升至 2016 年的 17963 个，占全国限额以上批发零售企业数的比重由 1999 年的 6% 上升到 2016 年的约 9%，武汉城市圈与环长株潭城市群占长江中游城市群的比重较大，且 1999 年到 2016 年仍在提升，长江中游城市群产品市场发展水平不断提高但协调性不足。长江中游城市群产品市场一体化过程中由于仍然存在的行政壁垒及其产生的地方保护主义，产品、要素流动受到限制，不可避免地产生市场分割和产业结构的高度趋同，各地区间不同的市场准入条件阻碍了城市群产品市场一体化，例如卷烟行业严格的地方保护使烟草市场分割现象十分严重，另外武汉城市圈、环长株潭城市群和环鄱阳湖城市群产业结构高度相似，三大产业中第二产

表 4－1　长江中游城市群 1999 年和 2016 年社会消费品零售总额及限额以上批发零售企业数

单位：亿元，个

地　区	社会消费品零售总额		限额以上批发零售企业数	
	1999 年	2016 年	1999 年	2016 年
武汉城市圈	1372.32	15649.22	716	8030
环长株潭城市群	815.97	13436.50	503	6675
环鄱阳湖城市群	563.62	6634.60	422	3258
长江中游城市群	2751.92	35720.32	1641	17963
全　国	31134.70	332316.00	27115	193371

业的比重明显偏高，均处于工业化中期，三大次城市群的支柱产业中，汽车制造、钢铁、装备制造、石油化工、电子信息等存在重合现象，同时在承接产业转移的过程中，三大次城市群均承接电子信息、食品制造、零部件加工等，产业结构趋同，市场分割和产业结构趋同表明长江中游城市群产品市场一体化程度仍然较低。

二 要素市场一体化发展现状

资本、技术、劳动力等要素市场的培育和发展，是发挥市场在资源配置中的基础性作用的必要条件，区域内资本、技术、劳动力等要素的自由流动是实现资源优化配置、形成统一的产品市场和要素市场的基础。

（一）资本市场一体化现状

资本市场是促进资本形成和优化资源配置的重要平台，是城市群发展的黏合剂。在长江中游城市群发展中，金融扮演着重要角色，是城市群建设的催化剂和资金提供者，武汉城市圈、环长株潭城市群和环鄱阳湖城市群在金融布局和金融创新方面取得了一定成效，武汉城市圈已经在科技金融、物流金融发展上进行着力，环长株潭城市群在发展绿色金融和生态循环经济方面已经有了基础，武汉市、长沙高新区是首批国家促进科技和金融结合试点地区，南昌市是全国首批6家知识产权质押融资试点单位之一。

长江中游城市群近年来在“中部崛起”战略和“中三角”的建设中积累了一定的经验，区域市场一体化有一定程度推进，金融市场和技术市场整合成为当前重要的发展目标。2008年以来武汉连续10年召开中部创业投资大会，湖南连续成功举办10届中国（长沙）科技成果转化交易会，吸引包括长江中游城市群地区在内的大量国内外科技企业和金融机构参加，成为区内重要的科技金融交流合作平台；2010年，中部六省在南昌签署质量信用体系建设合作协议，探索建立中部地区企业质量信用等级评价体系，实现区域统一的企业质量信用管理；2012年12月，中三角资本市场论坛在武汉举行，讨论经济热点问题，次年举办第二届中三角资本市场论坛，讨论中部资本市场价值重估与再造，认为资本市场重估与再造，发挥并购重组等资本杠杆作用，驱动产业资源整合，优化产业结构升级成为“中三角”地区发展的主引擎；2013年12月，湖南成立中部林业产权交易服务中心，中部地区林业产权交易市场开始建立。2015 年 10 月，长江中游城市群首届金融峰会在南昌市举行，发布了《长江中游城市群金融合作与发展倡议书》，倡议书提出，争取监管部门支持，实现长江中游城市群银行资金汇转结算、法人银行互设分支机构同城化；鼓励民间金融、互联网金融等企业开展信息交流、资源共享、业务拓展和监管合作；构建区域性资本要素市场，依托现有各地的交易平台，加强长江中游城市群、区域内金融交易市场的合作。2015 年 11 月在南昌举办长江中游城市群金融论坛，2017 年在武汉举办第二届，围绕金融如何更好服务实体经济、防范区域性金融风险等问题进行讨论。

目前长江中游城市群资本市场一体化存在的问题在于金融资源重复配置，同质化竞争一定程度上削弱了合作动力，湖北、湖南、江西三省都曾在“十三五”规划中提出建设分城市群金融中心的目标，围绕武汉、长沙、南昌三市建设区域金融中心，三大分城市群相似的金融市场发展目标造成的竞争局面对于整个长江中游城市群而言容易造成金融市场分割；此外，金融主体同质化竞争严重，缺乏分工合作，协同效率较低。以人均金融机构存贷款余额的分布和变化为例，从表 4－2 可以看出，1999～2016 年，三大分城市群人均金融机构存贷款余额绝对量都有大幅提高，但与全国水平相比差距仍然较大。1999 年武汉城市圈和环鄱阳湖城市群人均金融机构存贷款余额略高于环长株潭城市群，但整体差距不大；2016 年武汉城市圈资本市场迅速发展，两项指标均远超其他两大分城市群，整体水平也显著高于长江中游城市群平均水平。这表明长江中游城市群三大分城市群资本市场发展迅速，但协调性不足，三者在资本市场的竞争大于合作。

表 4－2　长江中游三大次城市群 1999 年和 2016 年人均金融机构存贷款余额

单位：元

地　区	人均金融机构存款余额		人均金融机构贷款余额	
	1999 年	2016 年	1999 年	2016 年
武汉城市圈	4273.00	80297.05	5920.31	58675.83
环长株潭城市群	3902.27	61117.77	4116.83	39893.74
环鄱阳湖城市群	4486.87	62916.90	5032.34	47300.77
长江中游城市群	4220.71	68119.92	5023.16	48249.45
全　国	8647.93	118679.98	7451.89	90843.34

（二）技术市场一体化现状

技术是一项知识型的无形生产要素，是产业、区域创新的战略资源。随着《武汉共识》的签订、《长沙宣言》的发布，《长江中游城市群发展规划》得到国务院批复，长江中游三大次城市群在技术研发投入和产出上都有了长足进步，区域创新系统建设逐步推进。2013 年湖南省规模以上工业实现新产品产值 4227.79 亿元，同比增长 23.2%，全省工业新产品产值占工业总产值比重达到 13.1%，较上年提高 1 个百分点，工业企业专利申请 21676 件、授权 14673 件，较上年同期分别增加 1261 件、510 件，同比增长 6.2%、3.6%，技术创新平台示范引领作用突出，湖南省南车株机等 6 家企业被认定为国家技术创新示范企业，全省已认定企业技术中心 190 家，企业技术中心成为全省技术创新的主导力量。“十二五”期间，湖北高新技术企业总数突破 2700 家，实现两年翻番，跃居中部第一；各类国家级创新平台 66 家，居全国前列、中西部地区之首；在鄂两院院士达到 71 人，居中部第一。江西省高新技术产业新企业数量稳步增长，到 2015 年底达到 1921 户，高新技术产业全年完成总产值 7560.66 亿元，同比增长 9.9%，电子信息领域增势强劲，支撑作用显著，此外，新兴领域投资增多，主要集中在新材料和电子信息领域。

在技术水平迅速提高的同时，三省着力推进长江中游城市群区域创新系统协同发展，在科学技术上加大交流与合作。2012 年 4 月，鄂湘赣三省在科技部指导下，在武汉签订长江中游城市集群科技合作框架协议，“中三角”科技合作正式启动，建立区域科技联席会议制度，共同申报、承担国家科技计划项目；推动产学研合作，建设长江中三角技术（成果）交易平台；促进重点实验室等科技创新资源共享；加强科技计划管理的协调与合作，开放共享科技计划项目评审专家信息库；开展区域可持续发展战略研究；设立长江中三角科技创新论坛等。此外，“中三角”墙材装备技术交流会的召开，“中三角”国防科技工业战略合作协议的签订，开启了长江中游城市群全方位、多层次的技术合作，有助于促进技术交流、深化技术合作、提升技术水平、实现技术市场一体化全面推进。

但是，当前技术市场一体化仍然存在问题，从表 4－3 可以看出，投入层面，从科技活动经费来看，1999～2016 年长江中游城市群三大次城市群在科技活动上的投入均有大幅增长，长江中游城市群整体科技活动经费投入占全国总投入的比例从 1999 年的 0.82% 上升至 2016 年的 5.25%，相对于全国其他地区而言，长江中游城市群的科技投入水平较低，科技投入水平有待提高；三大次城市群中，武汉城市圈和环鄱阳湖城市群科技活动经费投入增幅较大，而环长株潭城市群增速较缓，长江中游城市群内部科技投入差异较大，资源分布不均衡。产出层面，从专利申请数来看，同样 1999～2016 年专利申请数的绝对量有提高，长江中游城市群专利申请数占全国专利申请数的比例从 1999 年的 5.28% 上升到 2016 年的 6.12%，仅提升不到 1 个百分点，说明科技产出与科技投入脱节，区域内科技产出效率不高；此外，相对于全国水平，长江中游城市群的科技产出水平仍然较低；三大次城市群中武汉城市圈和环长株潭城市群科技产出占比超过 70%，科技产出同样存在地区差异。长江中游城市群技术市场一体化受到限制，关键在于各省之间市场准入、质量技术标准等的差异造成技术合作的障碍。

表 4－3　长江中游三大次城市群 1999 年和 2016 年科技活动经费及专利申请数

单位：万元，个

地　区	科技活动经费		专利申请数	
	1999 年	2016 年	1999 年	2016 年
武汉城市圈	7316	1901100	1954	41822
环长株潭城市群	4105	714430	2044	34050
环鄱阳湖城市群	2114	831178	863	31472
长江中游城市群	13535	3446708	4861	107344
全　国	1640745	65639600	92101	1753763

（三）劳动力市场一体化现状

实现劳动力的自由流动是劳动力市场一体化的必要条件，在区域一体化形势下，长江中游城市群在劳动力市场一体化方面也进行了探索，目前，南昌、武汉、长沙已经建立统一的涉及劳动者合法权益的互联互查机制，深入开展劳动人事争议仲裁协作，加强劳动保障监察，联合开展年终农民工工资清欠行动。三省省会将力争实现人力资源网互联互通，并及时发布相关人力资源信息和岗位信息。

从表4－4看，1999～2016年社会从业人员数有一定增长，但幅度不大；长江中游城市群社会从业人员数占全国社会从业人员数比例由1999年的8.20%上升到2016年的13.13%，占比有所扩大，但劳动力市场规模仍然较小；武汉城市圈和环长株潭城市群从业人数占长江中游城市群从业人员数的约75%，说明劳动力要素地区分布不均衡。从全社会劳动生产率来看，1999～2016年全社会劳动生产率有大幅提升，但仍低于全国平均水平。三大次城市群比较而言，武汉城市圈全社会劳动生产率最高，环长株潭城市群次之，环鄱阳湖城市群最低，三大次城市群之间差异显著，说明劳动力市场分割程度仍然较高。当前长江中游城市群跨部门、跨地区和所有制形式的劳动力流动显著增加，但仍然存在阻碍市场整合的因素。现行的户籍制度限制着劳动力市场一体化，劳动力市场存在城乡分割和地区分割，此外，劳动就业制度、教育制度、医疗保险养老制度等也限制了劳动力流动。

表4－4　长江中游三大次城市群1999年和2016年社会从业人员数和全社会劳动生产率

单位：万人，元/人

地　区	社会从业人员数		全社会劳动生产率	
	1999年	2016年	1999年	2016年
武汉城市圈	2025.55	3633.00	16307.98	88901.49
环长株潭城市群	2075.58	3920.41	11750.07	80479.77
环鄱阳湖城市群	1685.70	2637.58	8977.96	70136.26
长江中游城市群	5786.83	10190.99	12537.95	80804.99
全　国	70586.00	77603.00	12704.66	95888.97

三　市场一体化政策实施状况

政府层面。2006年4月，中共中央、国务院《关于促进中部地区崛起的若干意见》出台，要求把中部地区建设成全国重要的粮食生产基地、能源原材料基地、现代装备制造及高技术产业基地和综合交通运输枢纽，使中部地区在发挥承东启西和产业发展优势中崛起。此后，湖北武汉城市圈、湖南环长株潭城市群获批全国“两型社会”建设综合配套改革试验区，江西《鄱阳湖生态经济区规划》获国务院批复。然而长江中游地区长时间内各自着力于本地发展、产业结构相似，在项目、资金争取和承接产业转移等方面竞争超过合作。2010 年 12 月，长江中游地区被列入国务院印发的《全国主体功能区规划》18 个国家重点开发区域。长江中游地区协同发展时机逐渐成熟。2012 年 2 月 10 日，长江中游城市集群三省会商会在武汉东湖国际会议中心举行，会议就共同推进长江中游城市集群建设进行深入探讨，标志着“中三角”正式起航。2012 年 2 月 24 日，湘鄂赣三省商务部门在召开的长江中游城市群商务发展第一次联席会议上发布了《武汉宣言》。《武汉宣言》提出，三省将创新合作机制，加强交流沟通和务实合作，形成不同区域特色和比较优势。三省共同签订了区域合作框架协议——《加快构建长江中游城市集群战略合作框架协议》，毗邻的咸宁、岳阳、九江“小三角”之间，黄冈与九江之间签署了合作协议，鼓励引导行业协会开展交流合作，建立三省经协部门联席会议制度等。2012 年 9 月 20 日，《湘鄂赣三省工商行政管理战略合作框架协议》在武汉签署，该协议对三省企业跨省投资，境外投资者公证认证的三省互认，三省企业跨省、跨行业的参股、控股、兼并，建立三省企业信用信息互联互通、互查互认制度等做了明确规定，标志着长江中游城市群市场一体化建设进入新的阶段。2015 年 4 月 5 日，国务院批复同意《长江中游城市群发展规划》，标志着“中三角”格局正式得到国家批复。2015 年 4 月，《长江中游城市群四省会城市公共资源交易（招投标）市场一体化发展行动方案》发布，为公共资源交易（招投标）各方提供更加便捷的跨地区信息服务，共同促进区域公共资源交易（招投标）市场繁荣发展，推动建立开放、公平、有序的区域市场格局。

非政府组织层面。2013 年 2 月，长江中游城市群省会城市首届会商会在武汉举行，长沙、合肥、南昌、武汉四省会城市达成《武汉共识》，联手打造以长江中游城市群为依托的中国经济增长“第四极”。四市宣传、经信、教育、科技、规划、环保、交通运输、商务、文化、卫生、旅游等 11 个部门签署合作子协议。长江中游城市群的四市重点开展和推进合作的领域包括：共同谋划区域发展战略；共同推动自主创新、转型发展合作；共同推进工业分工合作；共同推进内需发展和区域开放市场体系建设；共同推进交通基础设施建设；共同推进生态文明建设；共同建设文化旅游强区；共同建设公共服务共享区；共建共享社会保险平台。同时建立新型农村合作医疗跨市结算机制，推进跨市务工参合患者享受与本地同等医院相同的新农合报销政策，方便患者异地就医。2014 年 2 月，长江中游城市群省会城市第二届会商会在长沙召开，武汉、长沙、南昌、合肥四市签署《长沙宣言》，宣言中提出，四市将按照“核心带动、多级协同、一体发展”原则，构建新兴城市合作体系和利益协调机制，全面提升省会中心城市高端服务和辐射引领功能。将共同争取国家加强对四省会城市城际快速通道、跨长江通道、高速公路、重要客运枢纽设施、航空枢纽与配套支线、通用机场等建设。2016 年 3 月 1 日，长江中游城市群省会城市第四届会商会在南昌举行，四城共同签署《长江中游城市群省会城市第四届会商会合作协议（南昌行动）》，就基础设施互联互通、产业发展协同互补、公共服务共建共享等方面的合作达成系列共识。此外，2013 年 4 月，长沙、合肥、南昌、武汉四市餐饮行业协会在武汉签署《长江中游城市群暨长沙、合肥、南昌、武汉餐饮行业协会合作协议》，搭建餐饮信息交流平台。2013 年 6 月，长江中游城市群建设论坛在武汉召开，论坛上，长沙、南昌、合肥、武汉四城市社科院还签订战略合作协议，决定定期举办“长江中游城市群建设论坛”，由四市轮流承办，共同开展长江中游城市群建设的顶层设计。2016 年 4 月 20 日，武汉市农科院、合肥市农科院、南昌市农科院、长沙市蔬菜科学研究所共同签署协议，组建长江中游城市群农业科技创新战略联盟，旨在为国家和长江中游现代农业发展提供强有力的技术支撑。

企业层面。三省之间企业互动增多，经济交流频繁，互利合作的基础也越来越广泛，企业跨省拓展的意愿强烈，湖北格林美公司废旧商品回收网络已经辐射湘赣两省，并在江西建立了回收加工基地，着力打造中三角循环产业圈。2012 年 9 月，中三角中美企业投资并购对接会在武汉举办，湘鄂赣 30 多家企业共商赴美投资大计。此后，湘鄂赣三省新华书店、传媒集团签订合作协议，长江中游城市群企业间的合作与交流日益增多。2013 年 4 月 19 日，湘鄂赣皖四省 10 家城市商业银行齐聚武汉签署《战略发展业务合作协议》。2015 年 6 月 5 日在长沙红星国际会展中心举办的武汉名优创新产品展销会，实现签约项目金额 9.17 亿元，销售 109.5 万元。

综上，长江中游城市群三大次城市群之间在政府、非政府组织和企业层面有一定的互动，凸显建立完整协调机制网络的意愿，但协调机制处于初步形成阶段，主要依托政府的引导与推动，非政府组织和企业的自发合作行为相对于长三角城市群而言仍然十分不足，深度和广度不够，对协调机制网络的形成贡献微弱。

第三节　长江中游城市群市场一体化水平的动态测度

一　城市群市场一体化评价指标体系

（一）城市群市场一体化的内涵与特征

城市群市场一体化是与地方市场分割相对的一个概念，城市群统一市场建立的过程实际是市场分割逐步消除的过程，城市群各主体在合理分工和消除区域内外市场流通壁垒的基础上，建立以市场为主体的资源配置机制，实现产品和要素自由流动和资源的优化配置。城市群市场一体化主要包括以下几层基本内涵。

第一，城市群内部交通通信网络是城市群市场一体化的载体。城市群内部发达的交通网络，使核心城市之间、核心城市与周边城市之间以及邻近城市之间交流与合作更加便利，产品、资本、技术和劳动力可以沿着城市交通网络自由流动，此外，信息化时代通信网络的不断完善，城市群内部实现信息资源共享，有助于实现合理分工和产业结构优化以及资源有效配置。

第二，政府部门间交流与合作、协调联动机制的建立以及统一的政策是城市群市场一体化的制度保障。一方面，城市群内各城市隶属于不同的行政主体，不同行政主体政策制定过程各自为政、各自为准的态度导致地方封锁、市场分割，使产品和要素自由流动受到非市场条件的约束，消除地域间的制度障碍有其必要性；另一方面，政府间合作交流、协调联动机制的建设以及统一的政策能有效弥补单纯市场机制的缺陷，同时有效消除城市群内部行政壁垒，为产品和要素跨区域流动提供制度保障。

第三，实现产品和要素在城市间的自由流动、形成统一的产品和要素市场是城市群市场一体化的根本任务。产品自由流动是指生活消费品和生产资料商品在城市间顺畅流动，避免繁杂的中间环节和冗长的流通渠道，减少损耗，从而降低成本、提高效率。要素自由流动主要是指资本、技术、劳动力、信息等资源在市场机制的主导作用下，在城市群内部沿特定的流通渠道和流通网络实现自由高效流动。产品和要素的自由流动、统一的产品和要素市场是城市群内部资源优化配置和产业合理分工的前提，有利于城市群内部各城市根据自身的资源禀赋确定主导产业，避免产业结构趋同和资源浪费，减少城市群内部不良竞争，实现城市群各城市协同发展。

城市群市场一体化过程形成了统一性、开放性、有序性、渐进性的特征。统一性包括统一的市场规则，即统一的市场准入、技术标准、人才标准等，统一的管理制度，即城市群协调联动机制、统一的户籍管理和档案管理制度等，此外还体现为城市群内部市场受统一的供求关系的影响，产品和要素价格的趋同。开放性主要体现为城市群内部的高度开放和外部的相对开放，城市群内部由于地缘相近、制度文化社会背景等的相似，更容易形成共同的发展理念，实现城市群内部各城市间的相互开放，产品和要素在城市群内自由流动，城市群作为一个整体，积极与其他地区进行沟通、交流，实现对外的相对开放。有序性建立在统一性基础上，在统一的市场规则、统一的管理制度和统一的供求关系作用下，以市场机制为主导，政府宏观调控为辅，城市群产品和要素流动按照有序的制度进行。渐进性意味着城市群市场一体化不是一蹴而就的，而是一个逐渐破除壁垒和地方保护、保障产品和要素跨区域自由流动、实现资源优化配置的过程。

（二）城市群市场一体化指标构建的逻辑

根据城市群市场一体化内涵和特征，以城市群内部交通通信网络为依托的城市间联系是实现产品和要素跨区域流动以及资源优化配置的载体，产品以及资金、技术、人才等要素沿便捷的交通通信网络在城市群内自由流动，地方政府间沟通合作的深化有助于城市间行政壁垒的消除，为产品和要素跨区域流动提供制度保障，二者共同构成城市群市场一体化的支撑因素；以城市间联系和政府间合作为支撑，在城市群内形成合理的产业分工和消除地方分割，实现资本、技术、劳动力等要素自由流动，统一的产品市场和要素市场逐渐形成，产品市场一体化和要素市场一体化成为城市群市场一体化的关键表征因素。

（三）城市群市场一体化的指标体系

参考相关文献（周立群、夏良科，2010；戴学珍，2002；孙媛，2013），本文从支撑因素和表征因素两个维度构建长江中游城市群市场一体化指标体系，其中支撑因素包含城市间联系度和政府效能同一度，表征因素包含产品市场一体化和要素市场一体化。

具体来说，城市间联系度选取交通通达度和通信通达度表征城市群内部交通通信网络发达程度；政府效能同一度由财政收支同一度和基础设施同一度构成，以财政收支结构和基础设施建设投入趋同性侧面衡量政府间合作水平；产品市场一体化选取克鲁格曼指数和市场分割指数以衡量专业化分工水平和产品市场分割程度；要素市场一体化分为资本市场相似度、技术市场相似度和劳动力市场相似度以表征资本、技术和劳动力三大要素市场一体化水平。这样，综合指标体系由 4 个一级指标、9 个二级指标和 40 余个具体指标构成，见表 4 -5。

表 4 -5　长江中游城市群市场一体化水平评价综合指标体系

<table>
<tr><th>一级指标</th><th>二级指标</th><th>三级指标</th></tr>
<tr><td rowspan="2">城市间联系度</td><td>交通通达度</td><td>国民生产总值；年末总人口数；铁路、公路、水运、民用航空客运量</td></tr>
<tr><td>通信通达度</td><td>人均邮电业务总量；国际互联网用户数量占总人口比重；年末移动电话用户数量占总人口比重</td></tr>
<tr><td rowspan="2">政府效能同一度</td><td>财政收支同一度</td><td>财政支出占 GDP 比重；财政收入占 GDP 比重</td></tr>
<tr><td>基础设施同一度</td><td>人均卫生机构个数；每百人拥有图书馆藏书量；人均中小学数；人均城市道路面积；每万人拥有公共汽车量</td></tr>
<tr><td rowspan="2">产品市场一体化</td><td>克鲁格曼指数</td><td>第二产业（采矿业，制造业，电力、热力、燃气及水生产和供应业，建筑业等项）、第三产业（交通运输仓储和邮政业，信息传输、计算机服务和软件业等项）从业人员数</td></tr>
<tr><td>市场分割指数</td><td>食品、烟酒及用品、衣着、家庭设备用品及维修服务等 8 类居民消费价格指数</td></tr>
<tr><td rowspan="3">要素市场一体化</td><td>资本市场相似度</td><td>实际使用外资金额占 GDP 比重；人均金融机构存款余额；人均金融机构贷款余额；人均城乡居民储蓄年末余额</td></tr>
<tr><td>技术市场相似度</td><td>人均科技活动经费；人均专利申请数</td></tr>
<tr><td>劳动力市场相似度</td><td>城镇在岗职工平均工资；比较劳动生产率；社会从业人员数占总人口比重</td></tr>
</table>

注：二级指标中，“交通通达度”指标为综合指标，由具体指标根据数理模型计算而成；其他指标为复合指标，由具体指标利用熵权法合成，再计算变异系数或取均值而成，具体计算方法见后文。

二　城市群市场一体化水平的实证评估

（一）指标测度

指标体系中引入综合指标和复合指标，综合指标根据相应的数理模型计算而成，在反映指标特征方面具有权威性，复合指标相对单一指标而言，包含的信息量大，更为全面地反映指标内涵。综合指标和复合指标的引入更全面科学地反映市场一体化支撑因素和表征因素的特征。

（1）交通通达度采用修正的城市流模型计算，以衡量城市间交通运输联系强度（徐建斌等，2015）。计算步骤如下。

①计算 i 城市 j 运输方式的区位熵，计算公式为：

$$L_{PQ_{ij}} = \frac{P_{Q_{ij}}/P_{Q_i}}{P_{Q_j}/P_Q}, \mathrm{i} = 1,2,\cdots,m \tag{4.1}$$

式中，$P_{Q_{ij}}$ 为 i 城市 j 运输方式的客运量；P_{Q_i} 为 i 城市的客运量；P_{Q_j} 为全国 j 运输方式的客运量；P_Q 为全国客运总量。本书选取铁路、公路、水运、民用航空客运量。若 $L_{PQ_{ij}} \leqslant 1$，则 i 城市 j 运输方式不存在外向功能量；若 $L_{PQ_{ij}} > 1$，则 j 运输方式存在外向功能量。

②计算 i 城市 j 运输方式的外向功能量 $P_{E_{ij}}$ 为：

$$P_{E_{ij}} = P_{Q_i} - P_{Q_j} \cdot (P_{Q_j}/P_Q) \tag{4.2}$$

③i 城市的运输流强度 P_{F_i} 为：

$$P_{F_i} = N_i \cdot P_{E_i} \tag{4.3}$$

式中 N_i 为城市功能效益，选取人均 GDP 表征。

（2）通信通达度、财政收支同一度、基础设施同一度、资本市场相似度、技术市场相似度和劳动力市场相似度 6 个二级指标，先用熵权法将具体指标复合，而后计算城市群内不同城市之间变异系数来测度，其中通信通达度用绝对量表示，即取所有城市均值。运用熵权法将具体指标复合，一方面，由多个指标合成的复合指标包含的信息量大，较为全面地反映指标内涵；另一方面，通过指标本身反映的信息量确定权重，使复合指标更真实地反映现实情况。计算不同城市之间的变异系数反映区域内该项指标发展水平的协调性，变异系数越大，则该项指标的相对差异越大，城市间发展协调性越差，一体化水平越低。具体计算过程如下（任玉珑等，2009；储莎、陈来，2011）。

①把 a 个城市 t 年的数据作为评价的对象集 $M = (M_1, M_2, \cdots, M_m)$，$D = (D_1, D_2, \cdots, D_n)$ 为指标集，对象 M_i 对于指标 D_i 的评价值记为 $x_{ij}(i = 1,2,\cdots,m; j = 1,2,\cdots,n)$，构建决策矩阵 X，对决策矩阵进行无量纲化处理得到标准化矩阵 $V = (v_{ij})_{m\times n}$。

②由标准化矩阵 $V = (v_{ij})_{m\times n}$ 求影响因子出现的概率 p_{ij}：

$$p_{ij} = \frac{v_{ij}}{\sum_{i=1}^{m} v_{ij}} \tag{4.4}$$

③求第 j 个影响因子输出的熵值 e_j：

$$e_j = -\frac{1}{\ln(m)}\sum_{i=1}^{m} p_{ij}\ln(p_{ij}) \tag{4.5}$$

当 $p_{ij} = 0$ 或者 $p_{ij} = 1$ 时，则 $p_{ij}\ln(p_{ij}) = 0$。

④第 j 个影响因子的熵权 w_j 定义为：

$$w_j = \frac{1 - e_j}{n - \sum_{j=1}^{n} e_j} \tag{4.6}$$

⑤单一指标合成：

$$r_{at} = r_i = \sum_{j=1}^{n} w_j v_{ij} \tag{4.7}$$

⑥计算变异系数：

$$Z_t = \frac{\sqrt{\dfrac{\sum_{i=1}^{a}(r_{it} - \bar{r}_t)^2}{a}}}{\bar{r}_t} \tag{4.8}$$

其中，a 为城市群城市个数；$\bar{r}_t$ 为每年各个城市合成指标的均值。

（3）克鲁格曼指数反映地区专业化水平。计算公式如下（苏华，2012）。

$$sp_i = \sum_{j=1}^{m} |s_{ij} - \overline{s_{ij}}| \tag{4.9}$$

这里 sp_i 表示 i 地区的专业化水平，$s_{ij} = X_{ij} / \sum_{j=1}^{m} X_{ij}$ 表示 j 产业在 i 地区所占的就业比例，$\overline{s_{ij}} = \sum_{k \neq i} X_{ij} / \sum_{k \neq i}^{n} \sum_{j=1}^{m} X_{kj}$ 表示 j 产业在 i 以外地区所占就业比例。

（4）市场分割指数沿用 Parsley 和 Wei（2001）所使用的相对价格方差来测度。具体而言，假设 i，j 两个地区，$p_{ik,t}$ 为 i 地区 k 商品在 t 时期的价格，$p_{jk,t}$ 为 j 地区 k 商品在 t 时期的价格。计算步骤如下。

①计算出相对价格的绝对值大小 $|\Delta Q_{ij,k,t}|$，计算公式为：

$$|\Delta Q_{ij,k,t}| = |\ln p_{ik,t} / \ln p_{ik,t-1} - \ln p_{jk,t} / \ln p_{jk,t-1}| \tag{4.10}$$

②使用去均值法来消除固定效应的影响。假设 $|\Delta Q_{ij,k,t}|$ 由固定效应 a^k 和随机效应 $\xi_{ij,k,t}$ 组成，固定效应仅与商品种类相关，随机效应与两地特殊市场环境相关，要想消去 a^k 项，应对给定年份 t、给定商品种类 k 的 $|\Delta Q_{ij,k,t}|$ 在 N 个城市对之间求均值 $|\overline{\Delta Q_{k,t}}|$，再分别用 N 个 $|\Delta Q_{ij,k,t}|$ 减去该均值得到：

$$|\Delta Q_{ij,k,t}| - |\overline{\Delta Q_{k,t}}| = (a^k - \overline{a^k}) + (\xi_{ij,k,t} - \overline{\xi_{ij,k,t}}) \tag{4.11}$$

$$q_{ij,k,t} = \xi_{ij,k,t} - \overline{\xi_{ij,k,t}} = |\Delta Q_{ij,k,t}| - |\overline{\Delta Q_{k,t}}| \tag{4.12}$$

③用以计算方差的相对价格变动部分是 $q_{ij,k,t}$，记其方差为 $\mathrm{Var}(q_{ij,k,t})$，$q_{ij,k,t}$ 仅与地区分割因素和一些随机因素相关，反映地区市场分割程度。

（二）数据来源

根据《长江中游城市群发展规划》，长江中游城市群是以武汉城市圈、环长株潭城市群、环鄱阳湖城市群为主体形成的特大型城市群，包括：武汉城市圈的武汉、黄石、鄂州、黄冈、孝感、咸宁、仙桃、潜江、天门、襄阳、宜昌、荆州、荆门，环长株潭城市群的长沙、株洲、湘潭、岳阳、益阳、常德、衡阳、娄底，环鄱阳湖城市群的南昌、九江、景德镇、鹰潭、新余、宜春、萍乡、上饶及抚州、吉安的部分县（区）。基于数据可得性，排除仙桃、潜江、天门三个县级市，将吉安整体纳入环鄱阳湖城市群进行分析，共 28 个城市。

综上，本书对 1999 ~ 2013 年长江中游城市群 28 个城市的市场一体化水平进行测度与比较分析。数据来源于 2000 ~ 2014 年《中国城市统计年鉴》以及各省市统计年鉴，其中两地间距离采用谷歌地图“距离测量工具”进行测量。所有数据均采用全市统计口径，对于个别数据缺失通过插补、平均值等方法得到。

（三）评估模型

投影寻踪法是由美国科学家 Kruscal 于 1972 年提出的一种用来分析和处理非线性、非正态高维数据的新型数理统计方法（Kruscal 等，1972）。投影寻踪法基本思路是：利用现代信息技术，通过某种组合把高维数据投影到低维子空间上，采用投影目标函数来衡量投影构形暴露某种数据结构的可能性大小，设定约束条件，寻找出投影目标函数最大化的投影方向向量，然后根据投影方向向量在低维空间上分析高维数据的结构特征（Friedman，1974；孟德友等，2013）。

投影寻踪法成功的关键是投影指标函数优化问题，传统优化方法往往需要目标函数具有连续可导的特性，在一定程度上增大了计算难度限制其发展，应用基于实数编码的加速遗传算法来实现投影寻踪聚类评价的优化，克服了传统优化方法的缺点，实现过程更为简单，使投影寻踪聚类技术便于实际操作应用。此外，投影寻踪聚类评价模型在实际评价过程中不仅能得出评价目标的总值，也能清晰反映各构成要素的值，便于对评价目标进行深入分析与挖掘。因此，本书采用基于遗传算法的投影寻踪聚类评价模型（projection pursuit classification evaluation model based on RAGA，PPCE - RAGA）。

评价模型的建立如下（付强、赵小勇，2006）。

步骤 1：样本评价指标集的归一化处理。设各指标值的样本集为 $\{x^*(i,j) \mid i = 1,2,\cdots,n;j = 1,2,\cdots,p\}$，其中 $x^*(i,j)$ 为第 i 个样本第 j 个指标值，n，p 分别为样本的个数（样本容量）和指标的数目。

归一化处理以消除各指标值的量纲和统一各指标值的变化范围：

$$正向性指标:x(i,j) = \frac{x^*(i,j) - x_{min}(j)}{x_{max}(j) - x_{min(j)}} \tag{4.13}$$

$$负向性指标:x(i,j) = \frac{x_{max}(j) - x^*(i,j)}{x_{max}(j) - x_{min}(j)} \tag{4.14}$$

其中，$x_{max}(j)$ 和 $x_{min}(j)$ 分别为第 j 个指标的最大值和最小值，$x(i,j)$ 为指标特征值归一化的序列。

步骤 2：构造投影指标函数 $Q(a)$. PP 的方法就是把 p 维数据 $\{x(i,j) \mid j = 1,2,\cdots,p\}$ 综合成以 $a = \{a(1),a(2),a(3),\cdots,a(p)\}$ 为投影方向的一维投影值 $z(i)$：

$$z(i) = \sum_{j=1}^{p} a(j)x(i,j),i = 1,2,\cdots,n \tag{4.15}$$

式（4.15）中 a 为单位长度向量。综合投影指标值时，要求 $z(i)$ 的散布特征应为：局部投影点尽可能密集，最好凝聚成若干个点团，而在整体上投影点团之间尽可能散开。因此，投影指标函数可以表达成：

$$Q(a) = S_z D_z \tag{4.16}$$

其中，S_z 为投影值 $z(i)$ 的标准差，D_z 为投影值 $z(i)$ 的局部密度，即：

$$S_z = \sqrt{\frac{\sum_{i=1}^{n}[z(i) - E(z)]^2}{n - 1}} \tag{4.17}$$

$$D_z = \sum_{i=1}^{n}\sum_{j=1}^{n}[R - r(i,j)] \cdot u[R - r(i,j)] \tag{4.18}$$

其中，$E(z)$ 为序列 $\{z(i) \mid i = 1,2,\cdots,n\}$ 的平均值；R 为局部密度的窗口半径，它的选取既要使包含在窗口内的投影点的平均个数不太少，避免滑动平均偏差太大，又不能使它随着 n 的增大而增加太高，R 可以根据试验来确定；$r(i,j)$ 表示样本之间的距离，$r(i,j) = |z(i) - z(j)|$；$u(t)$ 为单位阶跃函数，当 $t \geq 0$ 时，其值为 1，当 $t < 0$ 时，其函数值为 0。

步骤 3：优化投影指标函数。当各指标值的样本集给定时，投影指标函数 $Q(a)$ 只随着投影方向 a 的变化而变化。最佳投影方向就是最大可能暴露高维数据某类特征结构的投影方向，因此可以通过求解投影指标函数最大化问题来估计最佳投影方向，即：

$$最大化目标函数\ \mathrm{Max}:Q(a) = S_z D_z \tag{4.19}$$

$$约束条件:\mathrm{s.t.}\ \sum_{j=1}^{p} a^2(j) = 1 \tag{4.20}$$

这是一个以 $\{a(j) \mid j = 1,2,\cdots,p\}$ 为优化变量的复杂非线性优化问题，用传统的优化方法处理较难。而模拟生物优胜劣汰与群体内部染色体信息交换机制的基于实数编码的加速遗传算法（Real coded Accelerating Genetic Algorithm，RAGA）在全局优化方面具有良好的通用性，用它来实现高维全局寻优十分简便有效。

步骤4：分类（优劣排序）。把由步骤3求得的最佳投影方向 a^* 代入式（4.15）后可得各样本投影值 $z^*(i)$ 。根据值 $z^*(i)$ 可以进行分类或优劣排序。

按照以上步骤对1999~2013年长江中游城市群市场一体化水平进行评估，模型结果由DPS数据处理系统运算得出，评估结果见表4-6。

三 长江中游城市群市场一体化水平的动态比较

依据上节对长江中游城市群市场一体化水平的评估结果，下文重点对长江中游城市群市场一体化水平、三大次城市群之间以及三大次城市群内部市场一体化水平进行动态比较。

（一）1999~2013年城市群市场一体化水平的比较

从城市群市场一体化水平投影值及发展趋势看。由表4-6及图4-1知，长江中游城市群15年间市场一体化水平投影值在区间（0，2）内，且呈加速上升态势。从1999年的0.148增长到2013年的1.921，表明1999~2013年长江中游城市群市场一体化水平显著上升。

表4-6 长江中游城市群1999~2013年市场一体化水平评估结果

年份	武汉城市圈	环长株潭城市群	环鄱阳湖城市群	长江中游城市群
1999	0.338966	0.750779	0.209555	0.148113
2000	0.293868	0.551001	0.208473	0.316857
2001	0.814477	0.658323	0.21567	0.354203

续表

年份	武汉城市圈	环长株潭城市群	环鄱阳湖城市群	长江中游城市群
2002	0.979139	0.744471	0.218039	0.438131
2003	0.97104	0.721463	0.316095	0.355187
2004	0.972395	0.740122	0.366174	0.591882
2005	1.123368	0.654273	0.356313	0.822538
2006	1.006449	0.655957	0.364421	0.816411
2007	1.295911	0.735771	0.609635	0.811683
2008	1.339679	0.822585	0.697191	0.848882
2009	1.764915	0.705259	0.849511	1.091693
2010	1.897955	1.603556	1.309568	1.619185
2011	2.26522	1.805206	1.744529	1.485547
2012	2.541093	1.595343	1.984295	1.629669
2013	2.53785	1.906509	1.841666	1.920735
均值	1.342822	0.976708	0.752742	0.883381

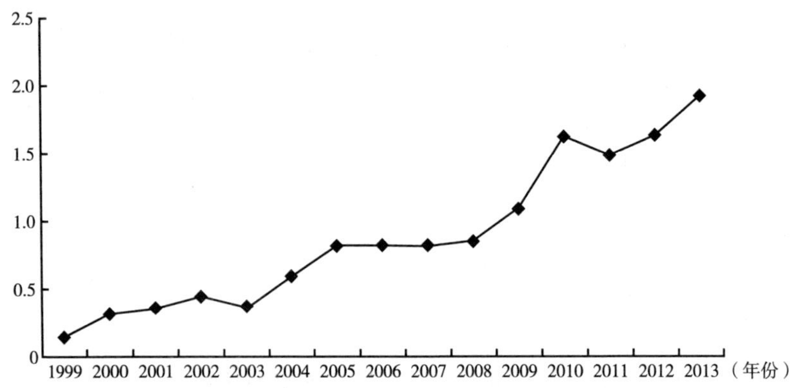

图 4-1 长江中游城市群 1999~2013 年市场一体化水平发展趋势

从城市群市场一体化水平各构成要素投影值及变动趋势看。由图 4-2 和图 4-3 知，长江中游城市群城市间联系度和政府效能同一度 15 年间呈现以 2008 年为拐点的两段式发展特点，2008 年以前为缓慢发展阶段，2008 年之后为加速发展阶段；由图 4-4 和图 4-5 知，产品市场一体化水平持续波动，2013 年（0.089）较 1999 年（0.052）提升了 71.15%；要素市场一体化水平 1999~2009 年持续上升，2009~2011 年明显下降，而后继续呈上升态势；可见长江中游城市群市场一体化各构成要素发展水平均呈波动上升趋势。

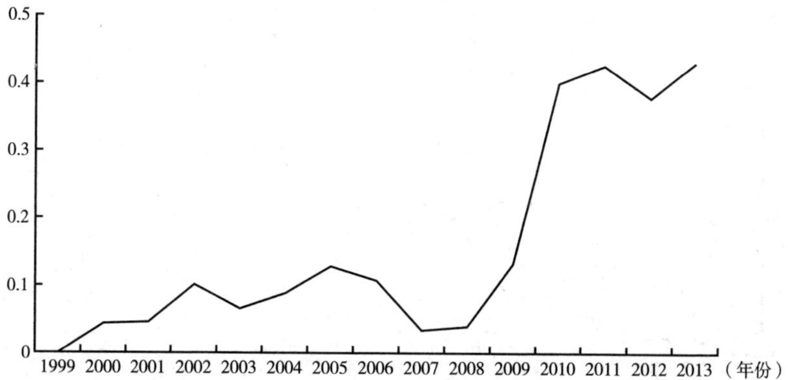

图 4－2　长江中游城市群 1999～2013 年城市间联系度投影值变化趋势

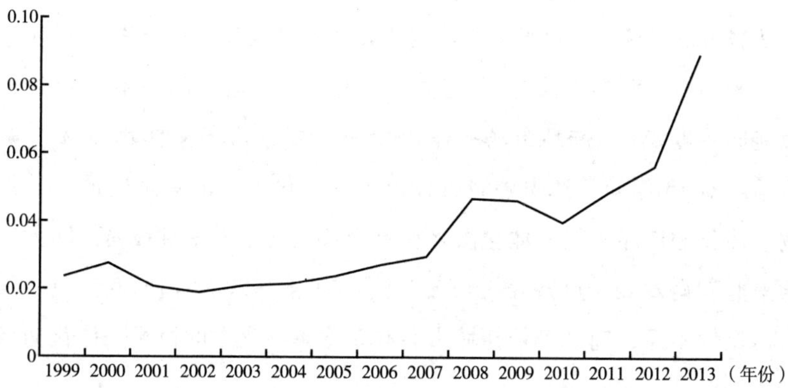

图 4－3　长江中游城市群 1999～2013 年政府效能同一度投影值变化趋势

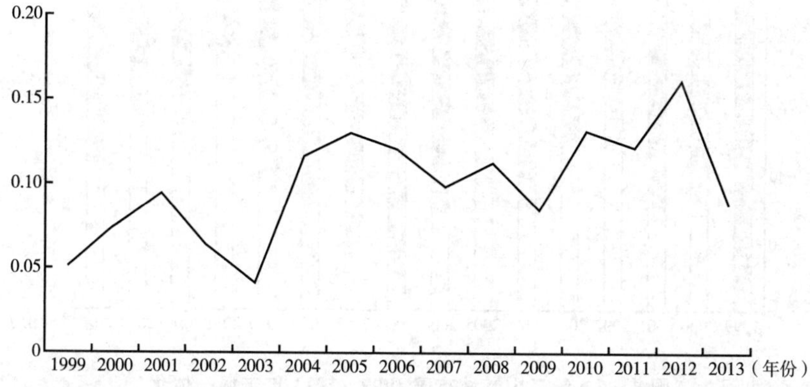

图 4－4　长江中游城市群 1999～2013 年产品市场一体化投影值变化趋势

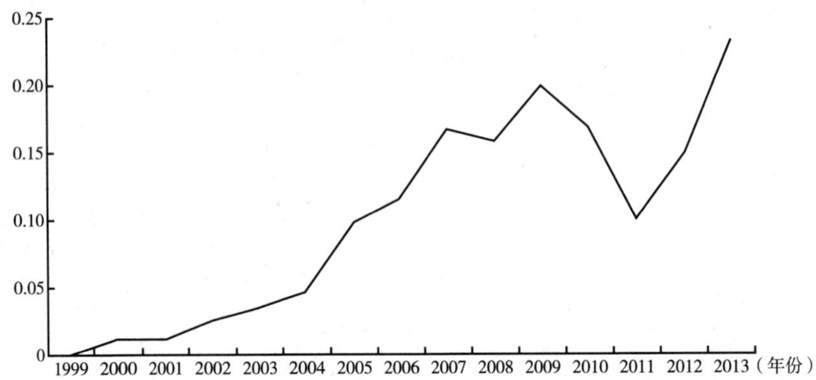

图 4－5　长江中游城市群 1999～2013 年要素市场一体化投影值变化趋势

从城市群市场一体化水平各构成要素贡献度及变动趋势看。由图 4－6 知，四大构成要素投影值 15 年均值占比分别为：城市间联系度 41%、政府效能同一度 8%、产品市场一体化 25%、要素市场一体化 26%，城市间联系度对 15 年间长江中游城市群市场一体化水平的贡献度最大，要素市场一体化和产品市场一体化次之，政府效能同一度影响最弱。四大构成要素呈非均衡发展特点，表明长江中游城市群 1999～2013 年市场一体化发展协调性不足，尚处于依托城市间联系度单一支撑的市场一体化初级发展阶段。

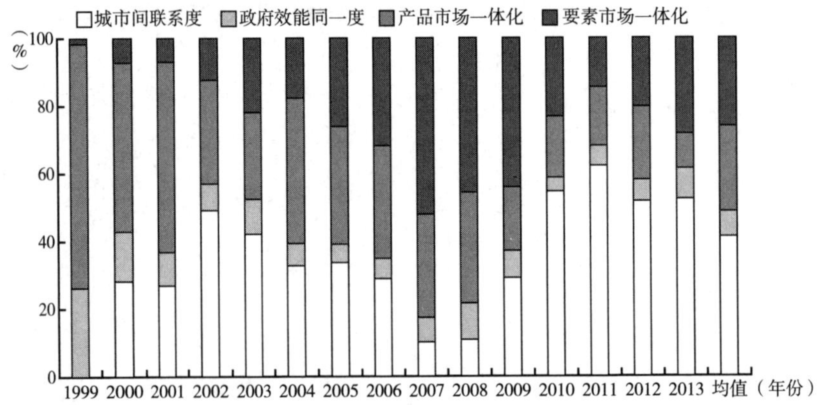

图 4－6　长江中游城市群 1999～2013 年市场一体化四大构成要素贡献程度占比

（二）1999～2013 年三大次城市群之间市场一体化水平的比较

从三大次城市群 15 年间市场一体化投影值及变化趋势看。由表 4－6 及图 4－7 知，武汉城市圈、环长株潭城市群和环鄱阳湖城市群 15 年均值分别为：1.343、0.977、0.753，形成了武汉城市圈—环长株潭城市群—环鄱阳湖城市群的梯级格局。且除少数年份如 1999 年、2000 年、2009 年、2012 年，其余年份三大次城市群市场一体化水平排序皆为：武汉城市圈—环长株潭城市群—环鄱阳湖城市群，2009 年之后，环长株潭城市群和环鄱阳湖城市群排序更迭频繁，环鄱阳湖城市群追赶势头明显。从三大次城市群两两间差距变化看，环长株潭城市群、环鄱阳湖城市群与武汉城市圈之间的差距在扩大，环鄱阳湖城市群与环长株潭城市群之间的差距在缩小。

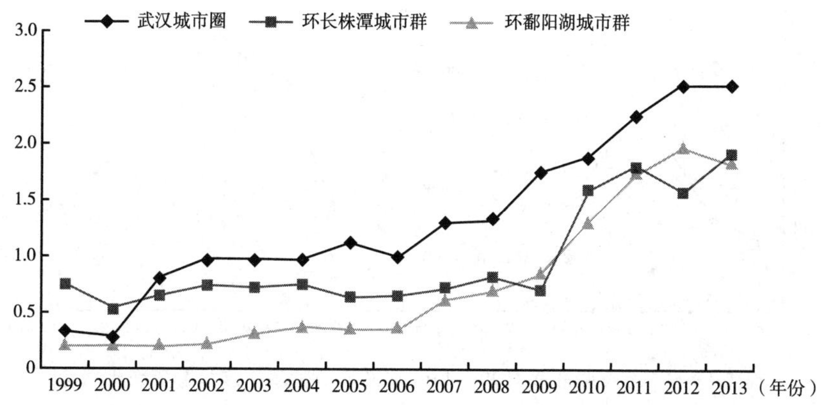

图 4－7　三大次城市群 1999～2013 年市场一体化水平发展趋势

从三大次城市群四大构成要素投影值及变化趋势看。由图 4－8 至图 4－11知，三大次城市群 15 年间政府效能同一度和产品市场一体化均呈现武汉城市圈—环长株潭城市群—环鄱阳湖城市群的格局，与市场一体化水平梯级格局吻合，可见政府效能同一度和产品市场一体化是 1999～2013 年三大次城市群市场一体化格局形成的主驱动因子，城市间联系度和要素市场一体化则是次驱动因子。

（三）1999～2013 年三大次城市群内部市场一体化水平的比较

在对长江中游城市群及三大次城市群市场一体化水平比较分析的基础

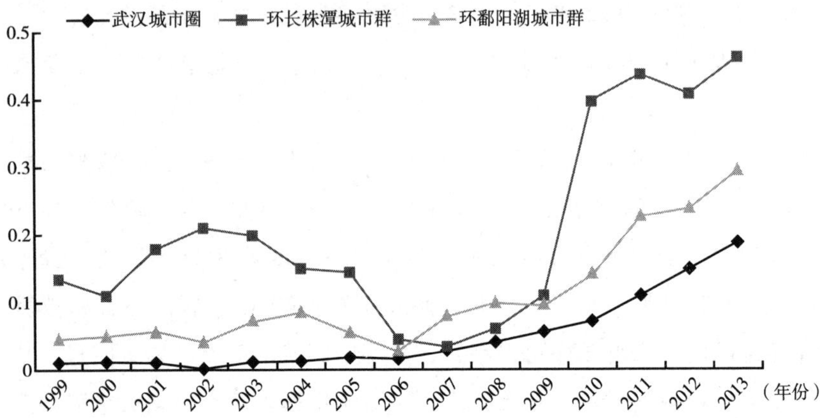

图 4－8　三大次城市群 1999～2013 年城市间联系度投影值变化趋势

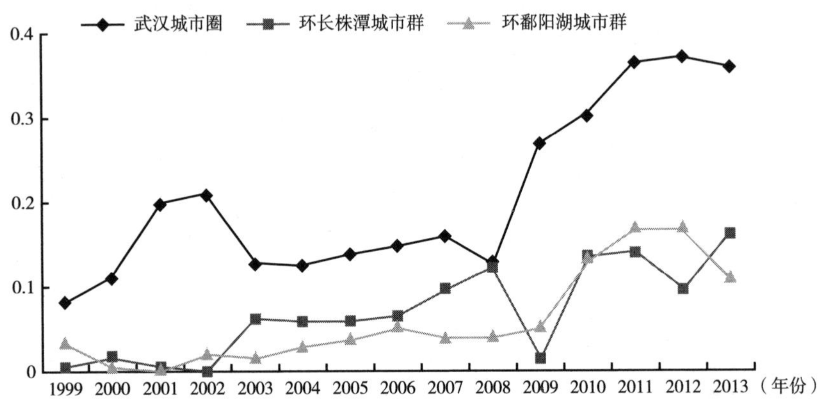

图 4－9　三大次城市群 1999～2013 年政府效能同一度投影值变化趋势

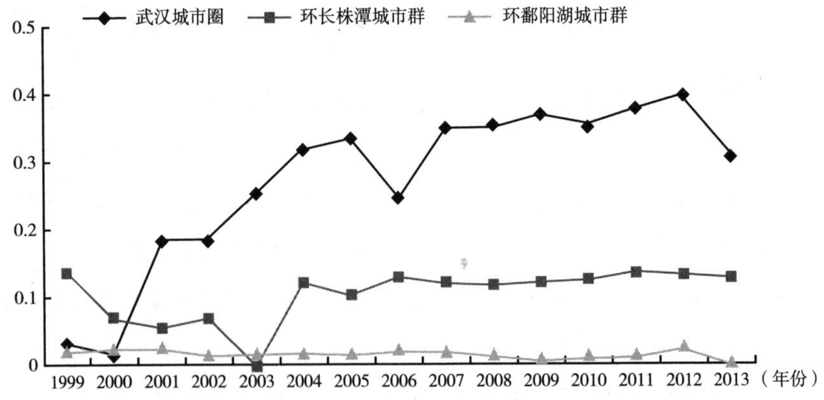

图 4－10　三大次城市群 1999～2013 年产品市场一体化投影值变化趋势

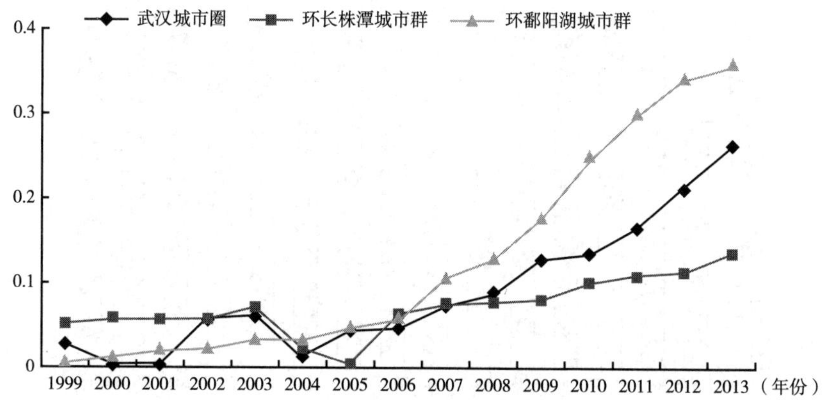

图 4-11　三大次城市群 1999～2013 年要素市场一体化投影值变化趋势

上，本文进一步考察各次城市群内部市场一体化水平动态演变特征。

武汉城市圈市场一体化水平比较。由图 4-7 知，武汉城市圈 1999～2013 年市场一体化水平投影值在区间（0，3），2006 年之后提升势头明显。从各构成要素 15 年间投影值动态变化可以看出：城市间联系度、政府效能同一度和要素市场一体化均呈现加速提升态势，产品市场一体化水平在波动中也有一定程度提高。由图 4-12 知，从均值看，各构成要素在武汉城市圈市场一体化过程中的贡献度排序依次为：产品市场一体化、政府效能同一度、要素市场一体化和城市间联系度，到 2013 年，各构成要素贡献度分别为：城市间联系度 17%、政府效能同一度 32%、产品市场一体化 27%、要素市场一体化 24%，其贡献度趋于均衡。可见武汉城市圈 15 年间市场一体化水平提升过程中，"协同驱动型"发展特点日渐显现。

环长株潭城市群市场一体化水平比较。由图 4-7 知，环长株潭城市群市场一体化投影值处于区间（0.5，2），2009 年之后加速发展。从各构成要素 15 年间投影值动态变化可以看出：城市间联系度发展后期加速势头明显，政府效能同一度波动提高，产品市场一体化水平前期小幅下降，后期趋于平稳，要素市场一体化水平稳步上升。由图 4-13 知，从均值看，各构成要素在环长株潭城市群市场一体化过程中的贡献度排序依次为：城市间联系度、产品市场一体化、要素市场一体化和政府效能同一

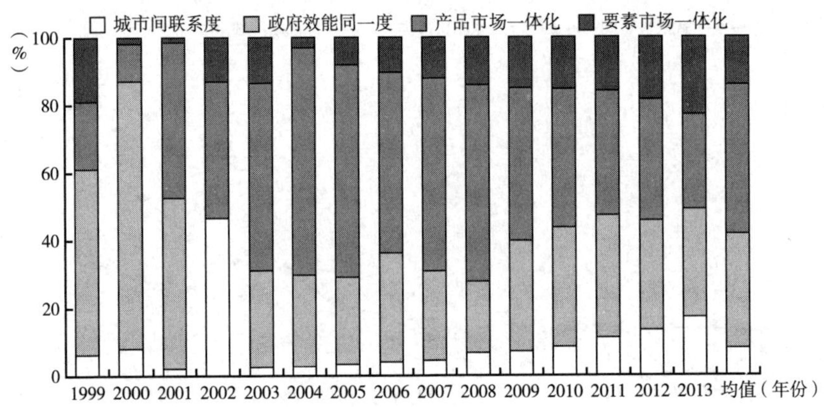

图 4－12　武汉城市圈 1999～2013 年市场一体化四大构成要素贡献度占比

度，到 2013 年，城市间联系度贡献度超过 50%，政府效能同一度和产品市场一体化、要素市场一体化影响力相当，分别为 18%、15%、15%。可见，环长株潭城市群呈现以城市间联系度主导推动市场一体化进程的“单要素驱动”特征。

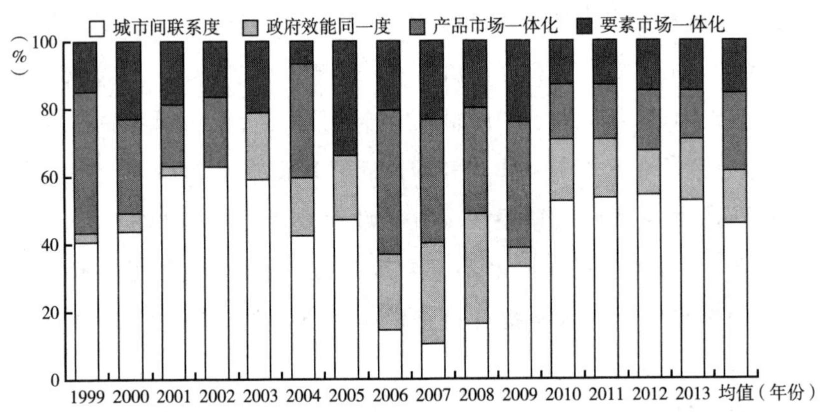

图 4－13　环长株潭城市群 1999～2013 年市场一体化四大构成要素贡献度占比

环鄱阳湖城市群市场一体化水平比较。由图 4－7 知，环鄱阳湖城市群市场一体化投影值处于区间（0，2），总体呈现提升态势，2006 年后加速提升。从各构成要素 15 年间投影值动态变化可以看出：城市间联系度、政府效能同一度和要素市场一体化均呈现加速发展态势，产品市场一体化水平较低，上升趋势不明显。由图4－14知，从均值看，各构成要素在环鄱阳湖城市群市场一体化过程中的贡献度排序依次为：要素市场一体化、城市间联系度、政府效能同一度和产品市场一体化，到2013年，要素市场一体化和城市间联系度贡献度分别为47%和39%，政府效能同一度约占14%，而产品市场一体化贡献度微乎其微，四大构成要素发展极不均衡。可见环鄱阳湖城市群15年间市场一体化发展过程中形成了以要素市场一体化和城市间联系度共同推进市场一体化的“双要素驱动”型，且“短板”制约矛盾凸显。

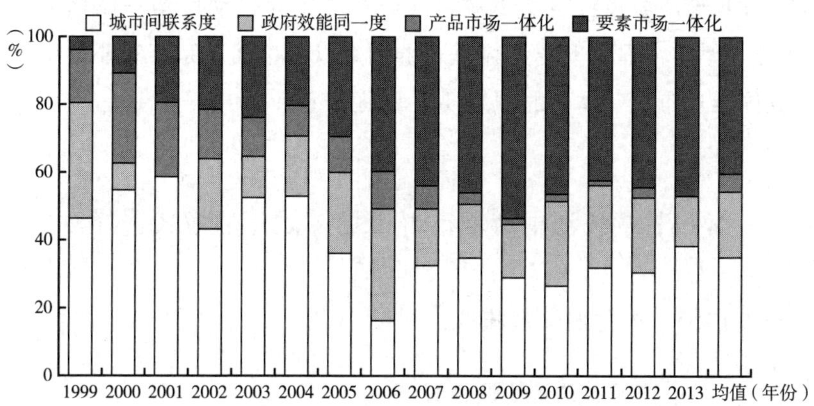

图4－14　环鄱阳湖城市群1999～2013年市场一体化四大构成要素贡献度占比

四　实证分析结论

（1）长江中游城市群1999～2013年市场一体化水平加速提升。各构成要素发展水平呈波动上升趋势，其中城市间联系度对15年间长江中游城市群市场一体化水平的影响程度最大，要素市场一体化和产品市场一体化次之，政府效能同一度影响最弱。四大构成要素非均衡发展，区域市场一体化水平发展协调性不足，市场一体化尚处于以城市间联系度为单一支撑的初级发展阶段。

（2）武汉城市圈市场一体化水平处于领先地位，形成了武汉城市圈—环长株潭城市群—环鄱阳湖城市群的梯级格局，2009年开始环鄱阳湖城市群有赶超环长株潭城市群的态势，后发优势明显。环长株潭城市群、环鄱阳湖城市群与武汉城市圈之间的差距在扩大，环鄱阳湖城市群与环长株潭城市群之间的差距在缩小。产品市场一体化和政府效能同一度是三大次城市群梯级格局形成的主驱动因子。

（3）三大次城市群市场一体化水平 15 年间不断提升，武汉城市圈和环长株潭城市群四大构成要素发展水平也有不同程度提高，环鄱阳湖城市群除产品市场一体化水平提升不明显之外，其他三大构成要素发展水平均有提升。武汉城市圈 15 年间市场一体化进程呈现四要素“协同驱动型”特征，环长株潭城市群呈现以城市间联系度主导推动市场一体化进程的“单要素驱动”特征，环鄱阳湖城市群则是以城市间联系度和要素市场一体化共同推进市场一体化的“双要素驱动”型。

第四节　长江中游城市群市场一体化的模式选择

一　市场一体化的一般模式

（一）城市群区域政策协调模式

区域市场一体化不仅意味着货物、服务、人员、资本可以完全自由流动，而且要求地方辖区内外的要素或产品持有者享有平等的市场准入条件和机会（冯兴元，2010），需要地方政府制定相互协调的经济发展政策，根据各级政府在政策制定和实施中的权利分配，可以将区域政策协调模式分为集权、平行、序贯、单边四种（王春雷，2015）。

通过行政区划改革、区域政府间合作组织等方式，实现“行政区行政”向“区域行政”的转变，实质是一种统一部署的集权模式，即将区域内的多个地方政府组成一个“联合政府”，全盘考虑区域整体情况，制定相应的政策与措施来协调大区域的经济发展（王春雷、黄素心，2011）。

与集权模式相对的另一种形式是分权模式，即将制定辖区经济政策的权力下放给各辖区地方政府，具体而言分为三种：①上级政府赋予各地区政府同时（或者在不知晓对方策略的情况下）制定政策的权力，我们称之为“平行模式”；②某个地区政府先制定政策，另一地区政府随后（即在知晓对方策略的情况下）制定政策，我们称之为“序贯模式”；③上级政府指定某一个地区负责制定两个地区的经济政策，我们称之为“单边模式”。表 4 – 7 列出了四种区域政策协调模式的优缺点以及适用情形，可以看出：现实中平行模式和序贯模式是可行性较强的两种区域政策协调模式，当市场一体化对不同地区的重要程度差异较小时，应采取平行模式，地方政府同时制定政策并自发协调；反之，则应采取序贯模式，且由市场一体化重要程度较强的地区先行制定政策。

表 4 –7　四种区域政策协调模式的优缺点及适用情形

模式	优点	缺点	适用情形
集权模式	市场整合程度较高，协调损失较小	上级政府与下级政府之间存在严重信息不对称问题，制定的政策存在“信息损失”	可行性不强
平行模式	较高的区域经济效益	市场整合程度有限	市场一体化对双方的重要程度差异较小（比如两个都是发达地区或两个都是欠发达地区）
序贯模式	较高的区域经济效益	市场整合程度有限	市场一体化对双方的重要程度差异较大
单边模式	能够实现区域市场完全一体化	单一政策与非中心地区区情不符带来巨大效率损失	可行性不强

资料来源：根据王春雷（2015）整理与修改。

（二）城市群交通模式

交通网络构筑了城市群空间发展骨架，促进城市群内产品和要素沿着交通网络流动，促进城市群内城市的协同发展，有助于市场一体化进程的推进。城市群区域城市以及城镇之间的交通模式选择是城市群经济社会发展战略的重要组成，关系着城市群的发展能否保持健康和可持续性。

运输需求特点和需求规模及其发展趋势是城市群交通模式选择的主要依据。不同发育程度的城市群，其需求规模和特点不同，城市群交通模式选择随城市群发展阶段的变化而逐步优化。运输需求不大的城市群发展初期，主要依托公路运输，关注中心城市间的快速连接以及中心城市与周边城市的通达；运量快速增长的城市群发展中期，交通模式逐渐转向以公路运输和轨道交通为主，轨道交通重要性显著增强；城市群发展成熟期，应形成以轨道交通为主的集约型交通模式，以缓解交通压力和资源环境约束压力。根据不同发展阶段城市群运输需求特点和运输需求规模，可将城市群交通模式分为以下几种，见表4-8。

表4-8　不同发展阶段城市群交通模式选择和具体措施

城市群	交通模式	具体措施
国家级特大城市群	客运以轨道交通、高速公路为主，货运以普通公路为主，并借助航空和水运网络，构建具有多样化出行选择的交通模式	城际快速路、城际客运专用车道建设；提供大运量、高密度、高频率的公交化客运服务
区域性大城市群	逐步以轨道交通代替部分高速公路客运，货运以高速公路为主	轨道交通建设；大力发展公共客运和专业化货物运输；优化高速公路客运班线网络，实现公交化运营
发育初期的区域性城市群	着力发展公共客运，以公路客运为主，依托过境铁路承担部分城际公共客运功能	逐步完善高速公路网络；加大公共交通发展力度，提高客运班线网络密度和服务频率

资料来源：根据赵丽珍（2012）整理与修改。

从表4-8中可以看出，不同发展阶段的城市群适用差异化的交通模式，国家级特大城市群运输需求和运输规模大，应提供多样化出行选择的复合型交通模式，这种模式以发达的轨道交通和公路网络为主要依托，提供安全、舒适、便捷的公共客运服务和经济、快捷的专业化货运服务，强调公共化交通在整个交通网络中的主体作用，实现节约型交通模式的发展；区域性大城市群处在运量规模快速增长的过渡时期，在原有的基础上依托高速公路和高等级公路发展公共客运和专业化货物运输，同时适度发展城际轨道交通，逐步以轨道交通代替部分高速公路客运，实现快速高效客运模式，引导目前分散的私人交通和个体运输向集约型交通方式转变；发育初期的区域性城市群运输需求强度相对较弱，同时受限于居民收入水平和地方财政收入水平，对交通费用的承受能力有限，相对于国家级特大城市群和区域性大城市群而言，发育初期的区域性城市群由于私人汽车的普及程度低，对公共运输的依赖性更强，因此其交通模式应为以公共运输为中心，实现城市群主要城市间的快速直达和城市群内基本出行条件的改善。

（三）城市群产品和要素市场整合模式

在选择区域之间市场一体化模式时，产业一体化是基础，经济政策与公共投资政策一体化是保障，消除市场障碍、形成统一的规范有序的市场体系是最终目标。市场一体化的主要目的在于促进生产要素、产品、企业跨地区流动，降低跨区域经济活动的交易费用，消除地方保护主义、区域市场分割与垄断（保建云，2006）。经济政策与公共投资政策是市场一体化的保障，产品和要素市场一体化是市场一体化的最终目标，根据市场和政府在一体化过程中的作用，以人力资源市场城乡一体化为例，可将市场一体化模式分为市场主导模式和政府主导模式两种（徐铮、房国忠，2014），具体见表4－9。

表4－9 产品和要素市场整合模式代表国家、运行机制和形成原因

模式	市场主导模式	政府主导模式
代表国家	英美	日韩
运行机制	在市场发展的作用下，通过工业化发展，城市现代化工业工资高于传统农业，吸引农村劳动力向城市转移；农业现代化紧随其后，形成工农业相协调的良性产业互动，实现人力资源在城乡之间、农业与非农业产业之间合理配置，再加上相关制度的不断完善，最终形成城乡统一的人力资源市场	政府通过制定优先发展工业战略，大力发展劳动密集型产业，引导农村剩余劳动力向城市有序转移，当工业化发展到一定阶段后，再通过政策导向，实施以城带乡、以工促农的方针，推动农业现代化，提高农业生产效率，在此过程中，积极制定各种法律法规，保障城乡劳动者合法权益，最终建成城乡一体的人力资源市场
形成原因	资源充足；工业化起步早；工业基础雄厚；自由平等思想占主导	自然资源匮乏；工业化起步晚；经济基础薄弱；儒家文化强调服从和忠诚

资料来源：根据徐铮、房国忠（2014）整理与修改。

从表4－9中可以看出，以英国和美国为代表的“自下而上”的市场主导模式注重市场机制的引导，以日本和韩国为代表的“自上而下”的政府主导模式则强调政府的导向作用。二者的形成根源于不同国家国情的差异，从资源禀赋来看，英美两国资源充足，在保障农业顺利发展的同时也为工业发展提供了支持，为市场主导模式的形成创造了条件，日韩自然资源匮乏，积极发挥政府作用弥补资源匮乏的不足十分必要；从发展背景看，英国的城乡劳动力市场一体化源自工业革命后，机器大工业取代工厂手工业，城市劳动力需求增加，加之农村大规模农场经营方式形成、农业技术进步，农村剩余劳动力逐渐向城市转移，而日韩城乡劳动力市场一体化主要基于战后以出口为导向的外向型经济战略导致的劳动力需求的扩张；从文化差异来看，英美皆属于基督教文明国家，基督教主张自由、平等思想，劳动者偏向按照自己的意愿选择利润较高的行业，较少受到制度、法律等非市场性因素的影响，日韩受儒家文化影响较大，儒家文化强调下对上的服从和忠诚，因此日韩市场一体化过程中政府的引导作用比较突出。

城乡人力资源市场一体化模式可以抽象为产品和要素市场一体化的一般模式，即市场主导的市场一体化模式和政府主导的市场一体化模式。市场主导模式适用于资源丰富、农业机械化水平高、工业发展起步早的经济发达地区和国家，这些区域经济发展水平高、市场机制成熟；政府主导模式适用于资源匮乏，农业发展水平停留在低机械化水平阶段、工业化起步晚的后进国家和地区，这些区域经济处在快速发展阶段，市场机制仍在探索和完善，需要政府的积极引导。

（四）城市群市场一体化综合模式

城市群市场一体化不是单一推进的过程，而是城市群交通通信网络化、政府间交流合作不断深化以及产品和要素市场一体化多维度协同推进的过程，因此在选择市场一体化模式的时候应进行多维度的考虑。本书在参考上述三个单一维度的模式选择前提下，根据城市群市场一体化不同阶段的特征，提出城市群市场一体化综合模式（见表4－10）。

表4－10 城市群市场一体化综合模式

阶段	交通模式	政策协调模式	产品和要素市场整合模式
城市群市场一体化起步阶段	构建中心城市之间以及中心城市与周边城镇间的交通网络；以公路客运为主，过境铁路承担部分客运职能；货运主要由铁路运输和水运承担	序贯模式（经济发达地区先制定政策，经济欠发达地区根据经济发达地区的政策，制定相应配套政策）	政府主导模式（充分发挥政府在市场一体化过程中的引导和协调作用）
城市群市场一体化推进阶段	丰富中心城市间交通方式，重视跨区域城镇间以及城镇与农村间的交通路径，构建区域内多层次交通网络；逐步以轨道交通代替部分高速公路客运，货运以高速公路为主	序贯模式（发挥跟随政府在领头政府政策制定过程中的谏言作用，逐步形成区域性的政策协调机构）	政府主导模式（发挥政府宏观调控经济的作用，在微观层面一定程度发挥市场机制的协调作用）

续表

阶段	交通模式	政策协调模式	产品和要素市场整合模式
城市群市场一体化成熟阶段	交通网络进一步铺开,实行以轨道交通为主的集约型交通模式,客运以轨道交通、高速公路为主,货运以普通公路为主,并借助航空和水运网络,构建具有多样化出行选择的交通模式	平行模式(上级政府赋予各地政府同时制定区域政策的权力,同时充分发挥政策协调机构的作用)	市场主导模式(自下而上的市场主导模式,政府在其中发挥有限的协调大局作用)

城市群市场一体化起步阶段，在交通模式选择上，由于交通运输需求量较小，主要是中心城市之间以及中心城市与周边城镇之间的需求，而跨区域的城镇之间以及城镇与农村之间的需求相对较小，因此着力构建中心城市之间以及中心城市与周边城镇间的交通网络，积极发展公共客运，以公路客运为主，逐步完善高速公路网络，同时依托过境铁路承担部分公共客运职能，货运主要由铁路运输和水运承担；在区域政策协调模式选择上，市场一体化初级阶段城市群内城市间市场一体化水平较低，协同性严重不足，市场一体化对不同区域重要程度不一致，因此适用于某一地区政府先制定政策、其他地区政府随后制定政策的“序贯模式”，具体而言，区域中经济发达地区先制定政策，发挥其领头作用，经济欠发达地区根据经济发达地区的政策，制定相应配套政策，以实现区域内政策制定的合理、协调、高效；在产品和要素市场整合模式选择上，市场一体化初期市场机制发展尚不成熟，区域间市场一体化水平差异较大，政府在经济发展过程中发挥着重要的调控作用，因此要充分发挥政府在市场一体化过程中的引导和协调作用，形成以政府为主导的产品和要素市场整合模式。

城市群市场一体化推进阶段，在交通模式选择上，由于市场一体化水平有了一定的提高，且处于快速推进时期，中心城市之间以及中心城市与周边城镇间的交通运输需求继续增大，此外跨区域城镇之间以及城镇与农村之间的交流日渐频繁，交通运输需求快速增长，人口流动量日渐增大，区域间的货物贸易量也急速扩张，因此在丰富中心城市间交通方式的同时重视跨区域城镇间以及城镇与农村间的交通路径，构建区域内多层次交通网络，此外，由于现有的以公路为主的客运模式和以铁路和水运为主的货运模式难以满足市场一体化需要，应逐步以轨道交通代替部分高速公路客运，货运以高速公路为主，提高运输量和运输速度；在区域政策协调模式选择上，市场一体化推进阶段，区域间市场一体化程度逐渐提高，协同性增强，但市场一体化对于不同区域间的重要程度仍有一定差异，因此这个阶段在继续实行“序贯模式”的同时，发挥跟随政府在领头政府政策制定过程中的谏言作用，逐步形成区域性的政策协调机构；在产品和要素市场整合模式选择上，市场一体化推进阶段，市场机制成熟度有一定提高，但仍然不足以成为城市群经济发展的单一支撑，因而在逐步依靠市场机制协调经济的同时，仍应发挥政府宏观调控的作用，在微观层面一定程度发挥市场机制的协调作用。

城市群市场一体化成熟阶段，在交通模式选择上，随着市场一体化水平提高，区域内部多层次的运输需求持续增加，同时资源环境压力也增大，这个阶段交通网络进一步铺开的同时，实行以轨道交通为主的集约型交通模式以缓解资源环境压力，客运以轨道交通、高速公路为主，货运以普通公路为主，并借助航空和水运网络，构建具有多样化出行选择的交通模式；在区域政策协调模式选择上，市场一体化水平上升到较高水平，区域内部市场一体化推进的协调度进一步提高，市场一体化对于各地区的重要程度差异小，这个阶段适宜推行“平行模式”，上级政府赋予各地政府同时制定区域政策的权力，同时充分发挥政策协调机构的作用；在产品和要素市场整合模式选择上，一方面，随着市场一体化的推进，进入市场一体化成熟阶段，市场运行机制逐渐完善；另一方面，市场一体化的目标就在于破除壁垒和地方保护，实现产品和要素跨区域自由低成本流动，因此市场一体化成熟阶段应实行自下而上的市场主导型整合模式。

二　长江中游城市群市场一体化模式选择

（一）长江中游城市群市场一体化模式选择原则

城市群市场一体化是一个逐渐破除贸易壁垒和地方保护、实现产品和要素跨区域自由流动和资源优化配置的动态过程。城市群市场一体化模式选择应遵循以下几点原则。

第一，城市群市场一体化模式选择应与市场一体化发展的阶段、水平及特征息息相关。市场一体化不是一个静态过程而是一个动态过程，是随着时间不断推进的，具有阶段性与动态性。市场一体化发展的不同阶段，城市群内部贸易壁垒、地方保护程度以及产品和要素市场自由流动水平和特征都有显著的差异，因此长江中游城市群在进行市场一体化模式选择时，首先应考虑当前城市群市场一体化发展阶段，根据其发展水平和特征确定后续发展模式、制定合理的发展政策。

第二，对长江中游城市群市场一体化水平进行评价与动态比较揭示的特征和问题是市场一体化模式选择的重要依据。长江中游城市群当前市场一体化处于较低水平的持续推进阶段。此外，从市场一体化实证研究结果看，长江中游城市群仍处于以城市间联系度为单一支撑的初级发展阶段，四大构成要素中政府效能同一度贡献率最低；武汉城市圈市场一体化水平处于领先地位，属于“四要素协同驱动型”，城市间联系度相对较弱；环长株潭城市群属于以城市间联系度主导推动市场一体化进程的“单要素驱动型”，其中政府效能同一度和产品市场一体化是其与武汉城市圈差距扩大的主驱动因子；环鄱阳湖城市群市场一体化发展水平最低，是以城市间联系度和要素市场一体化共同推进市场一体化的“双要素驱动型”。

第三，长江中游城市群及三大次城市群在市场一体化过程中呈现的特点和问题反映出当前市场一体化所处的阶段、三大次城市群市场一体化格局以及各构成要素发展水平和协调性，根据这些特征以及市场一体化一般模式中交通模式、政策协调模式以及产品和要素市场整合模式选择原则和方式确定长江中游城市群市场一体化模式。

（二）长江中游城市群市场一体化模式总体构想

根据城市群市场一体化模式选择原则、长江中游城市群市场一体化推进阶段特征以及市场一体化实证分析所揭示的问题，对长江中游城市群市场一体化模式提出总体构想。

1. 长江中游城市群应重点关注直接制约其市场一体化水平和各要素整体协调度提升的政府效能同一度，构建协调高效的城市群政策协调模式

上文对长江中游城市群市场一体化水平测度与比较中，武汉城市圈市场一体化水平处于领先地位，呈现武汉城市圈—环长株潭城市群—环鄱阳

湖城市群的梯级格局，并且环长株潭城市群、环鄱阳湖城市群与武汉城市圈之间的差距在扩大，说明长江中游城市群市场一体化发展过程中三大次城市群之间的差距仍然较大。此外，在武汉城市圈、环长株潭城市群和环鄱阳湖城市群内部，武汉、长沙、南昌三市作为区域核心城市，经济发展水平和市场一体化水平在区域内发挥着领头作用。因而长江中游城市群市场一体化过程中的政策协调模式选择符合"序贯模式"的要求，就三大次城市群而言，武汉城市圈处于领先地位，就三大次城市群内部而言，武汉、长沙、南昌处于领先地位，在政策制定上，赋予武汉城市圈以及武汉、长沙、南昌三市先行权，同时通过地区间转移支付，将获得的"先行优势"与落后地区共享，促进区域经济协调发展，此外，逐步建立长江中游城市群市场一体化政策协调机制，提升区域政府效能同一度。

2. 武汉城市圈应着力增强城市间联系度从而进一步提升市场一体化水平，构建城市群市场一体化推进阶段交通体系

武汉城市圈在市场一体化推进过程中实现了四大构成要素协同发展，但城市间联系度相对较弱，因此需要着力构建区域性交通模式，在交通模式的选择上针对市场一体化推进阶段的特征，丰富中心城市间交通方式，重视跨区域城镇间以及城镇与农村间的交通路径，构建区域内多层次交通网络；逐步以轨道交通代替部分高速公路客运，货运以高速公路为主。

3. 环长株潭城市群应从政府效能同一度和产品市场一体化角度缩小与武汉城市圈之间的差距，实现要素市场一体化水平提升以确保构成要素协调

环长株潭城市群城市间联系度在三大次城市群中居领先地位，且成为推动其市场一体化的关键要素，但政府效能同一度、产品市场一体化水平与武汉城市圈差距较大，要素市场一体化水平也制约着市场一体化进程的推进。因此，一方面，环长株潭城市群在政策协调模式上选取"序贯模式"，政策制定上赋予长沙先行权，同时加强各级政府间的沟通与合作；另一方面，实行以政府为主导的产品和要素市场整合模式，发挥政府在产品和要素市场一体化过程中的引导调控作用，在微观层次上发挥市场机制的协调作用。

4. 环鄱阳湖城市群应从政府效能同一度和产品市场一体化方面缩小与武汉城市圈之间的差距，实现市场一体化各构成要素协调发展

与环长株潭城市群相似，环鄱阳湖城市群也处于主要由城市间联系度和要素市场一体化推进市场一体化的阶段，政府效能同一度和产品市场一体化水平落后。因此，城市群政策协调模式上选择“序贯模式”，南昌处于领导地位，产品市场一体化模式选择上应实行“自上而下”的政府主导模式。

（三）长江中游城市群市场一体化模式的具体思路

根据上文分析，从以下几个层次制定长江中游城市群市场一体化政策。

1. 长江中游城市群区域政策协调化

与传统区域规划管理不同，城市群的市场规划与管理是一种非标准层次的规划与管理，需要在更大的空间范围内对不同行政区间进行协调。在我国现行行政体制下，政府间的协调是城市群一体化最重要的工作之一。根据“序贯模式”的理念，从以下两个层次实现区域政策协调化。

（1）成立长江中游城市群市场一体化推进协调机构。在城市群市场一体化的初期，由于种种壁垒的存在，政府直接介入城市群市场整合并强制执行统一的区域市场政策以淡化地方政府框架与狭隘的地方保护主义是合理而必要的。长江中游城市群可以由湘鄂赣三省政府牵头，成立长江中游城市群市场一体化推进工作领导小组办公室，专门负责规划城市群市场一体化发展，制定相关的政策和措施，协调解决重大问题，推动城市群市场整体规划的实施。具体来说，可以从以下三个方面形成一套有效的市场规划管理架构和路径：第一，湘鄂赣三省政府主要领导要与城市群市场一体化推进工作领导小组进行常规性的会晤与交流，就市场一体化推进进程中的主要问题进行协商，从而确定下一步工作的主要内容；第二，市场一体化推进工作小组根据领导座谈会确定的重点，进一步提出若干相对应的专题进行研究和探讨，并在形成明确意见后由各城市相关部门落实推动；第三，可举办一年一次的长江中游城市群市场一体化协调会议，由城市群各市政府领导共同参加，对各城市间的有关市场合作、协调、衔接的问题进行协商，并就各城市间重点关心的领域进行双向或多向沟通，从而确定一些具体问题的推进办法。

（2）次城市群内部赋予武汉、长沙、南昌三市政策制定先行权。在建立权威性高层次组织协调机构的基础上，为充分发挥各次城市群推进市场一体化的主动性，对接长江中游城市群市场一体化推进工作小组的整体规划和政策制定，赋予次城市群内部武汉、长沙、南昌三市政策制定先行权，充分发挥其领导作用，建立多层次的政策协调机制，进而在拥有组织保障体系的前提下，带动城市群内各城市之间、企业之间的较低层次的协调，推动城市群市场规划的顺利实施。具体而言，三大次城市群可以从以下几个方面发挥其政策制定先行权：第一，在武汉、长沙、南昌三市的领导下成立次城市群内部的市场一体化协调机构，定期召开工作会议，制定次城市群市场一体化推进政策；第二，充分发挥各地方政府在市场一体化工作会议上的谏言作用，从而根据地方市场一体化不同现状特征有针对性地制定政策；第三，实现次城市群与长江中游城市群市场一体化推进工作小组的对接，从而形成多层次的政策协调网络。这样一来，长江中游城市群政府之间便逐步形成了多层级协商带动的组织架构，城市群的市场规划管理将从城市群整体的角度综合考虑，同时注重城市之间的横向沟通，强调城市群各城市之间的共同推进。

2. 武汉城市圈交通通信网络化

交通通信网作为产品和要素在城市群内自由流动的载体，对于市场一体化的逐步扩展与深化至关重要。武汉城市圈综合交通体系建设基础良好，但目前综合交通体系的建设发展仍然是不全面的、不平衡的，武汉与周边城镇间的交通日益便捷，但周边城镇之间以及城镇与农村间交通便捷化联动发展尚有不足，通信网络覆盖整个武汉城市圈，但局部农村落后地区通信便捷程度仍然十分不足，缺乏统一的信息传输、应用和管理平台。如何实现城市圈内部交通通信的区域化对接至关重要，影响着各城市未来在武汉城市圈发展中的地位和城市群的有效构建，还影响着武汉核心城市功能的有效发挥。为实现武汉城市圈区域市场一体化协调发展，加速城市圈内部市场与经济的循环，可以从以下几方面提升城市间联系度。

（1）构筑综合交通运输网络，改变传统的货运客运模式。交通网方面，武汉城市圈应在目前城市群网络基础上，构建城市群交通网络的战略轴心，同时完善各城市之间的交通布局，实现城市群内交通设施的区域化对接，打造以城市群战略轴心为核心的增长极。首先，构筑以武汉为中心的综合交通运输网络，打造1小时交通圈，尤其是整合城际铁路、公路运输和城市道路运输，推进城际快速轨道交通建设，加强陆路、水路、航空运输之间的分工与合作；其次，在丰富中心城市间交通方式的同时重视跨区域城镇间以及城镇与农村间的交通路径，构建区域内多层次交通网络，实现城市群整体交通通达度提升；最后，具体而言，应改变现有的以公路为主的客运模式和以铁路和水运为主的货运模式，逐步以轨道交通代替部分高速公路客运，货运以高速公路为主，提高运输量和运输速度。

（2）提升通信设施覆盖率，建立统一的信息管理平台。通信网方面，加快城市圈内统一的信息传输、应用和管理平台建设，建成城市圈信息高速公路和网络城市圈，为产品和要素的流动提供强有力的支撑。首先，铺设以武汉为中心的信息通信网络，实现信息向中心地区汇集，继而辐射周边地区；其次，提高城市圈内移动电话和互联网普及率，尤其关注落后的城镇和农村地区，将城市圈通信网络建设覆盖到这些地区，提升城市圈整体通信通达度；最后，在此基础上建立统一的信息传输、应用和管理平台，实现规范化管理，推进信息的自由、高速流通。

3. 环长株潭城市群和环鄱阳湖城市群区域政策协调化、产品和要素流通自由化

超越行政边界不断扩大的经济交流是城市群市场一体化所需要的基本条件，这就要求城市群实现生产要素的自由流动、商品及服务的自由贸易、资本与技术的自由转移与转让以及人员的自由流动等。在市场经济条件下，环长株潭城市群和环鄱阳湖城市群各城市之间资源禀赋和资源配置效率存在着明显的差异性，因此，仅靠单个城市自身的力量难以解决各城市资源的有效匹配问题，城市彼此之间必须破除封闭性，促进生产要素与产品以及服务的自由流通，并在此基础上建立起一种以资源要素整合与优化为核心，既有制度约束，又有利益驱动作用的城市群资源要素合作机制，通过优势互补的资源要素整合，使区域内各城市在相互依存中实现可持续发展，促使市场经济原则发挥作用，同时调动各城市地方政府发展区域经济的积极性。

（1）以“序贯模式”为指导的区域政策协调模式。赋予长沙、株洲、

湘潭、南昌、九江等市政策制定先行权，建立政府信息交流平台、成立市场一体化推进工作小组，定期召开市场一体化工作会议，发挥下级政府在市场一体化工作会议中的谏言作用，政策制定上在长株潭、昌九等市的引导下，各级地方政府跟随制定相关政策。

（2）以政府为主导的“自上而下”的产品和要素市场整合模式。要实现环长株潭城市群和环鄱阳湖城市群内部产品、要素市场的逐步统一与合作，必须打破其现存的区域市场消极的行政与贸易壁垒，取消各种隐性的或显性的地方关卡、附加条件以及地域歧视性政策等限制性条件，使城市群内商品得以自由流通，要素得以自由流动。第一，在税收制度上，可以建立跨区域的税收利益协调机制，建立城市群税务局长定期会议机制，集中解决城市群内的税收问题，对各城市的税收利益进行协调；第二，在户籍制度、人才流动机制与社会保障体制上，可逐步取消户籍限制，配套改革相关的就业与社会保障制度，从而逐步弱化基于户籍之上的住房分配、保险政策等社会福利差别，建立统一的或者相互衔接的社会保障制度，同时建设城市群公共人才服务平台，实现高校联姻的人才联合培养模式，从而在极大程度上破除城市群内部人才流动的障碍；第三，在产权交易制度上，可以设立服务于城市群的产权交易机构，建成城市群统一的产权交易大市场，打造区域产权交易联盟，同时制定完善产权交易政策，统一规范产权交易行为，从而不断提高城市群内部的资源配置效率，实现资源要素的合理配置；第四，在信贷分配体系上，可建立城市群企业跨区域信贷与投资机制，同时加快城市群金融平台的建设，有效降低区域内的城际交易成本。如此，便可在极大程度上推动环长株潭城市群和环鄱阳湖城市群生产要素、商品与服务、人才、技术以及资金等的自由流动，实现城市群资源要素的合作化。

第五节　本章小结

本章重点从市场一体化水平的支撑因素（城市间联系度和政府效能同一度）以及表征因素（产品市场一体化和要素市场一体化）两个维度构建了城市群市场一体化水平评价指标体系，利用城市流模型、专业化指数、价格法、熵权法及变异系数等方法引进一系列综合指标和复合指标，并采用基于遗传算法的投影寻踪聚类评价模型对长江中游城市群1999～2013年市场一体化水平进行动态评估与比较分析，进而依据实证分析结论，从长江中游城市群以及三大次城市群的视角，提出并阐析长江中游城市群市场一体化的模式选择。主要结论如下。

（1）近15年来，长江中游城市群市场一体化水平加速提升，但四大构成要素呈现非均衡发展格局，市场一体化发展协调性不足，尚处于以城市间联系度为单一支撑的初级发展阶段；武汉城市圈市场一体化水平处于领先地位，形成了武汉城市圈—环长株潭城市群—环鄱阳湖城市群的梯级格局，产品市场一体化和政府效能同一度是形成该梯级格局的主驱动因子；环长株潭城市群、环鄱阳湖城市群与武汉城市圈之间的差距在扩大，环鄱阳湖城市群与环长株潭城市群之间的差距在缩小，自2009年开始环鄱阳湖城市群有赶超环长株潭城市群的态势，后发优势明显；三大次城市群市场一体化水平不断提升，武汉城市圈呈现“四要素协同驱动型”特征，环长株潭城市群呈现以城市间联系度为主导的“单要素驱动”特征，环鄱阳湖城市群则是以城市间联系度和要素市场一体化共同推进市场一体化的“双要素驱动”型。

（2）长江中游城市群市场一体化应从城市群整体以及三大次城市群层面选择差异化发展模式。长江中游城市群应重点提高政府效能同一度，选择协调高效的城市群区域政策协调模式；武汉城市圈应着力增强城市间联系度，选择城市群市场一体化推进阶段的多层次交通体系模式；环长株潭城市群以及环鄱阳湖城市群应从政府效能同一度和产品市场一体化两方面推进市场一体化，选择序贯式政策协调模式和政府主导的产品和要素市场整合模式。推进长江中游城市群一体化发展的具体思路是，长江中游城市群区域政策协调化，武汉城市圈交通通信网络化，以及环长株潭城市群、环鄱阳湖城市群区域政策协调化、产品和要素流通自由化。

第五章
长江中游城市群产业一体化测度及产业一体化模式选择

本章之目的是在探析长江中游城市群市场一体化的基础上，进一步从中观层面探究城市群一体化的核心——产业一体化，探析长江中游城市群一体化的产业支撑。本章采用多重指标综合测度与比较分析近15年来长江中游城市群产业一体化发展水平及其动态演变特征，进而探究其产业一体化发展模式选择及实现策略。

第一节　相关研究综述

一　国外研究综述

（一）理论研究

1. 产业一体化的内涵与特征

从时间顺序理解，国外对产业一体化的理论研究可以划分为四个阶段：一是分工与协作理论阶段，二是古典区位理论阶段，三是产业集群理论阶段，四是竞争优势理论阶段。在分工与协作理论阶段，早在1776年亚当·斯密在《国富论》中提出“分工是经济增长的源泉”，这一经典论述不仅可以用于解释产业的分工所带来的产业链上的纵向分工，也可以用于解释本地市场上不同程度的分工（亚当·斯密，1972）。古典区位理论的奠基人韦伯认为上下游企业的集中会使许多企业靠近原材料供应地，这些因素导致产业一体化并随之产生经济性（韦伯，1997）。在产业集群理论阶段，Krugman（1991）吸收了马歇尔对于专业化产业区的论述，运用

“核心—外围”模型分析产业集群形成原因；藤田昌久也对该模型进行了扩展，以此解释产业扩散现象和城市形成及新城市产生的条件。在竞争优势理论阶段，迈克尔·波特（1997）认为国家竞争优势主要来源于产业竞争优势，而产业竞争有赖于产业内部的上下游企业、政府和其他机构的相互作用。近十年，越来越多的学者从各方面对产业一体化的内涵与特征进行探讨。Dahl 和 Pedersen（2004）就产业一体化的知识扩散具有非正式接触特点，认为相比于会议等正式接触，在特定群体中的企业间非正式接触能够使工程师等研发人员获得真正有价值的知识。Forslid 和 Midelfart（2005）分析了在开放经济中纵向一体化的产业政策特点，认为开放经济中的纵向一体化政策不同于对内经济政策，在开放经济中要着重考虑上下游企业生产成本和资金流动性，因此税收和关税政策是纵向一体化产业在全球化中必须考虑的重要因素。Taddeo 等（2012）将工业生态学理论引入工业园区产业一体化过程的生态建设，提出产业一体化持续发展的强有力保证是建立生态工业园区，并指出地理和技术要求、行业同质性或异质性、利益相关者等关键特征是产业一体化的考虑重点。Vadali 和 Chandra（2014）认为产业一体化包括消费者网络和供应商网络两大网络，这两大网络的有机融合有利于实施产业一体化，而这融合直接有赖于完备的物流体系和交通运输。

2. 产业一体化的影响因素与对策

对于产业一体化内部影响因素的研究，Callois（2008）研究产业内部相似企业在地理集聚和地理分散两种情况下产业整体效率的提高程度，结果表明地理集聚度与产业一体化存在“钟形关系”，即地理聚集度越高越能分担该产业的生产成本，形成高效的生产流程，但同时地理集聚度过高会降低现有产品的创新度；Libaers 和 Meyer（2011）根据资源依赖和密度制约有关理论，发现技术型小企业受益于产业一体化的外部规模经济，具备内生创新能力的技术型小企业更能在产业链中获得收益；Viederyte（2013）将海洋产业的海事集群产业与海事协会进行比较，指出海事集群产业是企业自发组织，因此提高企业间透明度、促进有效沟通是促成海洋产业上下游间高效运行的保证；Sarach（2015）根据波特的竞争优势理论解释产业一体化中各企业的合作关系，认为产业内各企业竞争优势的策略性关系决定了合作关系，其中对知识和生产技术优势产业来说更要重视建立良好的合作关系。对于产业一体化外部因素的研究，Järvinen 等（2012）以造纸行业为例，认为某一国家造纸产业在产业链所处的优势地位，并不一定会因其进入国际市场而产生大规模生产收益，相应地在全球化生产链中，持有先进技术的供应商才会成为产业一体化中的焦点，即产业一体化不应以盲目扩大规模为目的，而要选择以高技术、高创新力的产品为产业增长点。Burger 等（2015）认为当产业一体化进入高级阶段时，产业战略制定者不倾向于在全球环境继续大范围投资，在跨国背景下产业集群应该建立生产厂商和销售办事处等结构性环节，促进资金流向更多聚集于总部和产业研发部门等的非结构性环节，才有利于实现产业一体化循环上升。

（二）实证研究

国外对产业一体化的实证研究主要体现为两个方面，一是研究产业一体化内部各企业的竞争及相互作用，二是测度产业一体化程度，并定量测算知识管理、政策引导、生产成本等因素对各产业在一体化过程中的影响。在产业一体化内部各企业的竞争及相互作用方面，Guerrieri 和 Pietrobelli（2004）收集意大利和中国台湾微观数据，对中小企业在产业链中的竞争力度和结构调整力度进行调查，结果表明多数企业需要进行重组才能融入产业一体化链条中，而企业间和机构间的相互联系是中小企业应对产业内部竞争的主要方法；Giardini 等（2008）建立一个跨学科框架整合社会认知和组织研究方法，分析公众评价是否对产业内部一体化的动态变化产生影响，以工业园区作为分析对象，发现产业链中的上下游企业倾向于考虑社会公众对企业的评价，并根据评价筛选出公众评价较差的企业，以此使产业一体化持续健康发展。在测度产业一体化程度及分析其影响因素方面，Bernini（2009）使用产业集群理论框架定量分析法调查了意大利酒店产业链条与当地基础设施的相互关系，并探讨影响该产业在产业生命周期各阶段的区位因素；Mao 等（2009）基于中国武汉市汽车产业集群迅速发展的态势调查了汽车产业人才需求的现状，通过问卷调查结果表明收入、工作环境和个人因素是导致人才流动的三个主要因素，基于此针对改善汽车行业一体化过程中出现的人才短缺问题提出政策建议；Jia 等（2010）采用细胞自动模型法分析产业集群创新扩散的过程，比较了技术创新型企业自主研发和产学研相结合两种方式，发现产学研相结合是促进产业集群创新扩散的有效过程，同时指出加强地方政府、行业协会和金融机构对集群产业的支持，对该创新扩散也能产生积极作用；Falck等（2010）研究1999年德国制定的以产业一体化为导向的政策对当地产业一体化促进程度的影响，测算结果表明在该政策导向下目标产业成为成功创新者的可能性从4.6%增加到5.7%，同时相应的研发费用减少了19.4%，说明有效的政策导向对产业一体化产生有利影响；Hagadone和Grala（2012）采用空间分析方法识别美洲密西西比河岸的木材制造产业的一体化程度，通过泊松回归发现制造业下游厂商对上游厂商具有促进作用，同时主要的木材生产商能够形成地理集聚效应，增加周边初级制造业生产企业的数量；Lai等（2014）探讨台湾的出口加工区、经济开发区和工业园区这三类产业聚集园区的知识管理对于创新绩效的影响，发现知识管理成为集群产业与创新绩效的媒介物，即知识管理有利于激发产业集群的创新动力，也有利于通过提高创新力而促进产业集群演进；Sutikno和Suliswanto（2015）利用静态区位熵和动态区位熵分别识别印度尼西亚东爪哇岛制造业产业集群的发展类型，同时选择GLS方法揭示该制造业集群存在的原因，并提出了促进制造业集群产业提高生产效率的方法；Nie和Sun（2015）基于空间竞争模型和博弈论模型分析搜索成本对产业集群的影响，结果表明，搜索成本是产业集群的重要影响因素，而且搜索成本的高低会导致产业集群的产生或消失。

二　国内研究综述

（一）理论研究

1. 产业一体化的内涵与特征

崔大树（2003）对高新技术产业一体化进行了分析，认为高新技术产业是由空间结构和组织结构结合成的一个网络化的整体，形成一体化的发展格局，发挥更强大的集聚和辐射功能。基于空间结构和组织结构构建了高新技术产业一体化发展模型，其中空间结构主要由交通干线、信息网络、城市体系构成；组织结构主要由创新体系（大学与科研机构、人才团队）、产业体系（高新技术产业园区、企业和其他经济实体）、政府支撑构成，提出了构建长江三角洲“Z”形高新技术产业一体化发展格局的政策建议。王宇华（2007）对产业一体化的内涵进行了界定，即在市场经济条件下，毗邻的区域（城市）为获得产业效益最大化和成本最低化，充分发挥经济发展方向的同一性、产业结构的互补性，促进生产要素自由流动，加速产业的整合与重组，实行地区经济分工与协作，从而以整体优势参与对外竞争的过程，认为产业一体化是区域经济一体化的核心。朱英明（2007）基于产业战略力和城际链接力两个维度构建了城市群产业一体化发展模型，认为城市群产业一体化发展状况取决于城际战略产业链各环节的协同状况，而城际战略产业链各环节的协同状况取决于城际战略产业链的产业战略性和城际链接性的匹配状况。同时指出加快城市群产业一体化的关键是城市群城际战略产业链类型的正确选择和城际战略产业链环节的合理布局和优化组合。王晓娟（2009）界定了空间概念上的区域产业一体化，认为其本质含义是建立共同市场，实现要素的合理流转和优化组合，指出区域产业一体化内涵至少包括两方面特征：一是开放经济的内在假设，二是价值链在空间的融合。长三角产业一体化的表现形式为价值链的空间外延、长三角地区企业与区域外甚至国外进行分工合作，并最终实现区域产业整体竞争力提升的过程。王安平（2014）对产业一体化的内涵进行了分析，认为产业一体化的主要表现为产业目标一体、产业功能对接、产业布局协同、产业要素互通四个方面，并分析了南昌九江地区的工业一体化的优势与问题，提出昌九地区工业一体化的途径。陈自芳（2014）认为区域经济一体化的基础为以投入产出关系为基础形成的产业关联性，比较了京津冀与长三角地区的产业布局，认为京津冀两市一省的产业层次断崖与行政分割为区域一体化的主要障碍。李志刚、王庆生（2014）对京津冀旅游产业一体化的基础条件进行了分析，基于新制度经济学中有关制度创新的理论视角提出了构建京津冀旅游产业一体化所需的制度与机制创新。高煜（2016）指出了我国在丝绸之路经济带的核心区中与中亚各国的产业联系与合作存在的初级化低端化问题，强调区域产业发展指向出现分离化，交易费用导致产业一体化成本提高。

2. 产业一体化的发展思路与对策

李阳（2010）针对长三角文化产业一体化发展中各行政区政府的传

统角色失范问题，提出了长三角地方政府角色定位对策，即从“无限”政府转向“有限”政府、从“管制型”政府转向“服务型”政府。郑勇军、汤筱晓（2006）对跨区域产业集群整合进行了系统的理论分析，并以中国沿海计算机制造业为案例分析，通过对集群内与集群间产业链整合的比较分析，提出了促进计算机制造业集群进行产业链整合的具体思路。查日升（2013）对产业集群间合作机制进行了系统分析，提出了产业链纵向型、龙头企业带动型、技术市场协同型以及异构互补型四种产业集群合作模式。陈雅雯（2014）从横向一体化与纵向一体化角度对国内外典型都市圈的产业一体化模式进行了分析，得到一些启示即政府主导、规划先行，城市体间经济落差适度合理，产业布局呈现横向集聚与纵向链式一体化组合并交织的模式。基于产业联系度，即不同产业之间的相互影响、相互作用的程度作为产业合作潜力的评价，为京津冀区域产业一体化对策的提出提供事实依据。李斌（2013）基于产业优势互补协同创新的视角，提出产业一体化的措施方向，即领导模式、管理机制、政策布局、产业规划、市场体系、基础设施、技术升级、人才开发等方面构建互动共享平台。朱文兴、卢福财（2013）认为鄱阳湖生态经济区产业生态化的必要途径为构建经济与生态一体化的产业共生网络，对鄱阳湖生态经济区产业共生网络建设提出了相关建议。陈雯、周诚军（2003）考察了在长江流域经济一体化背景下的中游地区产业发展，对其成长环境和比较优势进行了分析，并从不同类型发展战略出发，即资源导向型、出口导向型、中心城市带动型、智力发展型等，对中游地区进行可行性的分析。李浩任（2017）立足川南经济区实况，分析川南经济区产业一体化发展的适用路径和模式，围绕建立一体化的市场、跨区域合作、税收征管协同、产业园区共建等提出税收政策建议。杨先花、张杰（2017）解析构建区域创新链的必要性及重要性，以京津冀地区为例，指出了津冀研发水平滞后、区域科技产出不足、成果转化效率低下等现实问题，提出从注重城市分工与合作、精准对接市场重大需求、完善区域产业支撑体系等方面推进区域产业一体化的对策。

（二）实证研究

学者们运用了多种测度指标对具体地区的产业一体化进行了实证分析，并不断引入新的理论视角，对衡量方法进行改进，但其落脚点基本为同构、关联与功能分工等角度。王开科（2011）基于省级层面的工业行业33个部门的细分数据，对长三角地区的一体化趋势进行了实证分析，运用多种定量方法如政府行政垄断能力测度、工业产业内部的同构与专业化，分析了长三角地区的产业发展协作问题，并提出了推进产业协作的治理路径和策略。刘富朝等（2010）对区域间产业结构的同构与异构进行了深入的理论分析，认为区域产业同构优化的本质动力在于生产要素结构及其流动特征量的变化，并且产业同构在一定时空条件下具有合意性。尹广萍（2009）在对产业一体化的相关文献进行系统综述的基础上，利用结构相似系数及区位熵等产业结构指标详细分析了长三角地区制造业、服务业的分工与协作现状，并提出了目前影响长三角地区产业一体化的障碍，着重分析了高新技术产业和生产性服务业的发展现状，并有针对性地提出了这两个重点产业的一体化发展思路。石军伟、王玉燕（2013）基于SIP分析框架，设计了单个地区的工业结构同构度测算指标体系，运用2000~2010年中国西部各省份35个工业行业的面板数据，对后发地区工业结构的演化进行了实证分析，发现物质资本投资是一省工业结构同构度上升的主要决定因素，并且认为三层次即工业项目、重要产业、工业结构之间的传导机制的失效也是一个重要原因。韦素琼、陈艳华（2010）基于三次产业、制造业和第三产业内部结构视角，对闽台地区的产业同构的现状与变化进行了相似系数指标分析，并利用分形理论中的R/S分析方法，预测两地产业同构化的未来发展趋势。发现闽台产业同构现象显著，同时指出宏观层面的产业同构不一定对闽台未来经济合作产生明显的负面影响。杜培林、赵炳新（2014）基于产业一体化与以诸侯经济为特征的区域“均衡与非均衡增长”两种发展模式视角，对中国30个省域（西藏除外）2002~2007年42部门投入产出表为数据基础，构建多省域的产业网络模型，并运用复杂网络分析技术上的K-cores网络解构方法，分析了我国省域产业趋同演变及其空间格局与两者之间的关系，发现中部地区的长江中游经济圈和西部成渝经济区超越了早期的产业趋同，实现了不同程度的产业互补与错位发展。王德利、方创琳（2010）基于对投入产出分析方法的扩展运用，建立指标体系，构建区域产业分工模型与跨区域产业联动模型，即区域间引力模型、产业间引力模型、跨区域各产业间联动模型，探索中国具体产业跨区域产业分工与联动的特征，发现在跨区域产业联动方面区域间产业联动强度受经济地位及空间距离的影响显著，沿海与内陆之间跨区域产业联动性较弱，跨区域产业联动具有明显邻域空间指向性。齐讴歌、赵勇（2014）基于空间功能分工指数测度了中国城市群功能分工，对 2003～2011 年的功能分工演变与区域差异进行了分析，发现城市群功能分工水平总体相对较低，呈金字塔分布，中西部地区的功能分工呈波动上升趋势。张子珍（2017）运用新经济地理学分析方法，并通过数值模拟，得出企业在城乡的区位选址活动呈现“分散—集聚—再分散”发展趋势，产业一体化推进中，城乡区域发展差距呈现先扩大后缩小的发展态势，城乡区域差距扩大是产业一体化发展的必经阶段，是产业一体化发展的“分娩期”。尹正、倪志伟（2017）以 2010～2016 年我国 31 个省区市 25 个行业的面板数据为样本，对产业分工的影响因素进行分析，实证结果表明，区域保护阻滞了产品在省际的自由流动，迟滞了地区专业化的进步，并使地区间产业结构趋同；对内经济一体化、对地区专业化的影响不显著，对外一体化能够积极推进地区专业化，并且呈显著的正效应。

三　研究述评

从上述文献综述可知，现有研究理论关于产业一体化的研究主要集中于两个方面，一是产业集群的视角，二是产业链的视角。产业集群视角主要集中在产业集群的形成与演化机制、协同效应以及绩效研究，其中绩效研究上主要关注于集群发展的实证、集群对区域创新的影响以及公共政策在集群中的作用。产业链视角主要集中在将产业链理论应用于某一个具体的地区，分析该地区产业一体化的现状并提出相应的政策建议；实证上关于产业一体化的研究主要集中在对具体地区的产业同构进行测度衡量，研究对象多为长三角地区、京津冀地区。而针对长江中游城市群的产业一体化研究明显不足，本书将在借鉴相关研究成果的基础上，运用多种指标对长江中游城市群近 15 年产业一体化程度进行动态测度与比较分析，以多维度揭示长江中游城市群产业一体化的现状特征及动态演变过程，进而探究长江中游城市群产业一体化的模式选择及实现策略。

第二节 长江中游城市群产业一体化测度

一 产业一体化的内涵

城市群一体化过程是各城市基于互惠互利基础，以经济社会利益的获取为目的，相互配合与支持的过程，其实质是生产要素在城市间的自由流动与再组合，从而形成整个城市群内要素的无阻碍流动和有效配置状态。各城市在生产要素的类别、数量、质量结构及主导优势方面存在着一定的差别，短缺要素和优势要素各不相同，一个城市吸纳其他城市的优势要素以及城市间进行要素重组，使要素的空间组合合理化与要素组合的质、量及效率向更高层次发展，城市实现潜在优势向现实优势转化，相对优势向绝对优势转化，进而获得利益，即各城市参与城市群一体化的动力来源。实质上，所有城市在竞争与合作中有效地吸纳外部要素，并把外部要素的吸纳与本城市要素的培育结合起来，能促进整个城市群层面要素结构的完善，推动产业空间分布合理化，使产业结构向高级化发展。在这个过程中，城市群经济的系统合力形成，整体效率也将超过各城市要素配置效率之和（李郇、殷江滨，2012）。因此，城市群产业一体化是城市群一体化的重要核心组成部分之一，是实现一体化的主要推力和有效手段，也是城市群一体化最根本的表现。

区域产业一体化是指地理位置以及经济发展方向比较接近的区域，以一个整体形式与区外进行竞争，区内生产要素和资源可以自由流动与优化组合，关联产业按照利润最大化的原则进行整合与重组，区内各产业企业分工与合作并存，表现为以价值链为链接进行的横向和纵向一体化（宋兰旗、李秋萍，2012）。区域间的产业一体化有利于实现规模经济。在市场经济基础上，企业的资产流向受到市场需求结构变化的影响以及价值规律的调节，从而自发地向边际产出最高的区位和产业流入。因此，以自身利益的最大化为目标，同一产业内不同企业之间通过产业一体化来提高产业集中度，进而实现产业规模效应。

二 产业一体化的测度方法

克鲁格曼指数、产业结构相似系数以及区位熵均是衡量产业分工的常用指标。其中，克鲁格曼指数直接反映区域产业的专业化分工程度，产业结构相似系数反映区域产业的同构程度，二者从正面和侧面共同测度了区域产业一体化，故将二者进行融合，构造产业一体化指数，以测度长江中游城市群的产业一体化水平。区位熵能具体测度某个细分行业的专业化水平，故在产业一体化指数的综合分析基础上，进一步运用区位熵分析长江中游城市群的专业化产业。

（一）产业一体化指数

1. 克鲁格曼指数

克鲁格曼指数又称专业化指数，分为地区相对专业化指数以及地区间专业化指数，前者测度的是某地区与其余地区平均水平的产业结构差异程度，表示地区专业化的总体水平，指数取值越大，表明该地区同其他地区的产业结构差异越大，地区专业化水平越高；后者则直接衡量两个地区间产业结构的差异程度与地区间行业分工水平，指数取值越大，表示两地区分工程度越高，由地区间分工而造成的产业结构的差异也愈大，指数取值越小，地区间行业分工水平越低，产业结构的差异程度越小（Krugman，1991），公式如下：

$$K_i = \sum_k | s_i^k - s_i^k | \tag{5.1}$$

$$K_{ij} = \sum_k | s_i^k - s_j^k | \tag{5.2}$$

$$s_i^k = E_i^k / \sum_k E_i^k \tag{5.3}$$

$$s_i^k = \sum_{j \neq i} E_i^k / \sum_k \sum_{j \neq i} E_i^k \tag{5.4}$$

K_i为地区相对专业化指数；K_{ij}为地区间专业化指数；s_i^k、s_i^k分别为地区 i、j 行业 k 的从业人数或产出占地区全部行业的从业总人数或总产出的比重；s_i^k 为除地区 i 以外的其他所有地区综合的行业 k 的从业人数或产出占全部行业从业总人数或总产出的比重；E_i^k 为地区 i 行业 k 的从业人数或产出。

2. 产业结构相似系数

相似系数是联合国工发组织（UNIDO）国际工业研究中心提出的产业同构程度度量方法，可以用于区域产业结构的两两比较，也可以全国的产业结构为标准，将各区域与全国的产业结构进行比较。

$$S_{ij} = \frac{\sum_{k=1}^{n} X_{jk} X_{ik}}{\sqrt{\sum_{k=1}^{n} X_{jk}^2 \sum_{k=1}^{n} X_{ik}^2}} (0 \leqslant S_{ij} \leqslant 1) \tag{5.5}$$

S_{ij}为 i、j 两地间产业结构相似系数，X_{jk}、X_{ik}分别为 k 产业在 j 地区、i 地区产业结构中所占比重；S_{ij}通常介于 0 和 1 之间，取值 1，说明两个区域的产业结构完全相同，取值 0，说明两个区域的产业结构完全不同。UNIDO 的研究结果表明，已实现工业化的国家，制造业产出具有多样性特征，工业结构相似程度较高，而未实现工业化的国家，产业结构在不断变动，从而彼此间结构相似程度较低。20 世纪 90 年代末期开始，相似系数定量分析方法被我国学者广泛运用于产业同构程度的测算（周国富、陈玲，2005）。相似系数本身只能对两地区间产业结构做静态比较，但通过比较该系数在一段时期内的变化趋势，能获得产业结构在时间上趋同或趋异的信息。从动态看，若相似系数趋于上升，则产业结构趋于相同，若相似系数趋于下降，则产业结构趋异。

3. 产业一体化指数合成

克鲁格曼指数是衡量产业一体化程度的正向指标，即克鲁格曼指数越大，产业专业化分工水平越高，产业一体化水平越高。而产业结构相似系数是测度产业一体化程度的逆向指标，指数越大表明产业同构程度越高，产业一体化水平越低，故需做指标正向化处理，公式如下：

$$\bar{S}_{ij} = \frac{\max(S_{ij}) - S_{ij}}{\max(S_{ij}) - \min(S_{ij})} \tag{5.6}$$

$\bar{S}_{ij}$ 为进行指标正向化后的产业结构相似系数，取值范围为［0，1］，

将 $\bar{S}_{ij}$ 与 K_{ij} 按照各 50% 的权重进行加总得到产业一体化指数。

（二）行业区位熵

区位熵是评价区域优势产业的基本测算方法，也是衡量不同区域各产业集聚水平的常用指标。通过计算某区域的区位熵，即可找出该区域在全国具有比较优势的专门化部门，反映某地区特定行业的专业化水平。区位熵本质体现了比较优势理论的内涵，反映各区域在各行业上参与区际贸易的竞争能力，在一段时期的区位熵比较中能够显示区域间贸易格局的变动趋势。需要说明的是，区位熵是相对指标，只反映区域专业化的相对水平，不能完全反映区域的实际专业化水平。

区位熵取值越大意味着该地区该行业的地方专业化水平越高，比较优势越明显，集聚能力越强。当取值大于 1，表明该地区该行业相对于全国平均水平具有比较优势，一定程度上显示该产业较强的集聚能力；当取值等于 1，表明该地区该行业处于均势，行业集聚能力并不明显；当取值小于 1，表明该地区该行业处于比较劣势，集聚能力弱。公式如下：

$$LQ_{ik} = \frac{E_i^k / \sum_k E_i^k}{E_n^k / \sum_k E_n^k} \tag{5.7}$$

LQ_{ik} 为 i 地区 k 行业的区位熵，E_i^k 为地区 i 行业 k 的从业人数或产出，E_n^k 为全国行业 k 的从业人数或产出。

三　对长江中游城市群产业一体化的实证测度

长江中游城市群产业一体化的实证分析采用“整体—重点—细分”的分析框架：“整体”即从三次产业层面分析长江中游城市群的整体产业一体化；“重点”即从工业行业层面分析长江中游城市群的工业产业一体化，“二三一”的产业结构决定了长江中游城市群产业一体化的重点在于工业；“细分”即从工业 25 个细分行业层面分析长江中游城市群产业一体化的具体专业化产业。

首先，运用产业一体化指数，从整体三次产业层面对长江中游城市群的产业一体化水平进行整体分析，宏观把握长江中游城市群及三大次城市群之间整体产业一体化的动态演变。测算数据为 1999 ~2013 年长江中游城市群三大次城市群的 GDP 和三次产业增加值。

其次，运用产业一体化指数，从工业行业层面，即 25 个工业细分行业，对长江中游城市群的产业一体化水平进行深入分析，在整体分析的基础上，进一步揭示长江中游城市群工业行业的一体化发展水平。测算数据为 1999 ~2013 年长江中游城市群三大次城市群 25 个工业细分行业①的工业销售产值,② 25 个细分行业包括采掘业的煤炭开采和洗选业、石油和天然气开采业、黑色金属矿采选业和有色金属矿采选业；制造业的农副食品加工业，食品制造业，饮料制造业，烟草制品业，纺织业，造纸及纸制品业，石油加工、炼焦及核燃料加工业，化学原料及化学制品制造业，医药制造业，化学纤维制造业，非金属矿物制品业，黑色金属冶炼及压延加工业，有色金属冶炼及压延加工业，金属制品业，通用设备制造业，专用设备制造业，交通运输设备制造业，电气机械及器材制造业，计算机、通信及其他电子设备制造业，仪器仪表及文化、办公用机械制造业；电力、热力、燃气及水生产和供应业。

最后，运用区位熵具体分析长江中游城市群 25 个工业细分行业的具体专业化产业，探究长江中游城市群产业一体化的优势产业及其动态演变。测算数据为 1999 ~2013 年长江中游城市群三大次城市群 25 个工业细分行业的工业销售产值。

基于数据的可获得性，难以收集到工业细分行业城市层面的完整数据，本书仅对省与省之间的产业一体化进行测度分析，武汉城市圈、环长株潭城市群及环鄱阳湖城市群的相关数据分别用湖北、湖南及江西省的数

---

① 国民经济行业分类在 2002 年和 2011 年进行了调整，统计口径的变化使本研究无法包含所有工业行业的两位数部门，因而仅选取了统计口径较一致的 25 个细分行业。其中，交通运输设备制造业在 2011 年以后被拆分，其工业销售产值用汽车制造业以及铁路、船舶、航空航天和其他运输设备制造业的工业销售产值总和表示。

② 《中国工业经济统计年鉴》自 2011 年后不再统计工业总产值，无法保证数据的完整性，故用工业销售产值代替。通过对比 1999 ~2011 年的工业总产值和工业销售产值后发现，二者数值差距极小，且计算出的产业一体化指数变动趋势完全一致，故用工业销售产值代替工业总产值有一定的现实依据。

据代替，时间跨度为 1999 ~ 2013 年，数据来源于历年《中国统计年鉴》和《中国工业统计年鉴》。

第三节　长江中游城市群产业一体化的演变特征分析

依据产业一体化指数和区位熵的测度结果，本节从整体产业一体化、工业产业一体化及具体专业化产业三方面综合揭示长江中游城市群产业一体化的动态演变。

一　长江中游城市群整体产业一体化的动态演变

整体而言，从三次产业层面分析，长江中游城市群整体产业一体化水平较低，且在 1999 ~ 2013 年有所下降。如图 5 – 1 所示，长江中游城市群整体产业一体化指数呈现波动下降的变化趋势，从 1999 年的 0. 229 上升至 2000 年的 0. 358，之后稳步下降至 2005 年的 0. 136，虽在 2010 年回升至 0. 142，下降趋势仍未转变，2013 年降至最低点 0. 093。结合长江中游城市群产业结构发展的条件与背景分析，较低的产业一体化水平源于高度相似的自然禀赋和市场需求。一方面，自然资源、人文历史背景、要素禀赋与经济发展的初始条件等资源禀赋的雷同导致了长江中游城市群内部具有相似的农产品结构，进而引起各城市群的轻工业及其他产品基本类似，且能源分布导致的传统原材料加工业也相似，由此导致三大次城市群的三次产业结构存在较高的同质性，产业一体化水平也较低；另一方面，长江中游城市群的产业需求和生活消费需求基本相同，为了满足市场需求，各地区纷纷设立满足这些需求的企业，造成了在农林牧渔业、机械设备制造业、钢铁工业、化工工业等产品结构上的趋同，也在一定程度上造成了较低的产业一体化。

就三大次城市群而言，三大次城市群之间的产业一体化水平变动较大，但整体变动趋势显示，环鄱阳湖城市群—武汉城市圈的三次产业一体化水平最高，环长株潭城市群—环鄱阳湖城市群次之，武汉城市圈—环长株潭城市群最低。1999 ~ 2013 年，武汉城市圈—环长株潭城市群、环长株潭城市群—环鄱阳湖城市群、环鄱阳湖城市群—武汉城市圈的整体产业一体化指数均值分别为0.145、0.168、0.241。其中，武汉城市圈—环长株潭城市群的三次产业一体化水平最低，且逐年下降，从1999年的0.329逐步下降至2005年的0.06，之后长期稳定在较低水平（小于0.100）；环长株潭城市群—环鄱阳湖城市群的三次产业一体化水平的整体水平则稳步上升，从1999年的0.004稳步上升至2007年的0.309，之后基本稳定在0.150～0.300区间，2013年环长株潭城市群—环鄱阳湖城市群的整体产业一体化水平最高；环鄱阳湖城市群—武汉城市圈的三次产业一体化水平波动最大，呈现“M”形变动，最高值为2000年的0.647，最低值为2012年的0.055，近五年来基本维持在0.050～0.150区间。究其根源，区域产业同构程度与地区间经济发展水平的接近程度成一定正比关系（陈建军，2004），以产业同构程度为判断依据之一的产业一体化水平与经济发展水平的接近程度则成一定的反比关系。经济发展水平越接近，产业结构相似程度就越大，产业一体化水平就越低。处在近似发展水平和发展阶段的不同区域必然有着相似的供需结构，进而形成近似的生产函数和需求偏好。武汉城市圈—环长株潭城市群的经济发展水平与阶段相似，产业结构相似程度较高，产业一体化水平较低；环长株潭城市群—环鄱阳湖城市群同处生态湖泊区域的地理区位条件也在一定程度上造成了二者较高的产业同构程度，产业一体化水平也较低；而环鄱阳湖城市群—武汉城市圈相对较高的产业一体化水平主要源于二者相对而言经济发展水平差距较大。

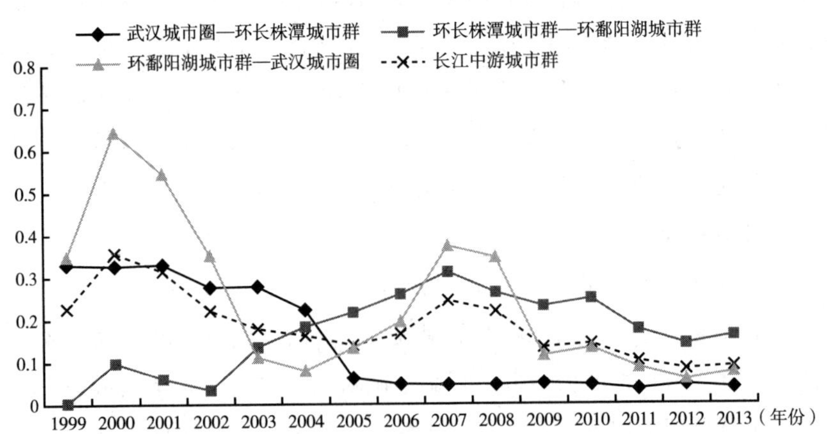

图5-1　1999～2013年长江中游城市群三大次城市群的整体产业一体化指数

综上，1999～2013年，长江中游城市群整体产业一体化水平较低，且有所下降，呈现三次产业同构程度较高、产业互补性有待增强的特征，主要源于高度相似的区域资源禀赋和市场需求。就三大次城市群而言，环鄱阳湖城市群—武汉城市圈的整体产业一体化水平最高，环长株潭城市群—环鄱阳湖城市群次之，武汉城市圈—环长株潭城市群最低，是城市群之间的经济发展水平差异、产业同构程度及地理区位条件等因素综合作用的结果。

二　长江中游城市群工业产业一体化的动态演变

在工业化初期时，仅有农业部门，地区产业专业化程度最高；随着工业化进程加快，工业部门种类逐渐增多，对更多的劳动力产生吸引，产业结构趋于多样化，专业化程度降低。进入工业化后期，服务业的高速发展会吸引经济体中的大部分劳动力的流入，促使地区产业结构重新专业化于服务业，地区专业化程度较高（钱纳里、鲁宾逊等，1995）。近年来，我国东部地区逐步步入工业化后期阶段，而中西部地区大多处于工业高速增长的工业化中期阶段（黄群慧，2014），工业仍是推动长江中游城市群经济增长、优化产业结构、促进产业一体化发展的重要驱动，因而工业产业一体化是长江中游城市群产业一体化的重点所在。

整体而言，长江中游城市群工业产业一体化水平在1999～2013年有所上升，但仍处于较低水平。如图5－2所示，1999～2013年，长江中游城市群工业产业一体化水平波动上升，从1999年的0.310上升至2008年的0.563，再上升至2011年的最高值0.572，至2013年下降至0.477，整体处于0.200～0.600范围内波动，工业产业一体化水平虽改进明显，但仍有待进一步提高。结合国家加工制造业大规模发展产生共同需求的背景分析可知，国家对中部地区的能源、钢铁、重工、原材料、交通等基础产业的重视和投入，使长江中游城市群各地区利用国家政策优惠，竞相发展上述产业，在一定程度上导致了制造业或工业行业的产业重构。20世纪以来，作为承接东部沿海地区产业转移的核心区域，长江中游城市群在承接加工制造业上具有的基础条件和配套设备也存在相似性，因此承接的产业和技术相似；同时各种机械设备制造业和金属制品制造业等加工制造业需要大量的钢铁产品，各地区产生了大力发展黑色金属冶炼及压延加工业的需求，形成产品趋同的局面；长江中游城市群石油加工业、化学原料及化学制品制造业及其产品作为众多加工制造业的原材料，同样也具有比较严重的趋同现象。因此，长江中游城市群存在一定程度上的制造业产业同构现象，造成以制造业分工为主体的工业产业一体化处于较低水平，专业化分工有待加强。

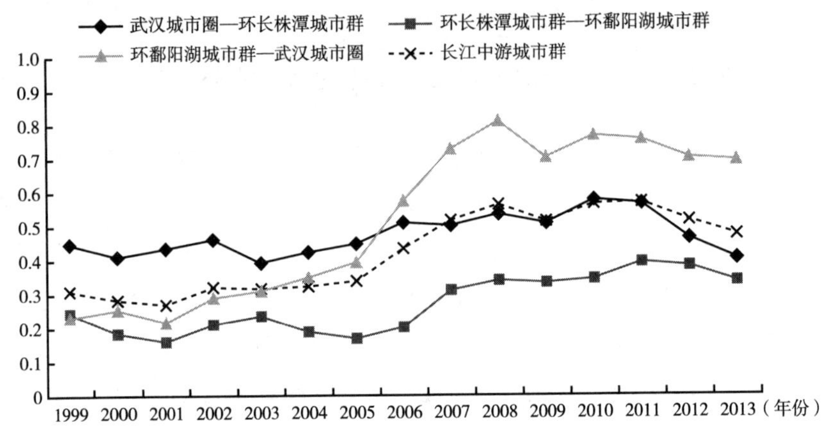

图 5-2　1999～2013 年长江中游城市群三大次城市群的工业产业一体化指数

就三大次城市群而言，整体变动趋势显示，环鄱阳湖城市群—武汉城市圈的工业产业一体化水平最高，武汉城市圈—环长株潭城市群次之，环长株潭城市群—环鄱阳湖城市群最低。1999～2013 年，武汉城市圈—环长株潭城市群、环长株潭城市群—环鄱阳湖城市群、环鄱阳湖城市群—武汉城市圈的整体产业一体化指数均值分别为 0.472、0.269、0.519。其中，武汉城市圈—环长株潭城市群的工业产业一体化指数基本围绕 0.500 上下波动，变动不大；环长株潭城市群—环鄱阳湖城市群的工业产业一体化指数保持小幅增长的变化趋势，从 1999 年的 0.248 波动增长至 2008 年的 0.343，之后基本稳定在 0.300～0.400 区间；环鄱阳湖城市群—武汉城市圈的工业产业一体化指数波动最大，2005 年以前基本保持在 0.400 以下，之后增幅明显，2008 年的最高值达到 0.810，近年来也基本保持在 0.700 以上，工业产业一体化水平最高。结合产业一体化指数的测度方法分析可知，区域间较高的产业一体化水平意味着较高的专业分工水平，有可能表明二者实现了互补性的产业分工，即“我有你无、我无你有”的产业分工格局，但也有可能是其中某一地区聚集了所有产业，而另一地区一无所有（范剑勇，2004）。前文分析显示，武汉城市圈—环长株潭城市群相对较低的工业产业一体化水平与二者相近的经济发展水平与阶段有一定联系；环长株潭城市群—环鄱阳湖城市群相对较低的工业产业一体化水平主要源于二者同处湖区的相似地理区位，使围绕湖区资源延伸展开的部分产业相似性较高，在一定程度上降低了二者的工业产业一体化水平；然而环鄱阳湖城市群—武汉城市圈相对较高的工业产业一体化水平究竟是源于二者形成了互补性的产业分工，还是由于同类产业过度集中所引起的，有待下文的深入探究。

综上，1999～2013年，长江中游城市群工业产业一体化水平虽有所提升，但仍处于较低水平，呈现工业产业一体化加强、专业化分工仍有待提升的特征，是由国家制造业大规模发展与产业转移大背景共同决定的。就三大次城市群而言，环鄱阳湖城市群—武汉城市圈的工业产业一体化水平最高，武汉城市圈—环长株潭城市群次之，环长株潭城市群—环鄱阳湖城市群最低，三大次城市群之间的工业产业一体化是否形成了互补性的工业产业结构有待下文对工业25个细分行业的具体分析。

三　长江中游城市群专业化产业的动态演变

（一）专业化产业的识别

区位熵能识别出长江中游城市群在全国具有比较优势的专门化部门，反映特定行业的专业化水平，区位熵大于1的产业即为专业化产业（优势产业）。2013年长江中游城市群25个工业细分行业的区位熵如表5－1所示。

表5－1　2013年长江中游城市群25个工业细分行业的区位熵

工业行业	长江中游城市群	武汉城市圈	环长株潭城市群	环鄱阳湖城市群
有色金属冶炼及压延加工业	1.967	0.600	1.925	4.235
烟草制品业	1.763	1.518	2.789	0.762
有色金属矿采选业	1.620	0.357	2.428	2.564

续表

工业行业	长江中游城市群	武汉城市圈	环长株潭城市群	环鄱阳湖城市群
饮料制造业	1.474	2.205	1.162	0.718
非金属矿物制品业	1.422	1.261	1.416	1.690
农副食品加工业	1.379	1.713	1.259	1.000
专用设备制造业	1.268	0.709	2.505	0.488
医药制造业	1.239	1.072	1.037	1.786
食品制造业	1.204	1.221	1.366	0.954
交通运输设备制造业	1.184	1.913	0.720	0.637
化学原料及化学制品制造业	1.105	1.135	1.114	1.044
造纸及纸制品业	1.080	0.918	1.429	0.866
纺织业	0.963	1.396	0.499	0.894
黑色金属矿采选业	0.921	1.180	0.638	0.889
黑色金属冶炼及压延加工业	0.864	1.110	0.697	0.694
电气机械及器材制造业	0.839	0.680	0.644	1.361
金属制品业	0.823	0.948	0.793	0.660
电力、热力、燃气及水生产和供应业	0.749	0.714	0.778	0.764
通用设备制造业	0.735	0.690	0.937	0.533
仪器仪表及文化、办公用机械制造业	0.607	0.407	0.927	0.493
石油加工、炼焦及核燃料加工业	0.597	0.554	0.662	0.576
计算机、通信及其他电子设备制造业	0.516	0.479	0.601	0.462
煤炭开采和洗选业	0.436	0.103	0.941	0.287
化学纤维制造业	0.250	0.286	0.116	0.375
石油和天然气开采业	0.078	0.192	0.000	0.000

注：按照长江中游城市群的区位熵大小进行排序。

依据长江中游城市群及三大次城市群的区位熵，表5－1中的25个工业细分行业可大致分类四类：一类是长江中游城市群已形成专业化分工的产业，且三大次城市群形成了互补性的产业结构，即长江中游城市群的区位熵大于1，但三大次城市群的区位熵至少有一个小于1，且差距较大，表明三大次城市群形成差异化的产业分工，并且能带动长江中游城市群形成专业化产业；二类是长江中游城市群已形成专业化分工的产业，但三大次城市群之间存在一定的产业同构，即长江中游城市群以及三大次城市群的区位熵均大于1，且差距较小，表明该产业虽在全国范围内具备竞争优势，但是三大次城市群之间可能存在一定的同质竞争；三类是长江中游城市群尚未形成专业化分工但具备一定比较优势和发展潜力的产业，即长江中游城市群的区位熵小于1，但三大次城市群至少有一个城市群的区位熵大于1；四类是长江中游城市群尚未形成专业化分工且完全不具备比较优势的产业，即长江中游城市群及三大次城市群的区位熵均小于1。一类、二类是专业化产业，三类是虽未形成专业化分工但具备一定比较优势的产业，故将前三类视为长江中游城市群具备一定比较优势的产业。

长江中游城市群已形成差异化产业分工的专业化产业包括：有色金属冶炼及压延加工业（1.967）、烟草制品业（1.763）、有色金属矿采选业（1.620）、饮料制造业（1.474）、专用设备制造业（1.268）、食品制造业（1.204）、交通运输设备制造业（1.184）和造纸及纸制品业（1.080）共8个产业，此类产业三大次城市群的区位熵差异较大。其中，武汉城市圈的专业化产业为烟草制品业、饮料制造业、食品制造业和交通运输设备制造业，交通运输设备制造业（1.913）的比较优势突出；环长株潭城市群的专业化产业为有色金属冶炼及压延加工业、烟草制品业、有色金属矿采选业、饮料制造业、专用设备制造业、食品制造业和造纸及纸制品业，烟草制造业（2.789）、专用设备制造业（2.505）和造纸及纸制品业（1.429）的比较优势突出；环鄱阳湖城市群的主要专业化产业为有色金属冶炼及压延加工业（4.235）和有色金属矿采选业（2.564），虽专业化产业数量较少，但均拥有突出的比较优势。

长江中游城市群存在一定程度同质竞争的专业化产业包括：非金属矿物制品业（1.422）、农副食品加工业（1.379）、医药制造业（1.239）和化学原料及化学制品制造业（1.105）共4个产业，此类产业三大次城市群的区位熵差异较小。结合2013年主要工业产品产量占全国的比重分析得出，① 非金属矿物制品业的同质竞争主要体现在水泥、平板玻璃等产品上，三大次城市群水泥产量占全国的比重分别为4.56%、4.71%、3.76%，均属于各城市群的主要工业产品之一，且在全国所占比重相当；农副食品加工业的同质竞争主要体现在精制食用植物油、制糖等产品上，三大次城市群精制食用植物油产量占全国的比重分别为10.80%、

① 数据来源于《2014中国工业统计年鉴》中“各地区主要工业产品产量”。

4.55%、3.53%；医药制造业的同质竞争主要体现在中成药、化学药品原料药等产品上，三大次城市群中成药产量占全国的比重分别为11.06%、4.16%、4.59%；化学原料及化学制品制造业的同质竞争主要体现在硫酸、盐酸等产品上，三大次城市群盐酸产量占全国的比重分别为7.06%、7.07%、2.71%。

长江中游城市群尚未形成专业化分工但具备一定比较优势和发展潜力的产业包括：纺织业（0.963）、黑色金属矿采选业（0.921）、黑色金属冶炼及压延加工业（0.864）和电气机械及器材制造业（0.839）共4个产业。其中，武汉城市圈在纺织业（1.396）、黑色金属矿采选业（1.180）和黑色金属冶炼及压延加工业（1.110）上具有比较优势，环鄱阳湖城市群在电气机械及器材制造业（1.361）上具有比较优势。

长江中游城市群尚未形成专业化分工且完全不具备比较优势的产业包括：金属制品业（0.823），电力、热力、燃气及水生产和供应业（0.749），通用设备制造业（0.735），仪器仪表及文化、办公用机械制造业（0.607），石油加工、炼焦及核燃料加工业（0.597），计算机、通信及其他电子设备制造业（0.516），煤炭开采和洗选业（0.436），化学纤维制造业（0.250）及石油和天然气开采业（0.078）共9个产业。其中，仪器仪表及文化、办公用机械制造业和计算机、通信及其他电子设备制造业为典型的高技术产业，均缺乏专业化优势。

结合OECD制造业技术划分标准以及高能耗产业划分标准分析可知，长江中游城市群的专业化产业多为烟草制品业、饮料制造业、农副食品加工业、食品制造业、造纸及纸制品业等低技术产业，以及有色金属冶炼及压延加工业、非金属矿物制品业、化学原料及化学制品制造业等高耗能产业，而高技术产业中仪器仪表及文化、办公用机械制造业和计算机、通信及其他电子设备制造业等完全不具备专业化优势，医药制造业虽具备专业化优势，但存在一定程度的同质竞争，差异化分工明显不足，表明长江中游城市群虽在多数工业行业中具备比较优势，实现了专业化分工，但整体工业行业的技术含量低、附加值低、能耗高，呈现工业产业结构层次低、高技术产业缺乏专业化优势的特征。

综上，长江中游城市群的专业化产业多为低技术产业或高耗能产业，虽在多数工业行业具备比较优势，实现了专业化分工，但整体仍呈现产业结构层次低、高技术产业缺乏专业化优势的特征。就具体专业化产业而言，在25个工业细分行业中，长江中游城市群共有16个产业具备专业化优势或专业化发展潜力，有色金属冶炼及压延加工业、烟草制品业、有色金属矿采选业、饮料制造业、专用设备制造业、食品制造业、交通运输设备制造业和造纸及纸制品业已实现差异化产业分工；非金属矿物制品业、农副食品加工业、医药制造业和化学原料及化学制品制造业具备专业化优势，但存在一定程度的同质竞争；纺织业、黑色金属矿采选业、黑色金属冶炼及压延加工业和电气机械及器材制造业具备成为专业化产业的发展潜力；金属制品业，仪器仪表及文化、办公用机械制造业和计算机、通信及其他电子设备制造业等9个产业不具备比较优势。就三大次城市群而言，武汉城市圈的交通运输设备制造业，环长株潭城市群的烟草制造业、专用设备制造业、造纸及纸制品业，环鄱阳湖城市群的有色金属冶炼及压延加工业、有色金属矿采选业具备突出的比较优势。

（二）专业化产业的演变

为进一步分析1999~2013年长江中游城市群上述主要专业化产业的动态演变，笔者借鉴李学鑫（2007）的研究方法，对区位熵的变化值进行分析，L_0为基期区位熵，即1999年的区位熵，L_t为末期区位熵，即2013年的区位熵，$\triangle L$为区位熵变化值，依据区位熵的变化可将长江中游城市群的专业化产业分为四类：$\triangle L>0$、$L_0<1$、$L_t>1$，表明比较劣势转化为比较优势，即比较优势形成的产业；$\triangle L>0$且$L_0>1$为比较优势增强的产业；$\triangle L<0$且$L_t>1$为比较优势减弱的产业；$\triangle L<0$、$L_0>1$、$L_t<1$，表示比较优势丧失的产业，结果见表5-2。

长江中游城市群比较优势形成的产业包括：食品制造业、饮料制造业、造纸及纸制品业和专用设备制造业共4个产业。其中，食品制造业的比较优势源于武汉城市圈和环长株潭城市群比较优势的形成；饮料制造业的比较优势源于环长株潭城市群比较优势的形成和武汉城市圈比较优势的增强；造纸及纸制品业的比较优势源于环长株潭城市群比较优势的增强；专用设备制造业的比较优势源于环长株潭城市群比较优势的形成。

表 5－2　1999～2013 年长江中游城市群专业化产业的变动情况

城市群	比较优势形成	比较优势增强	比较优势减弱	比较优势丧失
长江中游城市群	食品制造业、饮料制造业、造纸及纸制品业、专用设备制造业	农副食品加工业、化学原料及化学制品制造业、医药制造业、非金属矿物制品业、有色金属冶炼及压延加工业	有色金属矿采选业、烟草制品业、交通运输设备制造业	黑色金属矿采选业，石油加工、炼焦及核燃料加工业，黑色金属冶炼及压延加工业、
武汉城市圈	食品制造业	农副食品加工业、饮料制造业、纺织业、化学原料及化学制品制造业、非金属矿物制品业	黑色金属矿采选业、烟草制品业、医药制造业、黑色金属冶炼及压延加工业、交通运输设备制造业	金属制品业、专用设备制造业
环长株潭城市群	食品制造业、饮料制造业、医药制造业、专用设备制造业	农副食品加工业、造纸及纸制品业	有色金属矿采选业、烟草制品业、化学原料及化学制品制造业、非金属矿物制品业、有色金属冶炼及压延加工业	煤炭开采和洗选业，黑色金属矿采选业，石油加工、炼焦及核燃料加工业，黑色金属冶炼及压延加工业
环鄱阳湖城市群	化学原料及化学制品制造业、电气机械及器材制造业	有色金属矿采选业、医药制造业、非金属矿物制品业、有色金属冶炼及压延加工业	食品加工业	煤炭开采和洗选业，烟草制品业，石油加工、炼焦及核燃料加工业，黑色金属冶炼及压延加工业，交通运输设备制造业，电力、热力、燃气及水生产和供应业

长江中游城市群比较优势增强的产业包括：农副食品加工业、化学原料及化学制品制造业、医药制造业、非金属矿物制品业和有色金属冶炼及压延加工业共 5 个产业。其中，农副食品加工业的比较优势源于武汉城市圈和环长株潭城市群比较优势的增强；化学原料及化学制品制造业的比较优势源于武汉城市圈比较优势的增强和环鄱阳湖城市群比较优势的形成；医药制造业的比较优势源于环长株潭城市群比较优势的形成与环鄱阳湖城市群比较优势的增强；非金属矿物制品业的比较优势源于武汉城市圈和环鄱阳湖城市群比较优势的增强；有色金属冶炼及压延加工业的比较优势源于环鄱阳湖城市群比较优势的增强。

长江中游城市群比较优势减弱的产业包括：有色金属矿采选业、烟草制品业和交通运输设备制造业共 3 个产业。其中，有色金属矿采选业比较优势的减弱源于环长株潭城市群比较优势的减弱；烟草制品业比较优势的减弱源于武汉城市圈和环长株潭城市群比较优势的减弱，以及环鄱阳湖城市群比较优势的丧失；交通运输设备制造业比较优势的减弱源于武汉城市圈比较优势的减弱和环鄱阳湖城市群比较优势的丧失。

长江中游城市群比较优势丧失的产业包括：黑色金属矿采选业，石油加工、炼焦及核燃料加工业和黑色金属冶炼及压延加工业共 3 个产业。其中，黑色金属矿采选业比较优势的丧失源于武汉城市圈比较优势的减弱与环长株潭城市群比较优势的丧失；石油加工、炼焦及核燃料加工业比较优势的丧失源于环长株潭城市群和环鄱阳湖城市群比较优势的丧失；黑色金属冶炼及压延加工业比较优势的丧失源于武汉城市圈比较优势的减弱以及环长株潭城市群和环鄱阳湖城市群比较优势的丧失。

整体而言，长江中游城市群的专业化产业变动主要呈现能源密集型产业衰退、轻纺制造业优势形成的特征，即有色金属矿采选业，黑色金属矿采选业，石油加工、炼焦及核燃料加工业，黑色金属冶炼及压延加工业等行业比较优势的减弱或丧失，食品制造业、饮料制造业、造纸及纸制品业、农副食品加工业、纺织业等轻纺制造业的优势形成或增强，这与我国工业经济发展的大环境紧密相连。进入 21 世纪以来，我国资本密集型的重化工业领域出现了一定程度的重复建设和产能过剩，政府为缓解次贷危机的冲击而释放的“四万亿投资”给钢铁、有色金属、建材等行业带来了巨大的市场需求，刺激了此类高耗能、高排放行业的盲目投资，更进一步地加剧了能源密集型产业的产能过剩危机（韩国高等，2011），对传统“三高一低”能源密集型产业发展造成极大冲击，长江中游城市群亦不例外。一方面，长江中游城市群能源密集型产业的衰退符合我国经济新常态下产业结构转型升级和经济增长动力新旧转换的大背景，契合武汉城市圈和长株潭城市群“两型社会”建设综合配套改革试验区的发展定位，与环长株潭城市群和环鄱阳湖城市群生态湖泊的地理区位相适应，也表明长江中游城市群产业结构调整有成效，正逐步摒弃“三高一低”产业，积极发展能充分利用区域自然资源和相对廉价劳动力，并能保障就业、拉动消费、改善民生的轻纺制造业，在一定程度上弥补了传统能源密集型产业优势丧失导致的经济增长动力不足，另一方面，也凸显了能源密集型产业调整的重要性和紧迫性，作为长江中游城市群传统的优势产业，能源密集型产业比较优势的减弱或丧失并非产业结构优化升级的最佳路径，从技术升级改造、产业内结构调整、资源循环利用、产业低碳化发展等方面采取措施使其从“三高一低”转向低能耗、低污染、低排放和高附加值的“三低一高”才是充分利用比较优势、挖掘产业发展潜力的最佳途径。

值得注意的是，计算机、通信及其他电子设备制造业，仪器仪表及文化、办公用机械制造业，化学纤维制造业，通用设备制造业等产业由于三大次城市群在近15年来均不具备比较优势，故不属于表5－2中的任何一类。其中，计算机、通信及其他电子设备制造业和仪器仪表及文化、办公用机械制造业为典型的高技术产业，明显缺乏专业化优势，而高技术产业中的医药制造业虽具有专业化优势，但一定程度的同质竞争阻碍了其比较优势的提升，印证了长江中游城市群工业产业结构层次低、高技术产业专业化优势缺乏的结论，更进一步表明长江中游城市群工业产业结构调整虽有成效，但新专业化产业多为技术含量较低的轻纺制造业（低技术产业），陷入了专业化产业高技术支撑不足的困境。

综上，长江中游城市群专业化产业的变动整体呈现能源密集型产业衰退、轻纺制造业优势形成的特征，工业产业结构调整虽有成效，但陷入了专业化产业高技术支撑不足的困境。就具体专业化产业而言，比较优势形成的产业包括食品制造业、饮料制造业、造纸及纸制品业、专用设备制造业；比较优势增强的产业包括农副食品加工业、化学原料及化学制品制造业、医药制造业、非金属矿物制品业、有色金属冶炼及压延加工业；比较优势减弱的产业包括有色金属矿采选业、烟草制品业、交通运输设备制造业；比较优势丧失的产业包括黑色金属矿采选业，石油加工、炼焦及核燃料加工业，黑色金属冶炼及压延加工业。可见，比较优势减弱或丧失的产业多为黑色金属、有色金属、石油等能源密集型产业，而比较优势形成或增强的产业多为食品、饮料、造纸、纺织等轻纺制造业（低技术产业），工业结构调整有成效，但高技术产业支撑乏力。就三大次城市群而言，武汉城市圈应大力发展比较优势增强但尚未发展成为长江中游城市群专业化产业的纺织业，同时重新挖掘医药制造业、专用设备制造业、金属制品业等产业的比较优势；环长株潭城市群应进一步提升医药制造业、专用设备制造业的产业规模，持续强化其辐射带动效应，并重视化学原料及化学制品制造业、非金属矿物制品业等传统产业的转型发展；环鄱阳湖城市群应大力发展电气机械及器材制造业，使其发展成为带动长江中游城市群的专业化产业，并兼顾发展交通运输设备制造业、食品加工业等产业。

第四节　长江中游城市群产业一体化模式选择

一　城市群产业一体化模式选择的理论思路

区域分工是指区域在区域比较优势的基础上进行区域专门化生产，并通过区际交换实现专业化部门生产的产品价值，满足对本区域不能生产或生产不利的产品的需求，从而扩大区域生产能力，增加区域利益（张敦富，1991）。本质即为比较优势理论，依据比较优势原则实现专业化生产，增强区域经济合作，促进生产要素的合理流动，通过产业集聚，形成集群化，壮大区域经济实力，形成分工合理、结构优化的产业格局。

由此可见，区域产业一体化的根本在于跨区域产业集群的实现。区域产业增长状况在很大程度上取决于区域相关产业集群的发展状况。而产业集群不是指简单的扎堆，而是在生产链上的有机结合。在城市群经济发展中，产业发展作用的机理为：城市群通过优势产业的发展辐射和影响周边地区的发展，并不断增强优势产业集群，提高城市群竞争力，巩固其在全球经济体系中的核心地位。因此集群化的一体化模式指以核心城市为支点，以一个或几个核心企业为主导，通过专业分工与合作，引导和带动上下游企业在城市群不同区域的布局与生产，形成高能的产业链条，从而达到产业集聚效应与规模效应。这些产业发展行为的根源则是产业结构差异与同构基础上形成的区域产业分工。结构趋同与区域产业专业化分工紧密关联，产业结构趋同包括合意性趋同和非合意性趋同，背离专业化分工属于非合意性，符合的则属于合意性（陈耀，1998）。基于区域分工与合作原则，区域间形成各具优势的分工格局和良好的合作机制，从而优化产业结构，使产业同构由非合意性到合意性发展（见图 5 - 3）。

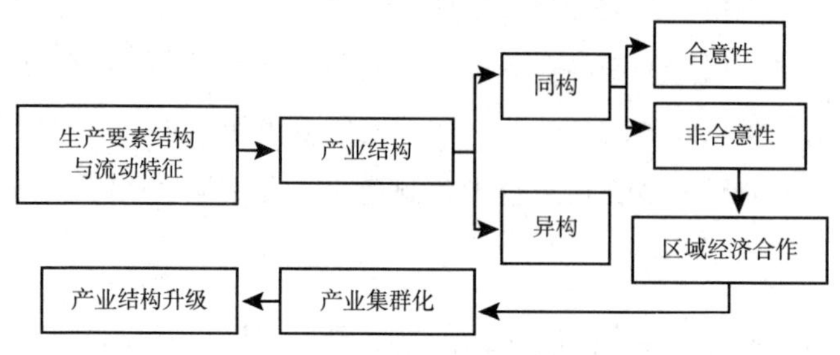

图 5 - 3　产业结构优化路径分析

资料来源：刘富朝等（2010）。

从全球五大城市群来看，每个城市群都有独特的集群产业。英国以伦敦为核心的城市群，拥有的集群产业是金融业，集聚了 500 多家外国银行、180 多个外国证券交易中心，是英国经济的火车头和世界金融服务业的重要神经中枢；欧洲西北部城市群有非常集中的港口城市，安特卫普是比利时的最大港口和重要工业城市，既是优良的内陆运输港，也是重要的海上转运站，有呈辐射状的影响面。另外还有阿姆斯特丹、鹿特丹等大港口，在便利的港口交通及资源优势基础上，培育了基于用水与运输的相关工业；日本太平洋沿岸城市群是日本第三大工业区，制造业产值占日本全国的 13%，其中钢铁、纺织业、机械制造业、电器产量在日本全国范围产量领先，而且相关汽车零部件、化学制品、造纸、造船业发达；美国东北部大西洋沿岸城市群，重化工业发达，是美国东海岸主要炼油中心和钢铁、造船基地，在此基础上发展了相关工业部门如化学、电机、机械、铁路、汽车等；北美五大湖城市群钢铁产业发达，在钢铁工业的基础上，建立了重型机器制造、化学、原子能、电气器材、金属加工和运输机械等工业。

长江中游城市群产业一体化尚处在以政府为主导的发展模式，政府通过行政的、经济的和法律的手段，实现资源要素的空间配置，组织和协调区域产业布局，更快地推动区域的产业一体化。先确立区划、管理模式，然后着力推进地区间和产业间的分工合作，通过政府的推动作用，使城市之间的分工逐渐明确，形成集聚优势。政府作用在基础设施、空间扩散、产业结构调整等方面有着重要作用，通过改进和创造条件，促使区域产业的一体化。

长江中游城市群涉及三个行政区，行政区划界限是省、市、县产业一体化的刚性约束，各地方政府为追求辖区内的经济利益最大化存在地方保护主义，阻碍统一的长江中游城市群区域产业发展政策的形成，从而制约政策推动下的一体化发展。因此，本书从市场的微观视角对长江中游城市群产业一体化的模式选择进行分析，基于跨区域产业集群一体化的视角，对长江中游城市群如何整合城市群内产业资源，选择产业一体化模式进行分析，对政府主导驱动机制进行补充。通过构建区域产业合作发展纽带，形成区域内合理分工的产业发展格局，发挥各自的比较优势，实现差异化发展，创新长江中游城市群区域产业合作模式。

二　跨区域产业集群一体化的一般模式

跨区域产业集群一体化有多种形式，一般有四种模式：产业链纵向型、技术市场协同型、蛛网辐射型和异构互补型。

（一）产业链纵向型

集群间企业存在着一种“供应商—用户”的纵向配套关系，由此联结形成供应链。供应链各环节上的产业集群明确专业分工，企业群之间存在上下游供需关系，在此模式中，集群间维系生存与发展的动力则是供应链。而产业链纵向型一体化模式的基础则是产业技术的可分性，专业分工越细，产业链条越长，跨区域产业集群一体化的机会则越大。反过来，此模式也反作用于区域间同质产业间的社会分工，进一步深化产业内分工，更加凸显专业生产要素优势。这种相互作用促进集群间跨区域一体化向更深层次发展，使联结网络更为复杂。

该模式主要适用于劳动力、土地等传统资源密集型产业，对专业分工的依赖性强，特别适用于以终端产品生产的产业。如纺织业，既有最终产品服装，也有与纺织相关的电子、机械产品，电子数码织机、后缝整理机等机械的制造生产，以及支持性服务如服装设计等，能形成既错位又相互连接的产业链合作，将分散的环节在城市群内依托各地区比较优势合理布局，并形成强有力的关联。其运作机理主要以协调型非行政组织为主导，注重市场导向和需求拉动功能的发挥。而政府的作用主要体现在对公共资源的统一调配和规划开发上，特别是跨境公共基础设施的建设。

（二）技术市场协同型

集群间企业不存在上下游纵向供应链关系，但面对共用资源、共性技术以及相同市场，集群间企业以技术和市场为核心的共同要素资源相互联结，且企业间存在广泛认可的规则。技术市场协同型一体化模式的基础在于资源共享的可行性，要素、技术、市场等资源的共享性越大，跨区域产业集群一体化的可能性则越大。同样，这一模式也有利于产业集群间的技术与管理模式的创新，技术与模式之间的相互作用推动一体化的深化。

该模式适合于技术密集型产业的发展，如模具产业、电子信息、文化产业等共性技术突出的产业。其运作机理突出发挥中介组织（行业协会）的作用，主要通过研发平台和服务中心在技术层面上的创新开发，提高人力资本利用率，进而提升集群竞争力。

（三）蛛网辐射型

大企业作为核心，吸引和扩展周边配套企业，形成关联拓展的蛛网式结构关系（见图5－4）。主导产业专注于研发核心技术、制造关键环节与开拓下游市场，对相关制造业环节进行剥离，转移到周边企业，使其为自身进行配套生产服务，从而形成了主导企业与其他企业之间的紧密业务往来。其本质为梯度推进理论，该模式的运作机理主要在于主导企业的辐射

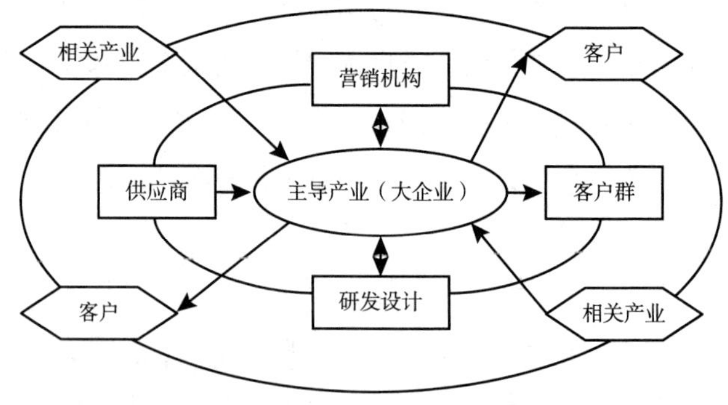

图5－4 蛛网辐射型一体化模式

资料来源：郑勇军、汤筱晓（2006）。

带动作用的发挥，同时对相关的中间配套体系也有相应需求，而政府的政策关注于扶持和促进主导产业或大企业的发展上。

该合作模式主要适合于产品较为复杂、系统集成性较强的产业，如计算机系统、汽车、机械装备等。

（四）异构互补型

产品结构存在差异，通过异构互补和产业梯度转移，深化区域间产业发展差异，促使集群间企业优势互补、利益共赢。企业间优势互补的内在动力在于合作网络的产生，在形式上既有正式的经济合同、战略联盟、投入产出联系，也有非正式的交流、沟通、接触对话等，企业间存在合作竞争的关系。该模式的基础前提在于合理的专业化分工体系，能够实现产品的横向分工互补，获得整体大于各部分之和的协同效益。异构互补型的跨区域一体化的运作机理主要在于跨区域一体化的政策和措施的实施，合理布局产业集群，形成具有综合性竞争优势和弹性制造优势的产业集群，提高大区域的产业整体竞争优势。这种合作模式包括共建产业园的空间合作和跨空间的网络虚拟合作等。

三　长江中游城市群产业一体化模式的选择

结合长江中游城市群的产业一体化发展现状特征与演变趋势，针对不同产业要采取相应一体化模式。但需要注意的是，这四种一般模式的划分与选择不一定是边界明确、相互对立的一体化模式，必须依据各产业的特点以及长江中游城市群的产业集群的现状，做出科学的选择。且多个产业集群之间的地区间一体化并不是单纯的某一种合作关系，相互之间往往会存在多种复杂的联结方式，关键在于哪种模式更具可行性、实效性。

具体而言，石油化工产业可选择产业链纵向型的一体化模式，依托武汉、岳阳、九江、荆门等地产业基础，增强产业链上的分工合作与产业配套建设，延长下游产业链，重点发展精深加工石油化工产品；装备制造业应采取技术市场协同型和异构互补型相结合的一体化模式，基于技术和市场的共同性，在装备制造业的技术方面如技术自主性、设备成套性、制造柔性化，以及市场方面如服务网络化等深入合作，以武汉、襄阳、长沙、株洲、南昌、景德镇等为重点，注重装备设计、制造、集成能力等产品技

表 5-3 四种跨区域产业集群一体化模式比较

一体化模式	集群间关系	运作机理	典型案例	长江中游城市群应用
产业链纵向型	上下游供应链关系	组建协调型非行政组织	意大利的纺织服装业	纺织业、食品业、纸业、石油化工产业、家电产业
技术市场协同型	共享技术、市场等资源	强大的中间组织提供可共享的基础结构—管理、技术、市场或资金等	加利福尼亚多媒体产业	装备制造业、冶金工业、电子信息产业
异构互补型	产品横向分工互补	组建拥有实权的跨区域行政机构	瑞典的 SKF 公司	装备制造业、电子信息产业
蛛网辐射型	主导产业为辐射点	主导产业或大企业充分发挥核心带动作用	日本的汽车制造业	汽车制造业、冶金工业、纸业、食品加工业、战略性新兴产业

资料来源：根据郑勇军、汤筱晓（2006）整理与修改。

术含量和附加值的提高，优化装备制造业结构，提高产品间的差异性和互补性，使长江中游城市群成为在世界范围具有影响力的装备制造产业基地；战略性新兴产业可通过蛛网辐射型一体化模式，以长江中游城市群具有优势的主导产业如信息技术、装备制造业、材料与能源为辐射点，提升武汉、长株潭综合性国家高技术产业基地的影响力，注重发挥武汉信息和南昌航空等专业性国家高技术产业基地的辐射带动作用，带动新一代信息技术、高端装备制造业、新材料、生物、节能环保、新能源、新能源汽车等战略性新兴产业的发展；冶金工业可选择技术市场协同型和蛛网辐射型相结合的一体化模式，在有色金属产业促进开展联合协作与技术改造，推动产业集约化、高新化发展，形成在全球范围具有竞争力的有色金属产业基地。钢铁产业以大型钢铁企业为龙头，对中小钢铁企业进行兼并重组，形成在中部具有影响力的钢铁产业集群。

四 推进长江中游城市群产业一体化的发展策略

（一）产业一体化发展中的问题

1999～2013 年长江中游城市群整体产业一体化、工业产业一体化以及专业化产业的实证分析结果揭示，长江中游城市群产业一体化存在以下问题。

首先，三次产业同构程度较高，产业互补性有待增强。长江中游城市群三次产业一体化水平较低，且近15年来呈现下降的趋势，主要源于高度相似的区域资源禀赋和市场需求，三大次城市群应实行差异化资源开发与产业互补性发展。

其次，工业行业专业化水平提升，但差异化产业分工仍有待强化。非金属矿物制品业、农副食品加工业、医药制造业和化学原料及化学制品制造业等产业具备专业化优势，但三大次城市群存在一定程度的同质竞争，导致长江中游城市群的专业化水平提升缓慢，阻碍了其专业化优势的充分发挥。

最后，产业结构调整有成效，但专业化产业高技术支撑不足，产业结构层次低。近15年来，长江中游城市群黑色金属矿采选业、黑色金属冶炼及压延加工业等能源密集型产业衰退，专业化产业逐渐转变为饮料制造业、农副食品加工业、食品制造业、造纸及纸制品业等轻纺制造业，工业产业结构调整有成效，但目前的专业化产业多为低技术产业，高技术产业中仪器仪表及文化、办公用机械制造业和计算机、通信及其他电子设备制造业等完全不具备专业化优势，医药制造业虽具备专业化优势，但存在一定程度的同质竞争，陷入了专业化产业高技术支撑乏力的困境，整体工业产业结构层次较低。

（二）推进产业一体化发展策略

1. 增强增长极作用，实现区域产业功能互补

增长极是产业与区域经济发展的原动力，通过极化和扩散的双重作用，促进增长中心的扩张，辐射带动周边产业和地区的发展，进而形成更多的空间经济增长点，引领更广范围的产业与经济的发展。长江中游城市群的产业一体化发展应实施经济增长极带动发展战略，即以武汉为中心，以长沙、南昌为支撑，按照主体功能区定位，建立层次分明、分工合理、优势凸显的产业一体化体系。

武汉城市圈应着重发展烟草制品业、饮料制造业、非金属矿物制品业、农副食品加工业、医药制造业、食品制造业、交通运输设备制造业、化学原料及化学制品制造业、纺织业、黑色金属矿采选业、黑色金属冶炼及压延加工业等具备比较优势的产业。其中，应重视交通运输设备制造

业、饮料制造业等比较优势突出产业的规模扩张，加大对长江中游城市群相关产业的辐射带动效应；应进一步发展比较优势增强但尚未发展成为长江中游城市群专业化产业的纺织业，使其发展成为长江中游城市群的新专业化产业；应重新挖掘医药制造业、专用设备制造业、金属制品业等比较优势减弱或丧失产业的比较优势。

环长株潭城市群应着重发展有色金属冶炼及压延加工业、烟草制品业、有色金属矿采选业、饮料制造业、非金属矿物制品业、农副食品加工业、专用设备制造业、医药制造业、食品制造业、化学原料及化学制品制造业、造纸及纸制品业等具备比较优势的产业。其中，应重视烟草制品业、专用设备制造业、造纸及纸制品业等比较优势突出的产业的规模扩张，同时积极提升医药制造业的产业规模，促进产业集聚，强化辐射带动效应，并重视化学原料及化学制品制造业、非金属矿物制品业等比较优势减弱或丧失产业的发展。

环鄱阳湖城市群应着重发展有色金属冶炼及压延加工业、有色金属矿采选业、非金属矿物制品业、农副食品加工业、医药制造业、化学原料及化学制品制造业、电气机械及器材制造业等具备比较优势的产业。其中，应重视有色金属矿采选业和有色金属冶炼及压延加工业等比较优势突出的产业的技术升级，针对该资源类产业，应强化资源的合理开采与精深加工，提升产品附加值与资源利用率，促进产业的专业化可持续发展，还应深度挖掘电气机械及器材制造业的比较优势，促进产业内横纵向整合，扩大产业规模，使其发展成为长江中游城市群的新专业化产业，并兼顾发展交通运输设备制造业、食品加工业等比较优势减弱或丧失的产业。

2. 沿经济带合理布局，优化产业空间结构

在增长极的基础上，大力建设武汉城市圈、环长株潭城市群、环鄱阳湖城市群，通过经济带的联系增强三大次城市群的沟通与融合，进而形成由增长极的原点到城市群的升华，实现由“点”到“线”、由“线”到“面”的良性循环发展态势。

经济带是不同城市群之间相互联系的纽带，通常以交通干线如铁路、公路、大江、大河为依托，以产业、经济发展为内涵，通过传动作用，把不同的群连接成一个相互影响、相互作用的共同区域。连接长江中游城市

群三大次城市群的经济带有5条，包括京广经济带、京九经济带、二广经济带、沪昆经济带、长江经济带，应确立“三圈五带”的产业发展战略。

京广经济带沿纵贯长江中游地区的京广铁路形成，纵向连接湖北和湖南两省，传动武汉城市圈、环长株潭城市群两大次城市群的产业与区域经济发展，连成一体，着力发展钢铁冶炼、汽车装备、有色金属、石油化工、电子信息、食品饮料、煤炭能源等产业；京九经济带沿纵贯长江中游地区的京九铁路形成，纵向连接湖北和江西两省，传动武汉城市圈和环鄱阳湖城市群两大次城市群，沿线大力发展钢铁冶炼、汽车装备、航空制造、有色金属、石油化工、食品饮料、煤炭电力、清洁能源等产业；二广经济带沿穿过长江中游地区的二广高速、焦柳铁路及蒙西至华中煤运铁路形成，纵向连接湖北和湖南两省，传动武汉城市圈、环长株潭城市群两大次城市群，沿线以承接产业转移为主，发展特色产业和劳动密集型产业；沪昆经济带沿横贯长江中游地区的沪昆铁路形成，以环长株潭城市群、环鄱阳湖城市群为主体，传动湖南和江西两省，沿线实现工程机械、钢铁冶炼、有色金属、汽车制造、煤炭电力、稀土加工、航空制造、清洁能源、农产品加工等产业的优化和升级换代；长江经济带沿长江干流形成，覆盖鄂西南、湘北、湘西北、鄂东、赣北等地区，包括荆州、岳阳、武汉、黄冈、鄂州、黄石、九江、岳阳等城市。长江经济带既是长江中游城市群重要的经济发展带，也是全国最重要的经济发展带之一，大力发展港口经济，集聚产业和发展要素，促使产业与经济的统筹发展。

“三纵两横”五条经济发展带需要联动发展、相互配合与促进，复合传动长江中游城市群的产业与区域经济的发展，形成圈层联动、经济带传动、圈层与经济带良好互动的发展格局。

3. 打造优势产业集群，分工合作承接产业转移

一是推进区域间上下游协作配合的资源整合、企业重组和产业链条建设，促进石化、汽车、钢铁、有色金属、纺织等产业链条垂直整合，促进长江中游城市群跨区域产业集群集约发展。积极构建面向长江中游城市群的汽车船舶工程、机械轨道交通系统、能源装备、通用航空等先进装备制造业优势产业集群，成为先进装备制造业生产基地。二是建立跨界投资、税收和土地资源共享机制，因地制宜发展特色产业园区，大力推进毗邻地

区共建产业园区，实现资源整合联动发展。三是在承接沿海产业转移中，应建立承接产业转移跨区域一体化合作机制，提升产业配套能力，形成有梯度的产业转移承接地。同时，发挥重点产业、骨干企业的带动作用，推进企业跨区域联合、重组，吸引产业链条整体转移和关联产业协同转移，促进专业化分工和社会化协作。四是利用三大次城市群的科技人才和产业优势，充分利用“中部论坛”和“中部投资贸易博览会”等平台，建立知识、技术、人才共享机制，建设跨区域产学研联合攻关合作和区域技术创新联盟，突破一批重大关键核心技术和产品。

4. 实施低碳化发展，助推能源密集型产业链转型升级

长江中游城市群能源密集型产业明显衰退，应采取针对性的低碳化发展模式，助推能源密集型产业链转型升级（张伟等，2014），重新挖掘长江中游城市群能源密集型产业的比较优势，并实现“三高一低”向“三低一高”的转变。

一是规模化经济过程中产业链的低碳化发展。针对资源和能源等初级要素驱动的产业链演进程度低、产业链短的上游采选和资源初加工环节，如煤炭采选业、石油天然气开采、黑色金属采选、有色金属采选等，产业链的升级主要通过生产工艺流程升级实现，以减少能源和自然资源的消耗、降低成本。应以产业链上的龙头企业为核心，充分吸收行业内先进的采选与加工工艺，促进产业链内外部工艺技术知识的螺旋式提升，并建立产业链低碳知识共享平台、产业链上企业间的协调合作机制以及能源密集型产业系统，实现产业链上下游知识共享、各环节协调互促与产业链的横纵向延伸。

二是专业化经济过程中产业链的低碳化发展。针对资本和技术等中级要素驱动的产业链演进程度高、产业链长的中下游资源深加工环节，如黑色金属冶炼加工、有色金属冶炼加工、石油加工和炼焦及核燃料加工、非金属矿物制品、金属制品等，产业链的升级主要通过产品升级、增加单位产品价值来实现。应建立产业链从外部吸收低碳产品先进开发技术与知识的学习渠道，以产业链低碳知识共享平台为基础，充分整合产业链上下游企业的科技成果，追踪高科技发展成果，挖掘能源密集型产业的高科技潜力。

5. 科学编制产业规划

政府产业规划是区域产业发展的宏观准则，是对区域产业结构的战略性调整，具有科学性和前瞻性的产业规划战略是区域产业朝着良性、优化、持续方向发展的重要保障。因此，长江中游城市群应借力长江经济带国家战略的发展机遇，加强整体规划统筹，充分发挥湘鄂赣产业合作协调联席会议机制作用，科学规划不同层级区域的产业体系，制定长江中游城市群产业集群发展规划，整合优势资源，对各城市同质产业坚持错位发展，推进汽车、电子信息、生物制药、食品加工等产业的市场细分，引导产品差异化开发，使区域优势得以发挥，加快长江中游城市群产业一体化进程。

第五节　本章小结

本章运用由专业化分工和产业相似度两方面构建的产业一体化指数分析了近 15 年长江中游城市群三次产业以及工业行业的产业一体化发展，采用区位熵分析了具体专业化产业的动态演变，并据此探索了长江中游城市群的产业一体化发展模式。主要结论如下。

（1）长江中游城市群整体产业一体化水平较低，且有所下降，呈现三次产业同构程度较高、产业互补性有待增强的特征；长江中游城市群工业产业一体化水平虽有所提升，但仍处于较低水平，呈现工业产业一体化加强、专业化分工仍有待提升的特征，是由国家制造业大规模发展与产业转移大背景共同决定的。环鄱阳湖城市群—武汉城市圈的工业产业一体化水平最高，武汉城市圈—环长株潭城市群次之，环长株潭城市群—环鄱阳湖城市群最低。

（2）专业化产业识别结果显示，长江中游城市群共有 16 个产业具备专业化优势或专业化发展潜力，有色金属冶炼及压延加工业、烟草制品业、有色金属矿采选业、饮料制造业、专用设备制造业、食品制造业、交通运输设备制造业和造纸及纸制品业已实现差异化产业分工，武汉城市圈的交通运输设备制造业，环长株潭城市群的烟草制造业、专用设备制造业、造纸及纸制品业，环鄱阳湖城市群的有色金属冶炼及压延加工业、有色金属矿采选业具备突出的比较优势；非金属矿物制品业、农副食品加工业、医药制造业和化学原料及化学制品制造业具备专业化优势，但存在一定程度的同质竞争；纺织业、黑色金属矿采选业、黑色金属冶炼及压延加工业和电气机械及器材制造业具备成为专业化产业的发展潜力；金属制品业，仪器仪表及文化、办公用机械制造业和计算机、通信及其他电子设备制造业等 9 个产业不具备比较优势。可见，长江中游城市群在多数工业行业具备比较优势，实现了专业化分工，但专业化产业多为低技术产业或高耗能产业，高技术产业尚不具备明显的比较优势，整体仍呈现产业结构层次低、高技术产业缺乏专业化优势的特征。

（3）专业化产业的演变表明，长江中游城市群比较优势形成的产业包括食品制造业、饮料制造业、造纸及纸制品业、专用设备制造业；比较优势增强的产业包括农副食品加工业、化学原料及化学制品制造业、医药制造业、非金属矿物制品业、有色金属冶炼及压延加工业；比较优势减弱的产业包括有色金属矿采选业、烟草制品业、交通运输设备制造业；比较优势丧失的产业包括黑色金属矿采选业，石油加工、炼焦及核燃料加工业，黑色金属冶炼及压延加工业。可见，比较优势减弱或丧失的产业多为黑色金属、有色金属、石油等能源密集型产业，而比较优势形成或增强的产业多为食品、饮料、造纸、纺织等轻纺制造业（低技术产业），表明长江中游城市群专业化产业的变动整体呈现能源密集型产业衰退、轻纺制造业优势形成的特征，工业产业结构调整虽有成效，但亦陷入了专业化产业高技术支撑不足的困境。

（4）产业一体化的一般模式有产业链纵向型、技术市场协同型、蛛网辐射型以及异构互补型。长江中游城市群产业一体化针对不同的产业采取不同的一体化模式，石油化工产业可选择产业链纵向型的一体化模式，装备制造业应采取技术市场协同型和异构互补型相结合的一体化模式，战略性新兴产业可选择蛛网辐射型一体化模式，冶金工业可选择技术市场协同型和蛛网辐射型相结合的一体化模式。推进长江中游城市群的产业一体化发展思路，即增强增长极作用，实现区域产业功能互补；沿经济带合理布局，优化产业空间结构；打造优势产业集群，分工合作承担产业转移；实施低碳化发展，助推能源密集型产业链转型升级；科学编制产业规划。

第六章

长江中游城市群空间经济联系测度及空间一体化模式选择

第四章、第五章分别从微观、中观层面探寻了长江中游城市群一体化发展的基础与核心，本章进一步从宏观层面分析长江中游城市群一体化在空间上的表现特征。城市群一体化在空间上表现为城市群内部城镇体系的空间布局、各城镇节点间的经济联系引起的城镇集群发展，因此，本章基于城市群空间经济联系视角对长江中游城市群空间一体化进行实证研究，并提出空间一体化的模式选择。

第一节　相关研究综述

一　国外研究综述

城市群经济联系现象的研究最早起源于西方城市空间结构理论，在20世纪20年代，芝加哥学派就已关注由城市群经济联系而引起的内部结构问题，在区域发展呈城市集群化发展背景下，城镇体系布局、城市空间相互作用、城市群空间演化等研究得到高度重视，同时经济全球化和一体化发展的趋势掀起了区域一体化发展研究的热潮，且相关研究从实体物质空间拓展到城市社会经济空间层面，呈多学科领域思维的借鉴趋势。

（一）理论研究

1. 城市群经济联系的形成机理与表现形式

城市群经济联系的理论基础来源于城市空间扩散和空间相互作用理

论。20世纪以来，经济活动集聚进程加快，城市的主导地位凸显，Christaller（1933）提出了中心地理论，认为使物质财富的生产与流通最有效的空间结构，是由中心城市与多级市场组成的网络体系，并提出了一种六边形组织结构的区域城镇分布模式。城市与城市之间、城市与区域之间及区域与区域之间的商品、劳动力、资金、技术和信息等交换日益增加，联系日益复杂，在空间上分离的城市结合为具有特定结构和功能的有机整体，形成集群式发展形态。Ullman（1957）提出了城市相互作用的产生依赖于三个条件，即互补性、中介机会和可运输性，成为空间相互作用体系重要的理论基础。也有不少学者从扩散与极化的视角进行了理论探析，Hirshman等（1958）在《经济发展》一书中，提出核心与外围地区之间存在劳动力与资本的涓滴效应与极化效应。Friedman等（1966）在熊彼特的创新思想上建立了空间极化理论，系统提出了核心—边缘理论，进一步解释了孤立发展的区域之间发展为相互联系的不平衡状态再到相互联系的平衡状态的形成机制和过程。对于城市群经济联系的表现形式，Haggett（1972）借鉴物理学热传递概念，提出城市相互作用可分成对流、传导和辐射三种形式。学者们不仅从空间形态上对经济联系的形式进行了探讨，而且对其内在本质表现进行了深入研究，Gordon和Mccann（2000）认为不同空间组织和经济活动的联系使不同地区集结成带状，随经济联系程度的加深，就会出现产业专业化空间分异，进而形成产业带，具体有纯聚集、产业综合体、社会网络三种形式。

2. 基于经济联系的空间一体化模式

随着区域经济的发展，区域资源和要素分布所引起的城市经济和社会异质性，导致区域内城市之间的差异和不协调，从而出现区域空间一体化的趋势，学者们逐渐强调区域经济联系对空间一体化的影响，并提出一体化模式。Rondineli（1980）提出了一体化的区域发展战略，以构建生产和交换的一体化系统为目标，并强调该目标的实现是建立在诸多经济空间联系的基础上的，提出了基于乡村地区的三级城市聚落一体化模式。Decoville和Sohn（2013）认为空间一体化即不同区域间通过社会、政治和经济的联系强化的集聚过程，以欧洲跨边界大都市区为例，利用跨界交通、国内生产总值和与房地产有关的指标，衡量空间一体化，研究发现经济差异越大，用跨界交通表示的联系强度越高，指出了强经济联系对跨界一体化有影响，并提出三种跨界一体化模式，即专业化、极化、渗透。

（二）实证研究

1. 城市群经济联系的测度指标与方法

国外对城市群经济联系测度的相关实证研究主要集中在测度模型的构建与应用、空间流视角的引进等方面。测度城市群经济联系的理论模型很多，应用较多的是赖利模型、康弗斯模型、引力模型和潜力模型，本书主要就引力模型的发展进行综述。Zipf（1946）在城市空间相互作用的研究中首次提出了引力模型公式，揭示了两地的相互吸引力大小与两地的“质量”乘积成正比，与“距离”成反比。Wilson（1967）基于最大熵原理重新构建了引力模型，用于定量测度封闭系统中的两个区域间的相互作用强度。Russon 等（1995）在引力模型的基础上提出了短拖模型，指出旅客流与人口密度、运输距离之间存在指数关系。Gulhan（2014）从土地利用规划和交通运输规划视角，利用 PA 法对 2030 年土耳其代尼兹利的城市空间联系潜力进行了预测。越来越多学者认识到城市间的物质、能量和信息流的空间分布是城市间经济社会联系的直接表现特征，开始基于空间流视角对城市群经济联系进行测度。Taylor（2004）利用分行业的先进生产性服务公司信息数据，基于“服务流”构建了城市间联系矩阵，衡量各个城市在整个世界城市网络中所处的功能节点的地位。

2. 城市群经济联系的空间结构及其演变

国外对城市群经济联系空间结构及其演变的研究主要包括对特定区域城市体系的等级规模结构、经济联系网络结构演变及其影响因素等方面，同时不断引进新的空间分析技术。Goetz（1992）从航空运输流包括旅客流、货物流两个角度对美国城市体系航空网络结构与城市体系的等级规模结构进行了分析。Choi（2006）利用互联网主干网带宽和航运交通数据，对 2002 年全球 82 个城市组成的城市网络结构进行了分析，发现基于城市中心性指数的城市等级在两种网络中是显著相关的，其中伦敦占主导地位，并指出互联网设施集聚的现有趋势会导致世界城市的全球差距与规模等级分异。O’Kelly（1998）对中心地经济联系的纽带—轴特性进行了深入探讨，利用美国 100 组城市数据，分析了城市航空运输网的轴—辐网络结构，揭示了城市间经济联系及其腹地变化的空间特征。Matsumoto（2004）则选取 GDP、人口和距离等变量，构建了重力模型，对航空流作用强度进行了测度，揭示了国际航空港城市群的网络结构。Besuss（1998）构建了城市元胞自动机模型，对威尼托城市与乡村经济联系的空间结构演化进行了研究。可见国外对城市群经济联系空间结构的研究多为利用交通流数据探析其网络特征，同时，学者们在此基础上，分析了交通条件的变化对空间结构的影响。SeilMun（1997）建立了实证模型，对城市群的人口规模、工业结构等与城市运输网络结构间的相互关系进行了分析，发现运输网络的发展能促进城市内部空间集聚，并引起城市规模结构的大幅度空间分异。20 世纪 90 年代，信息集成和网络技术大规模兴起，引起信息数据提取与统计分析的革命，许多学者在对前人模型模拟与统计定量研究成果总结的基础上，对经济联系的复杂性规律进行了深入的研究。Mesev（1997）等利用卫片载荷的丰富数据信息，结合 GIS 空间动态分析技术，定量研究城市群的空间扩展。

二　国内研究综述

我国城市群经济联系及其空间结构的研究起步较晚，20 世纪 80 年代才得以发展。理论上，国内对城市群经济联系的研究起步较晚，而且早期研究是在城镇体系和城市经济区体系之中进行的，并在近域城市的相互作用的基础上提出了城市一体化的概念。20 世纪 80 年代主要是对西方理论与方法的翻译引进，其中顾朝林、周一星、许学强、姚士谋等学者进行了系统的介绍，并初步运用相关理论对我国和我国特定区域进行了实证检验。方创琳、张永姣（2014）在对城市一体化的内涵进行梳理的基础上，对中国城市一体化地区形成的动力机制和空间组织模式及格局进行了深入探析，初步建立了针对我国城市一体化的分析理论框架，并运用定性综合集成法，从多层面如基质层、支撑层、功能层、智慧层、政策层等对城市群一体化的驱动进行了因素分析，基于中观和宏观视角提出了一体化的空间组织模式。

总体而言，国内对于城市空间联系的理论研究深度远远不够，基本为西方相关理论的引进和借鉴，而关于城市群空间经济联系的实证方面成果较多，主要有以下几个方面。

（一）城市群经济联系的模型方法与测度

国内对城市群经济联系的定量测度模型主要是引力模型和城市流模型，以及由其扩展的潜力模型、断裂点和分形理论等。王德忠、庄仁兴（1996）首次利用引力模型对上海与苏锡常地区经济联系进行了测度。陈彦光（2009）、闫卫阳等（2009）先后对空间相互作用模型的形式、适用性和机理进行了深入探析。随后学者们相继利用引力模型对我国不同区域城市群经济联系程度进行了定量测度。孟德友、陆玉麒（2009）运用引力模型考察了2006年江苏省65个县市经济联系的强度与方向。李红锦（2011）应用引力模型，从人口和GDP两方面，对2000年、2004年、2006年珠三角城市群经济空间联系进行了测度，认为珠三角城市群经济空间联系逐步加强。同时城市流模型也是应用广泛的定量测度模型，主要基于城市外向服务功能视角解释城市群经济联系。李桢业等（2006）利用城市流模型对长江流域30个城市主要外向型产业外向功能量进行了比较，并考察了1997年和2003年城市外向型产业功能量以及辐射强度的变化。郭建科等（2012）对2008年我国31个省级行政区的城市流强度进行了测度，考察省际城市空间联系的差异性，并对城市空间联系水平进行分类。学者们不断引进新的测度理论，从多视角对城市群经济联系进行定量分析，出现了一系列创新性的成果。宋吉涛（2009）、孙东琪（2013）等学者基于投入产出理论构建了城市产业联系强度测度模型，从产业视角分析了我国城市群内部的空间联系。王芳等（2010）对珠三角城市群中心城市吸引力的分维数和空间结构的关联维数进行了定量测度，并从空间关联视角，运用威尔逊模型、空间统计学意义上的空间关联模型，对珠三角各城市交通吸引强度、人口吸引强度进行了分析，发现城市之间的联系在交通与人口规模之间存在矛盾。薛丽萍、欧向军（2014）基于引力模型、城市流模型和断裂点理论，从空间相互作用的强度、方向和范围三个视角，综合分析了淮海经济区20个地级市经济联系的空间作用，指出徐州市淮海经济区的首要经济发展核心和辐射中心。

（二）城市群经济联系的空间分异格局与网络特征

学者们基于空间经济学理论，运用多种空间分析技术，包括GIS、

SNA、SOM、复杂网络分析工具、Vensim 平台等，对城市群经济联系的空间分异格局及其网络特征进行了深入研究。陈伟劲（2013）利用城际客运交通流，利用 GIS 可视化手段，从城市和功能区两个尺度对珠三角城市之间功能联系的空间格局进行分析，发现联系强度上呈现中心与外围、东岸与西岸、三大次区域非均衡的空间分异特征。韩会然等（2011）、刘耀彬（2013）运用 SNA 分别对皖江经济带和环鄱阳湖的城市联系网络结构进行了分析。陈园园等（2011）结合了经济联系强度模型、城市流模型和城市通达性模型，构建系列空间联系能力数理模型，对辽中南城市群空间联系能力的空间分异格局进行了定量分析，并运用 SOM 神经网络分级模型，从空间距离角度评价了辽中南城市群十个节点城市的空间联系能力。大量研究多基于静态维度，也有一些学者展开了动态分析。梅志雄等（2012），王海江、苗长虹（2012）均运用引力模型，结合 GIS 空间分析方法，分别对珠三角和我国省域经济联系的空间分异格局特征及其演化规律进行分析。徐慧超、韩增林（2013）运用城市流模型对中原经济区 2000 年、2003 年、2006 年、2009 年的城市流强度进行了测度，利用 GIS 空间插值技术，发现其城市流强度呈稳定的北高南低、东高西低分布格局，中心与外围城市的梯级差异逐年缩小。冷炳荣等（2011）利用统计物理中复杂网络分析工具，构建城市联系网络，并以 2003 年和 2007 年的城市联系强度的最大值、前 5 名、前 10 名所连接的城市网络为例证进行实证研究。赵璟等（2012）利用 Vensim 平台与政策模拟方法，从系统动力学模型出发，对城市群空间结构演进与经济增长耦合关系进行了研究，发现城市群空间结构向位序—规模分形分布的演进模式对城市群经济长期增长最有利。潘少奇、李亚婷（2014）运用重力模型对 1996 年和 2010 年中原经济区 231 个县级节点的经济联系进行了测度，基于第 1 位、前 5 位、前 10 位的联系强度建立了经济联系网络，并运用 GIS 工具和 SNA 方法对网络的空间格局和演化特征进行了深入分析，发现中原经济区经济联系网络中节点度分布呈明显的右倾“斜长尾分布”特征，指出郑州市是整个网络的首位核心，且网络呈多重轴—辐结构。许露元、李红（2015）运用社会网络分析方法，对 2003 ~2012 年珠三角及北部湾地区的 15 个城市的空间经济联系变化的网络特征进行了分析，发现珠三角及北部湾城市空间经济联系的网络呈现由单中心向多中心的发展趋势，并分析了空间经济联系网络结构的变化机理。初楠臣、姜博（2015）利用多种测度指标如中心智能指数、经济联系强度模型等，对东北振兴战略实施前后哈大齐城市密集区空间联系的演变特征进行了分析。发现哈大齐城市密集区中心职能指数在不同等级城市间相差悬殊，整体分化趋势明显，城际经济联系量均有所提升，但城市间内部联系强度差异明显、对外联系程度不均衡特性显著，并认为哈大齐城市走廊空间极化现象得到进一步提升。江小国、周海炜（2017）利用空间引力模型测度皖江城市带与长三角城市之间的经济联系强度，构建区域产业联动潜力评价模型，测算皖江城市与长三角城市之间的产业联动潜力，并提出对策。吴常艳、黄贤金等（2017）采用修正的经济联系模型和社会网络分析法，对 2013 年长江经济带经济联系空间格局及一体化趋势进行分析，得出长江经济带联系网络形成以中下游城市群和上游城市群为核心的两大板块，“核心—边缘”结构明显；中下游以城市群为主体，中介城市为对接点的经济联系一体化趋势正在形成。

（三）长江中游城市群空间经济联系相关研究

关于长江中游城市群的相关研究集中在近几年，主要对其城市中心职能和经济联系强度及网络特征进行分析。较早对长江中游城市群经济联系进行研究的是，刁明明、张进铭（2012）利用引力模型对 2010 年中三角城市群的经济联系强度进行了测度，并对中三角提出了初步构建方案，为打造中国经济增长的第四极提出了相关政策建议。蔡坚（2013），秦尊文、汤鹏飞（2013）均利用中心职能指数与城市流模型等，对中三角城市群经济联系强度进行了测度。汤放华、汤慧等（2013），何胜、唐承丽等（2014）对引力模型进行了不同方面的修正，在此基础上分别测度了 2009 年和 2011 年长江中游城市集群经济联系强度，均对城市群经济联系网络结构的空间特征进行了分析。虽然运用的分析方法不同，得出的结论各异，但均指出武汉、长沙、南昌三个城市在中三角城市群的中心性突出，辐射影响大。而白永亮、党彦龙（2014）基于引力模型对长江中游四省城市集聚机理进行测度，指出长江中游城市群是多中心巨型城市区域，且由 4 个“核心—边缘”结构的城市圈组成，提出了长江中游城市群应注重集聚效应的发展。李琳、蔡丽娟（2015）基于经济实力和城市产业互补性视角修正引力模型，结合 GIS 可视化，对 1998～2012 年中三角城市群经济联系强度与空间结构的演变特征进行分析，结果表明：近 15 年中三角各城市对外经济联系整体呈上升之势，但城市间经济联系差异扩大，城市群经济联系空间结构基本维持以武汉为中心以及以长沙、新余组团为中心的两大圈层式扩散形态，呈北部与中南强、东部弱的空间分异特征；武汉城市圈、环长株潭城市群、环鄱阳湖城市群之间跨界联系具有明显的非均质性，互动集群式发展结构尚未形成。可见，对长江中游城市群的空间经济联系的结构及空间演化格局尚未有定论，因不同研究视角和测度方法的不同而存在差异。

随着长江中游城市集群发展格局的逐步构建，学者们逐渐关注长江中游城市群一体化问题，包括其可能性、一体化程度和影响因素等方面。秦尊文（2007）在城市群裂变和聚变的理论基础上，从相邻距离、交通、文化等方面对长江中游城市群即湘鄂赣城市群一体化的可能性进行了分析，并提出了一体化发展的前景。王涛、曾菊新（2014）利用主成分分析法对长江中游城市群城市竞争力进行了综合评估，并测度了 2012 年城市空间相互作用，结合 GIS 空间插值技术，对城市群内城际竞争—合作的空间格局特征及作用机制进行了实证分析，并指出城际整合格局的空间分布形态，认为距离衰减规律和增长极辐射效应等主导了城际整合格局的空间分布。龚胜生、张涛（2014）对长江中游城市群城市间的合作现状进行了分析，指出合作中国家层面的支持政策不够，同时非政府组织未充分发挥其作用，提出了相关建议促进长江中游城市群合作机制的完善。

三　研究述评

通过对国内外研究的对比，可以发现，国外理论研究较为成熟，不断引进其他学科理论和方法，呈现学科间相互渗透的趋势，研究层次已从物质联系拓展到了信息、服务、交通等社会经济“流”联系，更多地从经济社会的微观角度展开研究，如企业组织、社会文化、制度等，且对经济一体化的关注较早，从其驱动机制和效应等深层次问题进行探讨；而国内城市群经济联系及一体化研究起步较晚，缺乏理论研究的充实，对我国的实证检验较为丰富，但大多研究仍停留在物质联系上，这与我国“流”

数据的可获得性有很大关系。而且由于不同学者运用的衡量方法和分析手段不同，往往对相同对象城市经济联系的实证检验结果出现差异，尚未形成统一的研究体系框架。随着信息技术的不断发展，将 GIS、复杂网络等地理、物理学科工具等新方法结合传统理论基础运用到城市群经济联系网络结构的研究当中，成为国内外研究的共同趋势，丰富了实证研究，为区域经济发展的规划提供了更充实的学术支撑。

综之，近些年国内学者们对城市群经济联系与经济一体化论题做了有益探索，但在测度方法上、分析维度上以及研究对象选择上尚存在不足：①测度方法上，多应用传统的引力模型与城市流模型，模型指标的选取存在单一性，仅从 GDP 和人口方面衡量城市经济质量，不能综合反映城市多方面的联系；②研究对象上，集中于经济较发达、城市群发展较成熟的东部地区，如长三角、珠三角，而对经济欠发达、城市群发展较晚的中西部地区研究较少；③分析维度上，对长江中游城市群经济联系的研究一般基于某一时点的空间维度，缺乏时空两个维度综合探析。总体来看，缺少对长江中游城市群经济联系空间分异格局的动态演变研究及空间一体化模式选择的研究。

因此，本章从两个方面为长江中游城市群一体化模式的选择提供理论依据，一是基于城市群空间组织视角进行城市群一体化的现状特征分析；二是基于修正的引力模型进行城市群空间经济联系格局演变分析。对引力模型进行修正，基于修正的引力模型对 1998 ~2013 年的长江中游城市群空间经济联系进行测度，且利用 GIS 可视化技术对其空间结构演化的动态过程进行图示分析。在此基础上提出长江中游城市群的一体化模式选择。

第二节 长江中游城市群空间组织现状特征分析

城市群空间组织主要由 5 个要素形成，即节点、通道、流、等级和网络，在城市自身和外部力量的双重驱动下，依托物质类要素的相互作用与功能活动，以一定空间秩序相互联系。其中，节点和通道是物质类要素，形成空间组织的骨架，流和等级以及网络是功能类要素，形成空间上的属性（陈修颖，2007）。长江中游城市群尚处于一体化发展的起步阶段，发展模式呈分散状态，下文基于上述5个要素对长江中游城市群的空间组织进行分析。

一　空间节点特征

空间节点分析主要通过对空间内各节点的经济规模或实力进行等级划分，根据克里斯泰勒（W. Christaller）和廖什（A. Losch）的中心地理论，一定空间范围内必定有一个等级最高的中心城市，辐射带动该空间范围内的经济发展（许学强等，1997）。城市群空间组织的基础在于中心城市的中心地位与作用，一般用城市首位度来考察城市规模结构和人口集中程度（牛慧恩、孟庆民，1998），常用的指标为中心职能强度，衡量城市对其以外地区吸引力的范围，即中心城市等级高低，也能反映城市对周边地区的经济辐射带动能力。

在对反映城镇规模的指标的确定上，本书选择了城市非农业人口数来反映城市人口规模，因长江中游城市群处于工业化加速时期，因此选择工业总产值来反映城市经济规模，公式如下：

$$K_{pi} = \frac{P_i}{\frac{1}{n}\sum_{i=1}^{n} pi} \tag{6.1}$$

$$K_{vi} = \frac{V_i}{\frac{1}{n}\sum_{i=1}^{n} vi} \tag{6.2}$$

$$K_{ti} = K_{pi} + K_{vi} \tag{6.3}$$

$$K_{ei} = \frac{(K_{pi} + K_{vi})}{2} \tag{6.4}$$

其中，P_i为i城市的非农业人口数（用市辖区人口代替），V_i为i城市的工业总产值，K_{ti}、K_{ei}为i城市的中心职能强度指数，K_{pi}为i城市的非农业人口指数，K_{vi}为i城市的工业职能指数。本书对2013年长江中游城市群25个城市进行节点分析，借鉴王学定、范宪伟等（2012）的划分，即0~1.5为第四等级，1.5~3为第三等级，3~7为第二等级，大于7为第一等级，将其城市中心职能强度指数划分为四个等级，计算结果如表 6－1 所示。

表 6－1　2013 年长江中游城市群城市中心职能强度

次城市群	城市	中心职能强度	排名	等级
武汉城市圈	武汉市	11.57	1	一
	黄石市	1.45	14	四
	鄂州市	1.90	7	三
	孝感市	1.02	18	四
	荆州市	1.55	12	三
	黄冈市	0.43	24	四
	咸宁市	0.87	20	四
环长株潭城市群	长沙市	5.12	2	二
	株洲市	1.87	8	三
	湘潭市	1.98	6	三
	衡阳市	1.72	10	三
	岳阳市	2.36	4	二
	常德市	2.00	5	二
	益阳市	1.82	9	三
	娄底市	0.92	19	四
环鄱阳湖城市群	南昌市	3.84	3	二
	景德镇市	0.86	21	四
	萍乡市	1.50	13	三
	九江市	1.39	15	四
	新余市	1.66	11	三
	鹰潭市	0.52	23	四
	吉安市	0.74	22	四
	宜春市	1.13	17	四
	抚州市	1.38	16	四
	上饶市	0.42	25	四

注：长江中游城市群共包含 31 个城市，但基于数据的可获得性和长江中游城市群版图的连续性，排除仙桃、天门、潜江，襄阳、宜昌、荆门 6 市，空间分析的研究对象为 25 个城市。数据来源于 1999～2014 年《中国城市统计年鉴》以及各省市统计年鉴，如无特殊说明，后表同。

由表 6－1 可知，武汉市的中心职能强度为 11.57，远远大于其他城市，且是第二位城市长沙（5.12）的 2 倍以上，因此，将武汉划为第一等级，是首位城市，在长江中游城市群经济发展战略中具有中心辐射带动效应，属于一级核心城市。长沙、南昌的中心职能强度大于3，将其划为第二等级，是二级中心城市。鄂州、荆州、株洲、湘潭、衡阳、益阳、萍乡、新余的中心职能强度均大于1.5，将其划为第三等级，属于次级核心区。而黄石、孝感、黄冈、咸宁、娄底、景德镇、九江、鹰潭、吉安、宜春、抚州、上饶的中心职能强度均小于1.5，其中上饶仅0.42，仅为武汉的3.63%，属于滞后发展城市。

从各次城市群情况看，武汉城市圈的城市职能差异较大，环长株潭城市群较均衡，而环鄱阳湖城市群城市职能发展较滞后，大多城市属于第四等级，且二级城市中心城市南昌的城市中心职能强度也只有3.84，远低于武汉城市中心职能强度。

二 交通通道特征

交通通道是人口、物质、资金和技术等要素流动的空间载体，是影响城市群空间结构的重要因素之一，且作为经济联系和互动的纽带，是构建城市群空间结构和组织的重要规划途径，对城市群空间的演化和发展起着指引性的作用。

长江中游城市群的交通可达性分布基本上以长江、京广、京九、沪昆为中心轴线，以武汉、长沙、南昌为三角的通道为核心，逐渐向外围扩展。三大次城市群围绕长江中游呈环形分布，相互比邻，互为犄角，形成三角布局。特别是汉长昌高速公路环路的建成，把三省城市化水平较高地区圈在一起，为形成经济区奠定基础。武广高铁促进了武汉城市圈和环长株潭城市群的进一步合作，沪昆高铁把长沙、南昌、武汉串联起来，规划中的武九客运专线将直接拉近环鄱阳湖城市群快速对接武汉城市圈。随着昌九城际铁路通车、杭南长高铁即将运营和武广高铁的通车，未来几年，武汉、长沙、南昌3个中心城市之间将形成一个“半小时经济圈”。

三 城市间要素流特征

生产要素在空间上的流动，引起城市间的互动联系，是城市间产生空间相互作用的前提条件，而要素流的量、构成、速度和方向都对城市群空间组织的集聚与扩散产生直接影响，表现在其速度、结构、效率和基本空间布局上。

首先，我们对2013年长江中游城市群各城市要素的空间分布进行比较，从人口密度、生产总值密度、建设用地密度等方面进行探讨，如表6－2所示。

表6－2　2013年长江中游城市群要素空间分布的比较

次城市群	城市	人口密度（人/平方公里）		生产总值密度（万元/平方公里）		建设用地密度（%）	
		值	排名	值	排名	值	排名
武汉城市圈	武汉市	1885.84	3	26735.54	2	26.05	3
	黄石市	2649.37	2	23668.35	3	33.33	1
	鄂州市	687.91	19	3953.26	17	3.76	19
	孝感市	941.18	14	2219.45	21	5.10	15
	荆州市	714.62	18	2871.09	19	4.60	18
	黄冈市	983.15	13	4353.87	15	9.94	14
	咸宁市	412.91	25	1379.67	23	2.72	23
环长株潭城市群	长沙市	1566.75	5	23586.09	4	17.07	5
	株洲市	1135.6	8	11432.98	7	13.02	10
	湘潭市	1332.22	7	13477.93	5	13.37	9
	衡阳市	1344.01	6	9177.80	9	16.45	7
	岳阳市	767.8	16	7296.84	12	11.68	13
	常德市	554.58	21	4257.26	16	3.39	22
	益阳市	732.25	17	2482.15	20	4.75	16
	娄底市	1109.09	10	7532.21	11	12.82	11
环鄱阳湖城市群	南昌市	2760.49	1	27500.81	1	26.59	2
	景德镇市	1088.84	12	8186.64	10	13.95	8
	萍乡市	813.93	15	4613.09	13	4.67	17
	九江市	1091.82	11	11329.14	8	16.69	6
	新余市	495.81	22	3731.81	18	3.69	20
	鹰潭市	1719.85	4	11472.37	6	19.85	4
	吉安市	417.91	24	1295.58	24	3.43	21
	宜春市	433.77	23	745.62	25	2.57	25
	抚州市	560.52	20	1387.19	22	2.64	24
	上饶市	1116.76	9	4476.91	14	12.70	12

从表6－2可以看出，武汉作为首位城市，其人口密度、生产总值密度、建设用地密度均不是最高，同样，长沙的各项指标也并未与其城市中

心职能强度排名相对应，而南昌在人口密度与生产总值密度上均为第一，建设用地密度居第二，结合前述基于中心职能强度对城市的分类，第三级即次级核心区的城市的各项指标除株洲、湘潭、衡阳以外，其余城市的这三项密度指标排名均靠后，而第四级即滞后发展城市中黄石的各项密度指标排名均在前三，表明长江中游城市群要素的空间分布尚未形成围绕中心的指向性分布格局，中心职能性与要素的密集分布并不对应，不能有效发挥中心城市的辐射带动作用。

其次，本书对长江中游城市群 25 个城市的要素集聚情况进行分析，并参考相关文献中改进的均匀度指数（叶玉瑶、张虹鸥，2007），从人口、GDP 以及城市建设用地来分别考察人、经济、土地等空间要素的集聚与扩散，对要素集聚及其分布格局进行测度。公式如下：

$$Y_i = (\frac{X_i}{S_i}) / \sum_{i=1}^{n} (\frac{X_i}{S_i}) \tag{6.5}$$

$$C = \frac{\sum_{i=1}^{n} \sqrt{Y_i}}{\sqrt{n}} \tag{6.6}$$

其中，X_i为城市群中 i 城市的要素指标，S_i为 i 城市的辖区面积，Y_i为 i 城市要素指标占城市群要素总指标的比重，C 为城市群要素空间均匀度指数，取值越接近 1，城市群要素空间分布越均匀，反之越集聚。计算结果如表 6 - 3 所示。

表 6 - 3　长江中游城市群要素空间均匀度指数及其变化

年份	人口	GDP	城市建设用地	平均
2005	0.942	0.857	0.911	0.904
2010	0.954	0.881	0.915	0.916
2012	0.956	0.896	0.925	0.926
2013	0.965	0.901	0.932	0.933

由表 6 - 3 可以看出，长江中游城市群的均匀度指数均未达到 1，要素的空间分布不均匀，城市群的空间发展尚处于初步集聚阶段。从四个时间节点的变化上可以看出，平均均匀度指数呈增长趋势，其中人口、

GDP、城市建设用地的均匀度指数均逐渐增大，可见，长江中游城市群的空间要素在各城市的集聚程度越来越均匀，群内要素空间布局呈分散化趋势，说明2005～2013年城市群各城市在要素集聚过程中的差距随时间逐渐缩小。

四 城市群等级结构特征

城市群体系内不同层次和规模的城市基于质与量的组合，形成城市群的等级结构，具有分形特征，反映城市相互间的组合关系，表现出不同的特征和差异性。本书借鉴相关文献，运用罗卡特方法，采用城镇人口表征城市规模，对城市规模分布的集中与分散情况进行分析（张立荣、姜明军等，2009），公式如下：

$$P_i = P_1 \cdot r_i^{-q} \tag{6.7}$$

对上式两边取对数，得到：

$$\mathrm{Log}(P_i) = \mathrm{Log}(P_1) - q \cdot \mathrm{Log}(r_i) \tag{6.8}$$

其中，P_i为第i位城市规模，P_1为最大的城市规模，r_i为第i位城市规模的位序，q为常数。因城镇人口获取口径不一致，本书采用城市市辖区人口作为替代指标。

将上式进一步一般化为线性回归方程形式，以便求解q，即令$c = \mathrm{Log}(P_1)$，$Y = c - \mathrm{Log}(ri)$。则c值表示第一位城市的规模大小，q即为分维值，表示城市规模空间分布的集聚情况（刘小丽、王发曾，2006）。

利用Stata软件对2013年长江中游25个城市数据进行回归，得到回归方程式为：

$$\mathrm{Log}(P_i) = 6.2529 - 0.7570 \cdot \mathrm{Log}(r_i) \tag{6.9}$$

其中，修正的R^2为0.8981，p值为0.0000，表明Log（P_i）与Log（r_i）两者显著相关，而q仅为0.7570，远不及1，反映了长江中游城市群等级规模分布尚不均匀，规模等级存在间断现象，结构有待提高。

按照相关城市规模划分标准，将城市人口规模划分为四个等级，结果见表6-4。

表 6-4 2013 年长江中游城市群内部规模等级结构

等级	规模(万人)	城市类型	平均规模(万人)	城市数(个)
1	>500	特大城市	512.6	武汉市
2	100~500	大城市	151.1	鄂州市、荆州市、长沙市、岳阳市、常德市、益阳市、南昌市、宜春市、抚州市
3	50~100	中等城市	79.4	黄石市、孝感市、咸宁市、株洲市、湘潭市、衡阳市、萍乡市、九江市、新余市、吉安市
4	<50	小城市	38.9	黄冈市、娄底市、景德镇市、鹰潭市、上饶市

由表 6-4 可见，长江中游城市群的人口规模基本形成“顶层小、中层多、基层大”的格局，尚未达到“中间大、两头小”的成熟规模等级体系。特大城市为武汉，大城市有 9 个，为鄂州市、荆州市、长沙市、岳阳市、常德市、益阳市、南昌市、宜春市、抚州市；中等城市有 10 个，为黄石市、孝感市、咸宁市、株洲市、湘潭市、衡阳市、萍乡市、九江市、新余市、吉安市；小城市有 5 个，为黄冈市、娄底市、景德镇市、鹰潭市、上饶市。武汉作为首位城市，市辖区人口达到 512.6 万人，而武汉城市圈中仅鄂州、荆州为大城市，黄冈为小城市，可见，武汉作为长江中游城市群中的首位城市，同样作为武汉城市圈的首位城市，带动整个城市群的发展及辐射能力的发挥远远不够。大城市的平均人口规模仅 151.1 万人，远低于特大城市 500 万人的标准，中间等级的城市规模有待充实。

五 空间组织网络特征

城市群是由多个城市组成的一个系统，不是简单的组合，节点城市之间存在网络系统，建构在节点之间的物质、人口、资金和信息流动之上，在区域一体化的背景下，节点城市间、节点城市与其他城市的联系尤为重要，网络的构建对于地区平衡空间结构、增强凝聚力起到基奠作用。

长江中游城市群的发展模式呈现分散趋势，三大次城市群以及三个中心城市不平衡发展均较明显，武汉、长沙、南昌作为各自次城市群的中心城市，首位度较高，与周围区域的城市形成了长江中游多中心的中等规模的城市群密集区，具备多中心网络化空间模式的雏形，初步显现“一核、两次、三圈、四轴”的空间网络结构。“一核”即武汉，“两次”即两个次级中心城市长沙和南昌，“三圈”即以武汉为中心的武汉城市圈、以长沙为中心的环长株潭城市群、以南昌为中心的环鄱阳湖城市群，“四轴”即以长江、京广、京九、沪昆为主要交通干线的城市经济聚合发展轴。

本节对长江中游城市群的空间组织的分析，发现空间节点上，武汉城市圈的城市职能差异较大，环长株潭城市群较均衡，而环鄱阳湖城市群城市职能发展较滞后；交通可达性上，基本以长江、京广、京九、沪昆为中心轴线；城市群要素流动上，要素空间分布尚未形成围绕中心的指向性分布格局，呈分散化趋势；城市群等级规模上，人口规模基本形成“顶层小，中层多，基层大”的格局；空间组织网络上，具备多中心网络化空间模式的雏形，初步显现“一核、两次、三圈、四轴”的空间网络结构。

基于以上分析，下面进一步对长江中游城市群空间相互作用中的经济联系进行时空分异特征分析，结合时间和空间两个维度，更好地考察长江中游城市群城市空间结构的演化特征，为城市群空间一体化模式选择提供理论依据。

第三节　长江中游城市群空间经济联系的实证分析

城市作为一个开放的复杂系统，其发展离不开与城市以外区域的相互联系，随着城市信息化、工业化的加速推进，城市群合作与交流不断开展与深入，城市群空间经济联系变得更加活跃，内部城市之间、城市群与群外区域之间的竞争与合作逐渐加深，物流、人流、资金技术流和信息流的不断流动，推动城市群社会经济的发展，促进城市群空间结构的演变，进而促进城市群一体化的发展。

空间经济联系是一个综合概念，一般用空间相互作用来反映。城市存在吸引力和辐射力，共同构成城市对外联系，统称为城市引力，形成多个方向组成的力场系统（柳坤、申玉铭，2014）。城市与城市之间、城市与区域之间及区域与区域之间的商品、劳动力、资金、技术和信息等交换日益增加，联系日益复杂，在空间上分离的城市结合为具有特定结构和功能的有机整体，形成集群式发展形态，即空间相互作用。

空间相互作用作为城市群经济联系重要的理论基础，已成为城市群一体化的重要理论依据。而引力模型是经典的空间相互作用研究运用的模型，本节首先对传统引力模型进行介绍，在此基础上，基于综合经济实力和产业互补性视角对引力模型进行修正；其次，选取城市综合实力评价指标，运用主成分分析法对长江中游城市群城市综合经济实力进行评估，得到长江中游城市群城市综合经济实力评估值；再次，利用修正的引力模型，运用 GIS 可视化手段，对 1998～2013 年长江中游城市群经济联系时间、空间两个维度的演变规律进行分析；最后得出结论，为下文提供实证分析基础。

一　研究方法与技术

（一）主成分分析

由于各变量间存在一定的相关关系，可以用较少的综合指标来反映存在于各变量中的多种信息，主成分分析就是这样一种降维的多元统计分析方法，设法将原来多个具有一定相关性的指标，重新组合成一组新的相互无关的综合指标来代替原有指标，更能反映事物的本质。一般用 SPSS 软件进行操作。主成分分析的原理如下。

假设有 q 个指标，将 q 个指标作线性组合，作为新的综合指标。其中选取的第一个线性组合 F_1，即第一个综合指标，其方差越大，表示包含的信息越多。若第一主成分 F_1 不足以表示原有 q 个指标的信息，再考虑选取第二主成分 F_1，并要求 Cov（F_1，F_2）=0，即 F_1 与 F_2 不包含相同的信息，依此类推构造其他的主成分。主成分模型如下：

$$
\begin{aligned}
F_1 &= \alpha_{11}X_{11} + \alpha_{21}X_{21} + \alpha_{31}X_{31} + \cdots\cdots + \alpha_{q1}X_q \\
F_2 &= \alpha_{12}X_{12} + \alpha_{22}X_{22} + \alpha_{32}X_{32} + \cdots\cdots + \alpha_{q2}X_q \\
&\cdots\cdots \\
F_q &= \alpha_{1m}X_{1m} + \alpha_{2m}X_{2m} + \alpha_{3m}X_{3m} + \cdots\cdots + \alpha_{qm}X_q
\end{aligned}
\tag{6.10}
$$

其中 α_{1i}，α_{2i}，α_{3i}，…，α_{qi}（$i=1, 2, \cdots, m$）为 X 的协差阵 Σ 的特征值对应的特征向量，X_1，X_2，…，X_q 是原始变量经过标准化处理的值。

$A = (a_{ij})_{p\times m} = (\alpha_1, \alpha_2, \cdots, \alpha_m)$，$R\alpha_i = \lambda_i\alpha_i$，$R$ 为相关系数矩阵，λ_i，α_i

是相应的特征值和单位特征向量，$\lambda_1 \geqslant \lambda_2 \geqslant \cdots \geqslant \lambda_p \geqslant 0$。

上述方程组要求：

(1) $a_{1i}^2 + a_{2i}^2 + \cdots\cdots + a_{pi}^2 = 1, (i = 1,2,\cdots,m)$；

(2) $A'A = I_m, A = (a_{ij})_{p\times m} = (\alpha_1,\alpha_2,\cdots,\alpha_m)$，$A'$为正交矩阵；

(3) $\mathrm{Cov}(F_i, F_j) = \lambda_i\delta_{ij}, \delta_{ij} = \begin{cases} 0 & i \neq j \\ 1 & i = j \end{cases}$。

（二）GIS 空间分析与可视化

在经济与社会现象的研究中，单靠数字很难简单明了地说明数字背后隐藏的规律性东西，而且冗长的数字让人很难把握其中的关键，特别是涉及区域之间经济与社会现象的比较分析时更是如此。因此在进行区域经济地理现象的时空演变规律分析时，借助 GIS 的空间分析工具可以实现空间位置数据与空间属性数据的匹配，实现空间属性数据的可视化表达，有助于进行属性数据的空间分析，容易说明对比区域之间的差异（王芳、夏丽华，2010）。

空间相互作用理论中存在距离衰减规律，地理空间要素之间的相互作用量随距离的增加而减小，获取的测量数据多为离散的点状数据（即测量数据被赋予测量点），这些点状数据不能反映测量数据在空间上的连续变化过程。而空间插值法作为一种常用的 GIS 空间分析方法，基于空间位置越靠近的点，越可能具有相似的特征值的假设上，可根据空间离散数据插值生成连续分布的空间信息，进而反映相关数据在空间上的变化，常用于将离散点的测量数据转换为连续的数据曲面，以便对其空间结构模式进行研究或与其他空间现象的分布模式进行比较。

一般的空间数据的内插方法有反距离权重插值（IDW）、样条函数方法（Spline）、趋势面分析法（trend surface analysis，TSA）、克立格方法（Kriging）。其中，反距离权重插值（IDW）是最常用的，节点周围数值随其到节点距离的变化而反向变化，表达式如下：

$$Z = \frac{\sum_{i=1}^{n} \frac{1}{D_i^p} Z_i}{\sum_{i=1}^{n} \frac{1}{D_i^p}} \tag{6.11}$$

其中，Z 为估计值，Z_i为第 i 个样本的值，D_i为点与点之间的距离，p 为距离的幂，n 为样本的总数量。

反距离权重插值节点周围数值随其到节点距离的变化而反向变化，这与引力模型的“距离衰减规律”相符，因此笔者参考梅志雄、徐颂军（2012）对 GIS 的应用，利用 GIS 反距离权重插值方法对长江中游城市群经济联系潜力进行空间插值。分级方法采用的是 ArcGIS 软件中的自然间断点分级方法，即基于数据中固有的自然分组，对分类间隔加以识别，可对相似值进行最恰当的分组，并可使各个类之间的差异最大化，便于观察城市群经济联系潜力的空间布局。

二 实证模型及指标选取

（一）传统引力模型

引力模型以物理学中牛顿经典力学的万有引力公式为基础，Zipf（1946）在对用铁路运输量、电话通话量等相似的社会经济交流数量来定义的城市间空间相互作用的研究中，首次提出了引力模型公式，发现两城市间的相互吸引力大小与两地“质量”的乘积成正比，而与两地间“距离”成反比。之后这个模型在很多学者的实证分析中得到了成功的印证，而且被广泛应用在经济地理学中，用以衡量信息、商品、人口的区域流动。模型公式如下：

$$I_{ij} = k\frac{M_iM_j}{D_{ij}^b} \tag{6.12}$$

其中，I_{ij}是 i 和 j 两城市之间的引力；M_i、M_j分别为 i、j 城市的质量，在传统引力模型中，质量（M）通常用 GDP 或者人口来衡量；D_{ij}为 i 与 j 城市间的距离；b 为距离摩擦系数，一般取 2；k 为经验常数。引力模型的一个重要特点，即基本形式保持不变，只要对参数和分量的定义做出适当的改变，就可将引力模型应用于不同的问题。

潜力模型是引力模型的延伸，由城市之间的引力加总求得某城市对外经济联系总强度，即 I_i，反映 i 城市的集聚能力，公式如下：

$$I_i = \sum_{j \neq i}^{n} I_{ij} \tag{6.13}$$

其中，I_i为潜力，I_{ij}为 i 和 j 两城市之间的引力，n 为除 i 城市外的城市总数。

（二）引力模型的修正

随着应用的深入，传统引力模型的不足逐渐显现，学者们对其进行了相应修正。在综合分析相关文献的基础上，笔者从综合实力和产业互补性两个视角分别对城市联系引力模型中的质量（M）和经验常数（k）进行修正。

1. 建立城市综合经济实力指标体系

鉴于城市发展水平是由人口、资金、信息、技术、基础设施等多种因素相互作用综合决定的，单一或少数指标无法完全反映城市经济发展的全貌，传统模型中人口规模并不能全面反映城市质量（M_i），笔者构建了城市质量综合评价指标体系，对单一的城市质量指标进行修正，得到修正后的城市质量（M_i'），综合反映城市的综合经济实力，较传统模型能更好地反映多方面的经济联系。

城市综合经济实力评价系统是一个多层次、多指标的复杂动态系统，据此，按照综合性与系统性相结合、科学性与稳定性相结合、动态性与潜能性相结合的原则，借鉴城市竞争力、区域竞争力和国家竞争力的评价指标体系与模型的研究成果，结合研究区域的实际情况，笔者从经济规模、经济效益、发展潜力三个维度，共选取了 16 个指标，来构建城市质量综合评价指标体系（蔡丽娟，2016）。

在尽量遵循完备性、不同年份可比性和层次性原则，借鉴相关研究的基础上，结合数据的可获得性，指标选取说明见表 6－5。

表 6－5　城市质量综合评价指标体系

一级指标	二级指标
经济规模（A_1）	城建面积（A_{11}）；人口规模（A_{12}）；GDP（A_{13}）；地方财政一般预算内收入（A_{14}）；全社会固定资产投资（A_{15}）；实际利用外资额（A_{16}）；批发零售贸易业商品销售总额（A_{17}）
经济效益（A_2）	第三产业比重（A_{21}）；人均工业总产值（A_{22}）；单位 GDP 电耗（A_{23}）；单位 GDP 水耗（A_{24}）；人均专利申请量（A_{25}）
发展潜力（A_3）	科技支出占财政支出的比重（A_{31}）；万人在校大学生数（A_{32}）；人均城市公路面积（A_{33}）；每万人拥有公共交通车辆（A_{34}）

M_i'计算过程如下：

（1）运用 SPSS 软件对城市综合经济实力进行主成分分析，得到城市质量原始得分值 X_{it}；

（2）由于 X_{it}有正有负，为方便后续计算，笔者借鉴相关文献的方法对其进行处理（王美霞，2008），将 X_{it}调整至（0，1000]，得到修正的城市质量 M_i'：

$$\bar{X}_{it} = X_{it} + [1 - \min(X_t)] \tag{6.14}$$

$$M_i' = \bar{X}_{it} \times \frac{1000}{\max(\bar{X}_t)} \tag{6.15}$$

2. 引入克鲁格曼指数

E. L. Ullman（1957）提出城市相互作用的产生依赖于三个条件，即互补性、中介机会和可运输性，成为空间相互作用体系重要的理论基础。因此，各实体之间的空间相互作用受彼此间互补性、移动性和有无中介机会的影响，并遵循“距离衰减规律”。互补性即实体间存在劳动力、商品、资金、技术、信息等方面的供求关系，在根本上决定了空间相互作用的大小，两者之间存在正比关系。移动性即要素的供求得以顺利进行的可能性，即传输通道的便捷性，一般受空间距离和运输时间、被传输客体的可运输性、区域间的壁垒、交通通畅性等多因素的影响。空间相互作用与可达性存在正向关联。有无中介机会即区域间发生相互作用的可能性需要其他区域的传导才能进行，在多向互补性的情况下，区域与其他哪个区域实现互补性，与中介机会有关，有中介机会能提高空间相互作用发生的可能性。

传统引力模型忽略了城市间经济联系的根源即产业分工的作用，而合理的城市产业分工是各城市发挥比较优势的综合表现，通过促进生产要素的跨区域流动加强城市间的经济联系，从而提高城市群的整体经济效益。

因此，笔者从城市产业互补性角度对模型中经验常数 k 进行修正。公式如下：

$$K_{ij} = \sum_{k}^{n} \left| \frac{q_{ik}}{q_i} - \frac{q_{jk}}{q_j} \right| \tag{6.16}$$

式中，K_{ij}为克鲁格曼指数，q_i、q_j分别为 i、j 城市所有部门总从业人员数，q_{ik}、q_{jk}分别为 i、j 城市 k 部门的从业人员数，n 为部门数。$K_{ij}\in[0,2]$，K_{ij}值越大，则两城市的产业结构差异化程度越大，城市间产业互补性越强。

基于以上两点改进，得到修正后的引力模型、潜力模型分别如下：

$$I_{ij}' = K_{ij}\frac{M_i'M_j'}{D_{ij}^{\ 2}} \tag{6.17}$$

$$I_i' = \sum_{j\neq i}^{n} I_{ij}' \tag{6.18}$$

三　研究方法与数据来源

本章对长江中游城市群经济联系的时间和空间双维度演变进行研究，需要对长江中游城市群的空间形态予以表示。依据前文所述，长江中游城市群共包含 31 个城市，但基于数据的可获得性和长江中游城市群版图的连续性，排除仙桃、天门、潜江、襄阳、宜昌、荆门 6 市，空间分析的研究对象仍为上节空间组织现状特征分析中的 25 个城市。

根据修正的引力模型，对长江中游城市群经济联系强度与潜力进行测度，得到 1998 ~ 2013 年的测度结果。本节重点从时间和空间两个维度分析长江中游城市群经济联系网络的结构分异演变特征，限于篇幅，选取代表年份列表和图示，主要运用以下分析方法：①根据经济联系潜力数值大小进行排位，分析各城市在长江中游城市群中的集聚功能变化特征；②利用反距离权重法对各城市潜力值进行空间插值，分析长江中游城市群联系节点辐射功能空间分布格局的变化特征；③根据城市群经济联系区间和强度生成引力连接线分级分布图，揭示长江中游城市群经济联系强度的空间组织变化规律。

由于数据的可得性，城市群经济联系中所用到的克鲁格曼指数计算所采用的行业分类为《中国城市统计年鉴》中三次产业行业大类。本章所用经济数据来源于 1999 ~ 2014 年《中国城市统计年鉴》以及各省市统计年鉴，所有数据均采用市辖区统计口径，对于个别缺失数据通过插补、平均值等方法得到。所用距离数据为大圆距离，即从球面的一点出发到达球面上另一点，所经过的最短路径的长度，来源于 IDEAS 数据库。

四　长江中游城市群空间经济联系的时空演变分析

（一）城市集聚功能的动态变化

从整体城市群经济联系潜力均值和极差及变化看。由表 6 - 6 可知，1998 ~ 2013 年长江中游城市群经济联系潜力均值呈波动上升趋势，1998 ~2000年缓慢下降，2000 ~2010 年逐渐提高，2013 年出现较大下降，总体上 2013 年较 1998 年提高了 13.36%；同时，长江中游城市群经济联系潜力整体极差较大，1998 ~2010 年逐渐扩大，2010 ~2013 年有所收缩，但总体上呈扩大趋势，从 1998 年的 150.07 上升到 2013 年的 239.13，增加幅度为 59.35%。可见，1998 ~2013 年长江中游城市群整体城市联系趋于增强，但各城市经济辐射能力差异明显扩大。

从城市群经济联系潜力排序及变化看。将排序按大小分为三个梯队，分别为前 8 位的为第一梯队，后 8 位的为第三梯队，其余排序的为第二梯队。由表 6 - 6 可知，依据近 15 年长江中游城市群各城市经济联系潜力的均值，第一梯队的城市包括武汉、长沙、新余、鄂州、宜春、株洲、萍乡、湘潭，第二梯队的城市包括吉安、益阳、黄石、孝感、咸宁、南昌、岳阳、黄冈、九江，第三梯队的为鹰潭、娄底、抚州、常德、衡阳、景德镇、荆州、上饶；在排序变化上，武汉、长沙、新余、宜春、株洲等 5 个城市稳定处于第一梯队，孝感、咸宁、南昌等 3 个城市稳定处于第二梯队，常德、衡阳、景德镇、荆州、上饶等 5 个城市稳定处于第三梯队，共 13 个城市经济联系潜力排序在 1998 ~2013 年稳定在各自的梯队中，其中武汉、上饶排序十分稳定，近 15 年一直分居首位和末位。而其他城市排序呈现跨梯队变化，其中鄂州、娄底、吉安变化较大，鄂州由 1998 年的第二梯队上升至 2013 年的第一梯队，娄底由 1998 年的第一梯队落到了 2013 年的第三梯队，而吉安 1998 ~2005 年均处于第二梯队，在 2010 年上升至第一梯队，2013 年又落到第二梯队。同时，各梯队内部的城市排序逐年变化，其中变化最大的为稳居第一梯队中的新余，由 1998 年的第 4 位落到 2000 年的第 7 位，2005 年上升到第 3 位，2013 年继续上升到第 2

表 6-6 1998~2013 年长江中游城市群代表年份城市经济联系潜力及排名

次城市群	城市	1998 年		2000 年		2005 年		2010 年		2013 年		均值	
		潜力	排名	潜力	排名	潜力	排名	潜力	排名	潜力	排名	潜力	排名
武汉城市圈	武汉市	159.02	1	195.09	1	214.55	1	249.40	1	246.47	1	217.75	1
	黄石市	79.86	10	86.76	8	79.33	12	91.70	11	96.68	7	86.03	11
	鄂州市	98.26	9	133.44	3	142.01	4	153.30	4	157.46	5	139.80	4
	孝感市	60.40	13	61.36	11	79.81	11	87.23	13	76.09	11	78.59	12
	荆州市	19.48	24	22.80	24	26.34	23	32.31	21	23.76	23	25.64	24
	黄冈市	41.67	17	47.86	14	41.81	16	38.34	18	39.91	17	42.83	16
	咸宁市	56.33	14	53.43	13	59.07	13	88.66	12	63.29	14	59.94	13
环长株潭城市群	长沙市	148.37	2	140.65	2	199.58	2	201.52	2	159.85	4	180.25	2
	株洲市	130.00	5	125.76	4	127.96	5	150.39	5	99.24	6	128.05	6
	湘潭市	100.45	8	81.16	9	93.65	9	103.58	9	95.16	8	96.44	8
	衡阳市	32.36	20	23.40	23	25.88	24	31.23	23	26.99	22	27.57	22
	岳阳市	42.49	16	55.76	12	49.27	15	52.32	15	37.19	19	48.17	15
	常德市	23.54	23	24.06	22	31.34	20	35.41	20	22.58	24	30.21	21
	益阳市	67.69	11	69.25	10	96.98	8	102.14	10	64.81	13	87.52	10
	娄底市	107.29	6	30.38	20	34.09	19	32.03	22	28.54	21	36.82	19
环鄱阳湖城市群	南昌市	44.13	15	41.00	16	58.05	14	64.99	14	68.36	12	55.94	14
	景德镇市	26.44	22	28.22	21	28.79	21	26.83	24	30.25	20	27.25	23
	萍乡市	101.80	7	113.86	5	121.48	7	132.51	6	88.88	9	118.02	7
	九江市	37.94	19	39.72	17	41.47	17	45.50	16	53.69	15	41.89	17
	新余市	130.74	4	95.47	7	159.72	3	163.97	3	202.83	2	166.68	3
	鹰潭市	27.74	21	31.23	19	40.16	18	43.23	17	38.51	18	37.46	18
	吉安市	66.22	12	45.92	15	86.48	10	123.62	7	81.21	10	93.78	9
	宜春市	143.98	3	99.12	6	123.64	6	110.58	8	179.60	3	131.02	5
	抚州市	40.04	18	31.44	18	27.56	22	36.54	19	46.32	16	36.07	20
	上饶市	8.95	25	5.27	25	5.61	25	6.90	25	7.34	25	6.52	25
整体均值		71.81	—	67.30	—	79.79	—	88.17	—	81.40	—	80.01	—
整体极差		150.07	—	189.82	—	208.93	—	242.50	—	239.13	—	211.23	—

注：①均值为各城市 1998~2013 年内城市经济联系潜力值的 16 年均值；②整体均值为长江中游城市群各年所有城市经济联系潜力的均值；③整体极差为长江中游城市群各年城市经济联系潜力中最大值与最小值之间的差。

位。可见，长江中游城市群经济联系潜力排序变化呈梯队间较稳定、梯队内更替频繁的特征。

从三大次城市群经济联系潜力均值及其变化趋势看，由图6－1可知，1998～2013年武汉城市圈经济联系潜力均值一直高于长江中游城市群整体潜力均值，对外经济联系稳步增强，环长株潭城市群则围绕总体均值波动，环鄱阳湖城市群经济联系潜力均值一直低于长江中游城市群整体潜力均值，除2000年、2009年出现较大反向波动外，呈缓慢提升趋势；除少数年份如1998年、2003年、2004年、2008年、2013年，其余年份三个次城市群经济联系潜力均值的排序基本维持不变，即武汉城市圈—环长株潭城市群—环鄱阳湖城市群。反常的是环长株潭城市群经济联系潜力均值在2010～2013年出现下降趋势，且在2013年低于环鄱阳湖城市群经济联系潜力均值，可见2010～2013年环长株潭城市群与长江中游城市群其他城市的经济联系减弱。

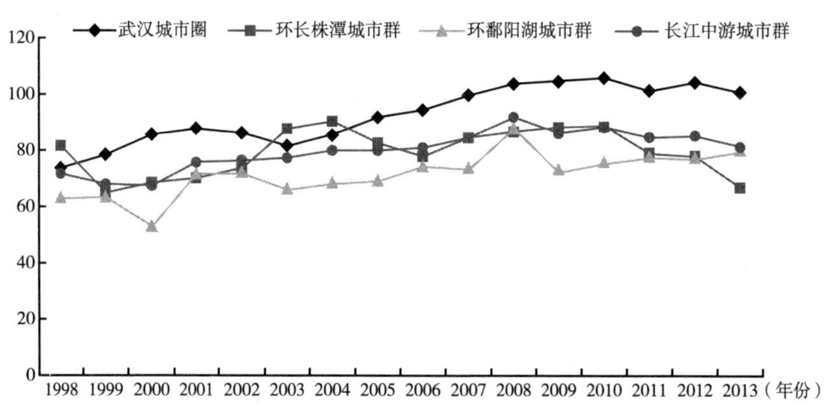

图6－1　长江中游城市群经济联系潜力整体与次城市群均值变化特征

（二）城市集聚功能的空间结构演化特征

上文从时间维度对长江中游城市群经济联系潜力进行了分析，进一步对长江中游城市群城市辐射效果的空间结构演化进行比较分析，考察各城市的职能差异化属性。笔者利用GIS反距离权重插值方法对长江中游城市群经济联系潜力进行空间插值。所有年份图例统一以具有最大值年份分级为标准（下同）。

从整体空间布局的结构特征及其变化看，1998～2013 年长江中游城市群经济联系潜力的空间布局逐渐呈现两大圈层式发展结构，一圈是由最高峰区武汉为中心向四周扩散，且扩散强度逐年稳定增强，另一圈是由长沙、新余组成的双中心向外推移，但双中心结构并不稳定。1998 年长沙、新余双中心辐射结构初步显现，2000 年结构松散，2005 年结构得到恢复，2010 年长沙与新余之间辐射影响减弱，到 2013 年双中心辐射结构逐渐得到巩固；同时，黄冈、岳阳、九江等部分城市经济联系潜力插值与周围区域出现差异，且均为低值区范围，可见城市经济联系潜力在空间上逐渐向外衰减的过程中，呈现显著的时空变异特征。

从三大次城市群城市经济辐射空间分异特征及其变化看，三大次城市群的经济辐射能力呈现不同的区域空间分异特征。武汉城市圈城市经济辐射能力分布格局具有一定的跳跃性，北部区域中的低值区呈点状分布，而边缘地区荆州 1998～2013 年均处于低值区；环长株潭城市群呈现明显的中心—外围结构，低值区主要分布在边缘地区娄底、衡阳、常德，且承接的经济辐射在近 15 年尚未得到强化；而环鄱阳湖城市群则由西向东呈带状递减，且东部低值区范围在 1998～2013 年逐年缩小，可见整个环鄱阳湖城市群的经济联动发展有较小改善，中心城市南昌辐射带动作用较弱，对外辐射能力不及武汉、长沙，其周围城市的潜力插值均处于低值区，且距新余较远，东部很多城市接受的辐射影响有限，导致环鄱阳湖城市群经济发展松散，尚未形成良好的集群经济效应。

从三大次城市群之间的关联特征与变化看，地处武汉城市圈和环鄱阳湖城市群边界的九江，以及地处武汉城市圈与环长株潭城市群之间的岳阳，两者接受其他地区的辐射影响均不足，近 15 年基本处于低值区范围，城市对外经济联系较弱，不能为次城市群间的经济辐射提供有力的中介支撑，导致武汉城市圈和环鄱阳湖城市群之间、武汉城市圈和环长株潭城市群之间的经济联系松散。而环长株潭城市群与环鄱阳湖城市群之间出现了明显的跨区域集聚和扩散经济效应，作为空间辐射圈层结构中的一圈，以长沙、新余为中心带动的长株潭—萍乡—宜春—新余逐渐形成了跨次城市群的组团经济联系，且联系渐趋增强。

（三）经济联系强度分级空间组织演化特征

在对长江中游城市群各个城市经济联系潜力的时空变化分析的基础上，进一步考察各城市之间的经济联系紧密程度及其空间分布特征。利用GIS可视化技术对其分布格局进行分析，并参考相关文献，将联系强度分为四个等级：0.01～5.35为弱联系，5.35～20.16为较弱联系，20.16～43.45为较强联系，43.45～110.66为强联系（徐茜，2010）。

从整体城市联系强度分级与空间分异看，长江中游城市群经济强联系不多，城市之间大部分为弱联系，跨次城市群间城市联系稀缺。所有城市联系区间中，武汉—鄂州、长沙—益阳、株洲—萍乡、新余—宜春、新余—吉安5个城市区间基本维持较强联系以上状态，且均具有邻近特征。其中，武汉—鄂州经济联系历年都较紧密，联系十分稳定，而新余—吉安联系程度逐年变化，1998年处于较强联系，2000年下降为较弱联系，2005年变为较强联系后，2010～2012年一直维持强联系状态，但2013年下降为较弱联系。根据前文公式（6.16）计算的衡量城市间产业结构差异化程度的克鲁格曼指数，武汉—鄂州克鲁格曼指数由1998年的0.21上升到2013年的0.44，新余—吉安克鲁格曼指数与联系强度分级的变化有相似性，由1998年的0.63下降到2000年的0.29，2005年跃升到0.85后，2010年高达1.03，2011～2012年维持在0.98的较高水平，2013年有所下降，为0.83，可见武汉—鄂州、新余—吉安产业结构差异化程度明显提高，城市间通过产业结构相互协调，增强经济联系；1998～2013年长江中游城市群经济联系强度空间分异呈现北部和中南部强、东部弱的特征，并具有一定固化性，与潜力空间插值特征相似，较强和强联系的区间集中在武汉、长沙、新余，而南昌的吸引功能不明显，近15年与其他城市的联系均为较弱及以下联系，中心城市构成的三角呈现较明显的非均衡发展。

从三大次城市群之间的联系看，长江中游城市群三大中心城市之间的经济联系并未取得突破，均属于弱联系，同类型城市间的相互影响、协同共生发展格局尚未形成。根据公式（6.16）克鲁格曼指数的计算可知，历年武汉、长沙、南昌三个城市之间的克鲁格曼指数偏低，均在0.5以下，以2013年为例，武汉与长沙的克鲁格曼指数为0.33，武汉与南昌为

0.44，长沙与南昌为0.50，可见三者之间的产业结构差异化程度不高，不能形成高水平的产业互补联系，加上南昌经济实力较弱，对要素的集聚能力不够，交通相对落后，难以与武汉、长沙形成良好互动；中介城市岳阳、九江、萍乡中，仅萍乡跨次城市群之间联系紧密，1998～2012年均稳定在强联系状态，2013年有所削弱，到较强联系状态，总体上起到次城市群间经济辐射中介传递作用，而岳阳只在少数年份与武汉、咸宁有较弱联系，九江与黄冈、黄石则一直维持在较弱联系，可见长江中游城市群三大次城市群之间的融合协同发展格局尚未形成。

从三大次城市群内部经济联系强度与空间布局看，武汉城市圈中武汉的中心地位凸显，而非中心城市之间经济联系薄弱，均为较弱联系以下，其中荆州与其他城市联系始终为弱联系状态；环长株潭城市群中长株潭三角中心结构并不稳定，长沙—株洲、长沙—湘潭城市经济联系较强，株洲—湘潭一直处于较弱联系状态，而长沙与益阳之间的经济联系在进入21世纪后均保持在强联系状态，但到2013年出现削弱趋势，这与城市产业互补性有很大关系，通过公式（6.16）计算的克鲁格曼指数可知，1998～2013年株洲—湘潭克鲁格曼指数均在0.3以下，长沙—株洲、长沙—湘潭的克鲁格曼指数在2010～2013年呈下降趋势，而长沙—益阳克鲁格曼指数1998～2013年逐渐提高，可见长株潭产业结构差异化程度逐渐降低，产业同构造成的相似性竞争激烈，而长沙—益阳产业差异化逐渐提高，而且交通条件逐渐改善，要素向长沙极化效应愈加明显；环鄱阳湖城市群经济联系整体较松散，仅吉安—新余—宜春三者间联系紧密，经济区内未形成明显的中心向心性特征，产业专业分工合作的主导作用尚不明晰，南昌不能带动其他城市通过与其构建紧密联系来参与长江中游城市群合作。

五　实证结论总结

通过以1998～2013年长江中游城市群25个城市为研究对象，基于经济实力和产业互补性视角对引力模型进行修正，利用GIS可视化技术，对长江中游城市群城市空间经济联系与结构形态的时空演变特征进行了深入分析，可以发现长江中游城市群空间一体化具有以下几个方面的特征。

（1）整体上，近 15 年来，长江中游城市群经济联系潜力有所提高；城市经济辐射呈现明显的两大圈层式结构，其中，以武汉为中心的圈层较为稳定，以长沙、新余组团的向外扩散圈层出现一定的规律伸缩性；近 15 年基本保持北部和中南部强、东部弱的空间分异特征。

（2）次城市群层面，武汉城市圈和环鄱阳湖城市群对外经济联系逐渐增强，环长株潭城市群则呈波动上升趋势，三大次城市群经济联系潜力排序近 15 年基本呈武汉城市圈—环长株潭城市群—环鄱阳湖城市群的梯级差异格局；各次城市群内城市经济辐射能力呈现不同的空间推移特征，即武汉城市圈城市经济辐射扩散具有一定跳跃性，环长株潭城市群呈现明显的中心—外围结构，环鄱阳湖城市群由西向东呈带状递减。

（3）城市层面，近 15 年长江中游城市群城市联系潜力排序呈现第一、第二、第三梯队减弱的分异特征，且城市在不同梯队间变化较少，而梯队内的城市排序变化较多。

（4）城市经济联系的变化与城市产业专业化水平的变化具有明显相关性。城市产业结构差异化程度是城市之间合作的基础，通过相互间产业互补性增强经济联系，特别是新余—吉安经济联系强度的变化与两者间克鲁格曼指数的变化具有一致性。

（5）长江中游城市群空间一体化发展程度较低，经济联系发展具有相对独立的区域性。具体表现在以下三个方面：①长江中游城市群城市经济辐射能力差距逐渐扩大，导致城市经济的联动发展程度减弱，出现两极分化的现象；②城市群内三大次城市群之间的跨区域联系发展存在阻碍，环鄱阳湖城市群经济联系并未形成向心性发展，与武汉城市圈经济联系较弱，而与环长株潭城市群形成了明显的跨区域扩散经济效应，长江中游城市群三大次城市群之间集群发展结构尚未形成；③中心城市间的互动联系程度低，不利于带动次城市群间及周边城市间的跨界互动。南昌对外辐射带动能力明显低于武汉和长沙，长江中游城市群中心城市之间缺少联系；新余经济外向辐射效应逐渐增强，武汉—鄂州、长沙—益阳、株洲—萍乡、宜春—新余—吉安联系稳定，而上饶对外经济联系非常滞后。

第四节　长江中游城市群空间一体化的模式选择

通过上文对长江中游城市群空间组织和城市群经济联系的分析可以发现，长江中游城市群空间组织结构呈非均衡发展态势，初步显现多中心网络化的空间城市分布结构雏形。但在内在的城市群经济联系结构上，表现出独有的发展特征：近 15 年长江中游城市群各城市对外经济联系整体呈上升之势，但城市间经济联系差异扩大，城市群经济联系空间结构基本维持以武汉为中心以及以长沙、新余组团为中心的两大圈层式扩散形态，呈北部与中南强、东部弱的空间分异特征；武汉城市圈、环长株潭城市群、环鄱阳湖城市群之间跨界联系具明显的非均质性，互动集群式发展结构尚未形成；产业互补性在城市经济联系中的重要性逐渐显现，新余、益阳、萍乡等城市在非中心城市对外经济联系中表现尤为突出。在此基础上，本节主要针对长江中游城市群的空间结构特征，借鉴相关经验，提出长江中游城市群空间一体化的模式选择。

一　空间一体化的目标定位

城市群一体化是动态持续的，由一体化前城市间交易壁垒、城市群总社会福利、消费者剩余、生产者剩余、净福利损失等不经济状态转向一体化后经济状态。城市群一体化的目标在于维持城市群的可持续发展，提高城市群的发展质量，提高城市群的永续竞争力，而目标的层次性有着不同的空间一体化目标，从而引起不同的一体化模式和路径（张攀，2008）。因此，城市群空间一体化的模式选择首先要确定城市群空间一体化的目标。城市群空间一体化目标的发展战略不同，可分为三类：全球性城市群；区域性城市群；地方性城市群。不同空间一体化目标的城市群其选择的一体化路径差异较大。

全球性城市群具有国家及国际的影响力，成为世界城市网络的组成部分。其多样化程度高，资本证券化、产品专业化水平高，对社会规则具有创造性且敏感度高。其城市群一体化的具体策略表现在：①基础设施上，建设先进的教育、医疗设施，领先的安全资源，提供周到的公共服务设施，且具备国际性空港或海港，打造信息网络成为国际信息网络中心的节点；②产业上，培育或引领第三产业发展，掌控与全球经济活动密切联系的三产内容，高技术产业发达，将非核心产业转移出去或业务外包；③劳动力市场上，制定吸引高技能人才的政策，保障人才的自由流动，培育专业化与创意领域的顶尖人力资源体系；④交易成本上，简化程式化操作，使机会成本合理化。

区域性城市群拥有一到两个产品的区域国际化，受限于由世界城市或其他区域城市带来的影响。其多样化程度中等，具备专业化。城市群活动来源于历史、地理、政治格局的内生特质，公共部门与私人具有良好协调性，对技术、文化活动具有强大需求。其城市群一体化的具体策略表现在：①基础设施上，打造区域性交通网络，拥有通畅的信息资源，具有地方中心性的教育、医疗设施和完善的安全与公共服务设施，且反映历史、地理、文化的独特性。②产业上，高技术产业的发展追求；地方性中心的第三产业；都市型工业或比较优势显著的工业；打造特色产业或区域产业集群。③劳动力市场上，形成专业化的劳动力市场，具有显著的区域劳动力集中措施和能力，建设区域性特色的工种与工资体系。④交易成本上，建立较强的法律和程序性，克服个人及机构作用的网络负效应，使交易规范化。

地方性城市群是在区域范围内获得无制度框架下的地方认同，拥有与中等规模和小城市相适应的地方网络内的项目和领导力，具有由 1 个产品带来的简单国际吸引。其多样化程度一般，与中等规模城市区域形成补充，城市群活动多为源自地方及自然资源的内生活动，并致力发展新活动。其城市群一体化的具体策略表现在：①基础设施上，建设必备的安全、公共服务与医疗设施，提供一定的教育资源，具备信息化设施与基本便利、内部畅通的交通体系，打造独特的人文景观、自然资源、社会设施；②产业上，升级改造传统工业，引进新产业，并嵌入区域产业链，探索以地方特色为主的高附加值产业，开展特色旅游；③劳动力市场上，避免人才外流，克服对地方人口的依赖，增加就业，并克服“家庭式管理”；④交易成本上，完善交易环境，避免掺杂个人偏好的网络负效应，使交易规范化。

基于以上三种目标的基本特征，长江中游城市群拥有一到两个产品的区域国际化，但缺乏国际影响力，且受到长三角城市群、京津冀城市群、珠三角城市群的影响，城市群内活动是基于历史文化相近、地理邻近以及政策引导发源的，对技术活动具有强大需求。因此，长江中游城市群一体化的目标应定为以武汉、长沙、南昌为三大中心节点，其他城市围绕其发展，形成区域性城市群，逐步发展为全球性城市群。在确定城市群一体化目标后，就其模式选择进行进一步分析。

二　空间一体化的一般模式

（一）双核模式

地域上邻近的两个城市在城市规模和吸引能力以及在区域中所起的作用相似，在城市群的形成发展过程中始终起到双核心的作用。随着双核心城市之间的交通发展，两城市间的时间距离越来越短，为其空间一体化提供了前提条件。在双核模式中，两个核心城市相互依赖和制约，两者的主从关系不明确，特别是在行政经济职能、原材料和能源的供需以及商品交换等联系方面合作紧密，带动作用非常明显。双核一体化模式的城市群格局中，打破行政分割是关键，改变两核心孤立发展态势，深入调整和重组产业布局，通过经济综合体中主导产业群的构建，形成双核间多维度的产业转移与互动，从而促进城市互补，使相邻优势成为区位优势。若存在其中一城市相对较弱，则其需要正确定位，具体选择策略，实现优势互补的合作，提升经济发展能力，促使双核牵引格局的形成（陆大道，1995）。双核模式典型城市群有成渝城市群、京津唐城市群等。

（二）成三角模式

成三角一体化模式在外部空间结构形态上表现为稳定的三角形，基于城市规模和经济发展实力的不同，在经济发展上表现为以一个主角带动两个副角的结构形态。其中，主角是区域性中心城市，即城市群空间一体化地域系统中的经济增长极，两个副角则是地方性中心城市，在政治、经济、文化上弱于主角。在城市群空间一体化过程中，不同城市分工不同，以比较优势进行合作。首先，主角城市重点发展高新技术产业，将较低层次产业转移到副角城市，同时共享公共资源与其他城市，调整城市间功能趋同和分工不清的状况；其次，副角城市依据优势承接产业转移，优化区域产业结构，更新生产技术，从而增强整体中心城市的辐射力，起到良好的示范作用，从而推进周边地区的产业结构调整和优化，形成合理的产业空间布局。成三角模式使局限于单个城市内的资源和要素随一体化过程的推进，在城市群中自由流动，进而实现资源的优化配置和效益的最大化。成三角一体化模式典型城市群有长株潭城市群、哈大齐城市群等。

（三）雁行模式

城市群仅有一个核心城市，作为城市群的发展极，即“领头雁”作用，而其他不同功能和规模的大城市作为协调极，由公路、铁路、水运、航空等多种交通方式组成的交通运输网络则是城市群经济发展的骨架。这一模式的基础在于要素资源的高度集中，城市群空间因素集中，区域内人口、资源要素集聚以及自然环境的集约化开发利用。发展极城市在城市群空间一体化地域系统起领头作用，在资金、技术、信息、创新等多方面具有优势，具有城市群持续发展的动力。其他城市则与发展极之间形成一定的发展梯度，构建分工体系，根据在分工体系中所处位置，推进产业结构的调整和优化，促进一体化过程中的人员、物质、资金和信息的流动与增值，实现产业空间布局的优化（Bournel L. S.，Simmons J. W.，1978）。雁行一体化模式典型城市群有长江三角洲城市群和珠江三角洲城市群。

（四）星座模式

城市群存在着多个经济发展水平较高的城市，形成了实力相近的城市群经济增长极。城市之间存在强大的吸引力和制衡关系，因而形成了城市群地区星座式发展的格局。此种一体化模式应基于各个经济增长极的经济发展现状和区域发展基础，并从城市群整体状况出发，发挥各自优势，进行产业结构的调整、布局，促使城市群经济不断走向一体化，呈空间网络系统形态，引起整个区域经济的跨越式发展，但各城市不论是经济总量还是人均占有量上一般都不及雁行模式的发展极城市。星座式一体化模式典型城市群主要有粤港澳地区。

四种一般模式各有特色和优缺点，如何选择关键在于城市群区域性中心城市的发展情况及相互间的互动关系。而城市间的经济联系是推动城市群发展壮大的重要推力。从双核一体化模式、成三角一体化模式、雁行一体化模式再到星座式一体化模式的演变，体现了城市群区域性中心城市在数量和质量上的不断壮大，以及城市之间经济联系的不断强化。

三 长江中游城市群空间一体化模式选择

（一）空间一体化模式选择的依据

城市群空间一体化模式的选择与城市群的发展阶段、城市群空间演化阶段、城镇的空间分布状况和城市群的发展条件直接相关。根据第二节对长江中游城市群空间组织现状分析，以及本节对长江中游城市群空间经济联系特征分析可知，长江中游城市群的空间组织及空间结构演化呈现如下特征和问题。

（1）长江中游城市群的空间组织特征。第二节对长江中游城市群空间组织现状分析表明，长江中游城市群空间组织特征表现为：空间节点上，武汉城市圈的城市职能差异较大，环长株潭城市群较均衡，而环鄱阳湖城市群城市职能发展较滞后；交通可达性上，以长江、京广、京九、沪昆为中心轴线；城市群要素流动上，要素空间分布尚未形成围绕中心的指向性分布格局，呈分散化趋势；城市群等级规模上，人口规模基本形成“顶层小，中层多，基层大”的格局；空间组织网络上，初步显现“一核、两次、三圈、四轴”的空间网络结构雏形。

（2）长江中游城市群空间结构演化过程凸显的问题。①整体上长江中游城市群空间一体化发展程度较低，经济联系发展具有相对独立的区域性。②武汉是长江中游城市群的首位城市、区域性交通枢纽，也是在长江中游城市群中经济发展综合实力最强的城市，但单独作为长江中游城市群经济增长极尚存在一定差距，其与其他次城市群城市的联系弱，且存在行政壁垒，辐射范围不足以覆盖整个次城市群。③城市群空间联系除了形成了以武汉为中心向外扩散的空间形态，也存在以长沙、新余组团为中心的圈层式辐射形态，且该圈层具有跨次城市群的特点，能够带动跨次城市群边界地区的发展。④南昌虽在三个次城市群中心城市中处于劣势，但其在政治、经济、文化上都是环鄱阳湖城市群的中心，在次城市群内部具有较大影响力。⑤城市群中的其他非中心城市如鄂州、益阳、萍乡、新余等经济实力相对较弱，但它们的对外空间经济联系较强，特别是新余—宜春—

吉安形成了稳定的三角联系结构，与中心城市邻近，城市之间存在合作的基础，也有合作的历史，有优越的经济发展条件。

结合长江中游城市群的城市体系的空间演化正处于以空间集聚为主导的发展阶段，长江中游城市群现阶段有三个中心城市，以武汉为主角，以长沙、南昌为副角，因此应选择成三角一体化模式，并向星座式一体化模式进化，最终成为世界网络城市体系的一部分。

（二）成三角一体化模式的总体构想

成三角一体化模式的空间架构由三角结构的城市节点和城市发展轴构成，其中关键节点城市和发展重轴的选择对于优化城市网络结构至关重要。依据前面中心城市职能强度、空间经济联系的时空演变综合分析，并考虑区域未来发展方向以及空间布局的均衡，武汉理应作为主角节点城市，凭借其经济联系度的优势和政策优势，尽快地向全国性核心城市靠拢，加强与国际市场的合作交流，使之成为世界城市网络的一个节点，并以此制高点为“据点”，通过各级发展轴线，带动整个长江中游城市群及中部地区的发展。副角节点城市为长沙和南昌，在区域中的位置适当，应当挑起区域增长极带动作用的重任，在各自周围带动一批中小城市群的发展。鄂州、益阳和新余三个城市，依各类指标值得知，其发展非常迅速，应当将其作为重点新兴增长极来培育和建设。打破行政区划限制，支持联系比较紧密的省际毗邻城市合作发展，长沙、株洲、湘潭—新余、宜春、萍乡在空间经济联系分析中有较强联系，而咸宁—岳阳—九江、荆州—岳阳—常德—益阳、九江—黄冈—黄石组团发展不明显，因此需要加强并促进其发展，成为城市群一体化发展先行区和示范区。目前，区域重点发展轴为沿江、沪昆和京广、京九、二广“两横三纵”，其他轴线则还处在萌芽阶段，打造城市群范围的“一区（以武汉、长沙和南昌为中心的核心区）三圈（次城市群）三级（城市）四组团（省际毗邻城市组团）五轴（发展轴）”的网络城市构架。同时也应看到，随着长江经济带战略的实施，沿江流域的城市群经济联系逐渐加深，应促进沿江城市体系的发展。而且作为开发开放的重要战略地带，经济全球化的加速、跨国联系的日益紧密，将大大促进跨国城市体系的发展，像东京、纽约和伦敦这样的世界城市与其腹地和国内城市体系的联系正逐渐减弱，与国际城市间的经济联系反而加强，所以从战略高度来考虑，长江中游城市群城市经济未来的一体化方向最终将是实现从国内网络城市模式向跨国城市体系模式转变。

四　长江中游城市群空间一体化的发展策略

长江中游城市群城市体系的发展，要以壮大首位城市和积极发展小城市为重点，合理发展中等城市，逐步调节城市群内城市的等级规模结构、网络结构和功能分工，促进长江中游城市群的一体化发展和整体功能的发挥。

（一）构建“一区三圈四组团五轴”的城市网络格局

以建设长江经济带为契机，突出城市群空间发展的多层次性和多轴向性，以产业发展为着力点，构建“一区三圈四组团五轴”的城市群网络格局。

以武汉为主角、长沙和南昌为副角，以高铁和高速公路为依托，以鄂州、黄石、咸宁、岳阳、株洲、萍乡、新余、宜春、九江 9 个城市为节点，通过沿江、沪昆和京广、京九、二广“两横三纵”共五条发展轴，构建长江中游城市群核心区。通过产业、文化等多方面交流互动，增强整体区域辐射影响能力，向周边城市扩散辐射，逐渐形成长江中游城市群整体集群发展。

以武汉、长沙、南昌为中心，分别大力发展武汉城市圈、环长株潭城市群、环鄱阳湖城市群，增强“三圈”内部城市经济联系，通过中心城市的辐射带动效应，提升周边中小城市的经济发展能力，特别是培育鄂州、益阳、新余等城市作为各圈内部的次中心。

以长江中游城市群一体化的先行区和示范区为建设目标，以省际毗邻城市跨边界组团为发展形式，带动边缘地区的经济发展，包括长沙、株洲、湘潭—新余、宜春、萍乡，咸宁—岳阳—九江，荆州—岳阳—常德—益阳，九江—黄冈—黄石等四个组团，联结三圈跨区域合作。

（二）催育长江中游城市群核心区，强化组织带动作用

以现有城市体系和产业布局为基础，形成以武汉为主角，长沙和南昌为副角，包括鄂州、黄石、咸宁、岳阳、株洲、萍乡、新余、宜春、九江 9 个城市在内的长江中游城市群发展核心区。通过中心城市带动周边城市

在空间产业和功能的对接，并加快省际快速交通通道的建设，加强城市间经济联系，从而形成“三角”型的长江中游城市群核心框架。

城市群中心城市的影响力和综合竞争力决定了城市群在国内城市体系以及世界城市体系中的地位，而长江中游城市群中武汉、长沙、南昌三个中心城市之间的分工合作更是影响城市群的整体发展。要以国家区域性中心城市为建设目标，强化武汉主角城市的职能地位，提升国际化水平。以建成“两型”城市和实现全面小康为目标，提高长沙作为副角城市的综合竞争力。南昌相对其他两个中心城市经济实力较落后，以重要先进制造业基地为建设目标，优化作为副角城市的功能，通过加快与其他地区如九江、抚州等的一体化，提高经济辐射带动能力。

（三）完善城市体系结构，加强协作对接

长江中游城市群的发展尚处在初始阶段，城市空间组织结构尚不完善，城市相互之间经济联系不够紧密，竞争合作的互动交流机制尚待形成，因此，在城市体系结构上需基于职能分工互补原则进一步提升城市规模和功能特色，优化城镇体系结构，加强协作对接，实现城市群集约联动发展。通过产业和公共服务资源的布局引导，打造一批特色鲜明、布局合理的中等城市，如鄂州、黄石、株洲、岳阳、益阳、新余、宜春等，成为长江中游城市群一体化进程的重要支撑；突破行政区划约束，加强联系比较紧密的省际毗邻城市合作，通过长沙、株洲、湘潭—新余、宜春、萍乡，咸宁—岳阳—九江，荆州—岳阳—常德—益阳，九江—黄冈—黄石等四个组团，提升株洲、宜春、萍乡、咸宁、岳阳、九江、荆州、常德、黄冈等省际区域城市在城市群城市体系中的地位和作用；同时依托沿江、沪昆、京广、京九、二广“两横三纵”发展轴线，构建沿轴线大中小城市的合理分工，形成沿线联动发展的格局。

第五节　本章小结

首先，本章从空间节点、交通通道、城市间要素流、城市群等级结构、空间组织网络五个方面，对长江中游城市群空间一体化的现状特征进行了测度分析，发现长江中游城市群空间一体化现状特征为：空间节点上，武汉城市圈的城市职能差异较大，环长株潭城市群较均衡，而环鄱阳湖城市群城市职能发展较滞后；交通可达性上，基本以长江、京广、京九、沪昆为中心轴线；城市群要素流动上，要素空间分布尚未形成围绕中心的指向性分布格局，呈分散化趋势；城市群等级规模上，人口规模基本形成“顶层小，中层多，基层大”的格局；空间组织网络上，具备多中心网络化空间模式的雏形，初步显现“一核、两次、三圈、四轴”的空间网络结构。

其次，本章基于城市质量与互补性视角对引力模型进行修正，运用修正的引力模型，结合主成分分析法与 GIS 空间分析方法，对长江中游城市群 1998～2013 年不同空间尺度的一体化进行了动态比较分析。可以看出，近 15 年长江中游城市群城市对外经济联系整体呈上升之势，新余、益阳、萍乡等城市通过产业互补在非中心城市对外经济联系中表现尤为突出；各城市间经济联系差异扩大，基本维持以武汉为中心以及以长沙、新余组团为中心的两大圈层式扩散形态的空间结构，呈北部与中南强、东部弱的空间分异特征；三大次城市群之间的互动集群式结构尚未形成。

最后，本章基于长江中游城市群空间组织现状特征与城市群经济联系的时空演变特征，针对城市群空间一体化发展中的特征与问题，借鉴经典的空间一体化模式，提出长江中游城市群空间一体化模式的总体构想即以武汉为主角，以长沙、南昌为副角的成三角一体化模式，并向星座式一体化模式进化，最终成为世界网络城市体系的一部分。并进一步提出了长江中游城市群空间一体化的发展策略，即构建“一区三圈四组团五轴”的城市网络格局；催育长江中游城市群核心区，强化组织带动作用；完善城市体系结构，加强协作对接。

第七章

长江中游城市群一体化发展机制探讨

第四、五、六章分别对长江中游城市群市场、产业、空间一体化水平进行了测度与动态演化分析，并依据一体化水平及演化特征分别探析了市场、产业、空间一体化模式选择。模式的选择只是一种理论上的可行性建构，如何实现有赖于机制建设的保障。本章首先简析城市群一体化发展机制的内涵与构成，分析国内外典型城市群一体化机制建设及启示，然后解析长江中游城市群一体化机制缺失的主要表现，重点阐析长江中游城市群一体化机制构建策略。

第一节　城市群一体化机制内涵与构成

一　城市群一体化机制内涵

机制，泛指一个工作系统的组织或部分之间相互作用的过程和方式。它是事物或现象发生、发展变化最本质的推动力，因而具有根本性，其存在过程伴随多种要素及要素的相互作用而具有多元性，且在事物的不同阶段要素之间的相互作用中不断变化，从而产生动态性。将机制的含义与城市群一体化相结合构成了城市群一体化机制：城市群内各构成要素之间相互联系、相互作用、相互制约的关系和功能，以及为保证城市群一体化发展所采取的具体管理形式所构成的总体（刘靖，2013）。它是城市群这一空间范围内市场、产业、空间、环境各个要素及其相互作用的各个环节之间建立的内生、统一的有序组织，它源于城市群却又有着自己的运行方式，通过在区域内实现资源配置的帕累托最优这一方式来促进城市群持续健康发展。

二 城市群一体化机制特征

城市群的孕育、发展与壮大伴随着复杂性与困难性，这一方面是因为城市群通常情况下包含多个城市，各个城市面临不同的资源状况、区位条件；同时，在城市的成长过程中由于主客观条件的要求，每个城市又有着不同的角色和区域发展定位。另一方面，即使城市资源禀赋和社会发展定位被固定，仍然会面临多种不确定性，因此，城市群一体化的发展成为一个庞杂的系统，而城市群一体化机制也因此具备了多方面的特征。

（一）整体性

部分构成整体，整体高于部分。与城市群一样，整体性是城市群一体化机制最根本的特性。城市群一体化机制的运行通常涉及城市群各主体之间的利益分析、利益冲突以及利益协调；涉及城市群一体化方式或者模式的动力选择，即一体化动力主要源于城市群内部的自发，还是源于城市群外部的管控与调节，需要通过怎样的措施来促进城市群发展；涉及城市群内部各个城市之间如何“接纳对方”“融合对方”，城市之间采取何种方式发生相互作用，怎样实现双方甚至多方的对接问题。可见，一体化机制可以分解为多个组成部分，而各个部分作为一个分路径具有各自独立的性质与功能，且缺一不可。单个部分的运行难以实现整体效益最大化，需将部分进行有效整合，实现各部分之间的相互作用，从而形成新的整体，并表现出新的特质，实现“整体大于部分之和”，继而促进城市群一体化发展。

（二）客观必然性

事物的发展具有客观必然性，而城市群一体化机制的形成与发展同样符合这一客观规律。社会生产的持续发展造就了城市，城市的不断发展与空间集聚造就了城市群，一体化机制的存在促进了城市群的发展，城市群的发展反过来要求更高层次的一体化机制为其服务，从而引致一体化机制的进一步优化。客观必然性说明一体化机制的产生不以人的主观意志为转移，但人们对原有一体化机制不合理部分的改造和优化，说明可以在遵循其规律的前提下充分发挥主观能动性，按照客观规律，对城市群市场、产业、空间、环境等多方面进行调控，达到城市群多维度协调发展，最终实现城市群一体化。

（三）复杂性

城市群一体化的发展过程涉及多个不同等级的城市，而每个城市又包含政府、市场、个人多个主体，同样，每个城市都面临市场、产业、空间的发展与协调，这一“包罗万象”的特征往往造成城市群一体化机制高度复杂：一是具有较强的非线性特征，机制系统中要素最初变化所造成的相应影响是不成比例的，如城市群内城市间合作程度与城市收益之间并非呈现简单的线性关系，同一措施和行动在城市群内不同地区、部门所产生的总体作用可能相差悬殊，而对于近期与远期的影响，也是极不相同的（刘靖，2013）；二是行动结果的非确定性，所谓非确定性是指根据城市群一体化机制制定的方法与策略是否会产生预期的效果，并不会在实施之前得到足够的确定性，比如说，财政的投资是否能够有效刺激经济发展，财政支出的杠杆效应是否能够得到充分发挥，这些不易确定。

（四）动态性

城市群由多种机制构成，在不同的发展阶段每个机制发挥的作用也存在一定的差异性，这种不同机制的此消彼长共同影响着城市群一体化的发展，例如，城市群的初始阶段，因存在某种特殊需求而引发人流、物流的自发流动，此时利益机制发挥主要作用，随着交流的增加，为协调各方行为，保障机制顺势而生，并对城市群发展产生作用。

三　城市群一体化机制构成

由于城市群的发展是一个动态变化过程，城市群一体化机制也伴随城市群发展过程逐渐系统化和多样化。通常，较为完整的一体化机制应具备解决如下问题的能力：平衡城市群一体化建设过程中各参与主体的利益，防止利益失衡；实现各城市之间信息的有效分享，最大限度降低信息不对称和不完整；降低资源失当配置概率，提高优化整合能力，实现城市群良性持久发展。除此之外，城市群一体化建设机制还应具备自我判断和自我完善能力，能够确保机制的长久运行。具体而言，一体化机制主要表现为以下内容。

（一）利益机制

利益是指在一定的社会形式中，由人的活动实现的满足主体需要的一定数量的客体对象（薛永应，1982）。它是利益主体在实践的基础上对于可以满足自身需要的客观存在的社会改造。从本质上说，城市群是一个利益共同体，承载着城市群众多参与主体的利益需求以及由于利益分配而引致的利益冲突。利益关系是城市群政府间关系中最本质的关系，并持续影响城市群发展。既有文献的研究成果也说明了利益机制作为城市群一体化机制的重要性和根源性。根据城市群的相关含义以及谭培文（2010）、汪伟全（2011）对于利益机制的探讨，可有如下定义：城市群一体化利益机制是指城市群一体化过程中各参与主体在既定的行为准则基础上为维护自身利益而产生的相互制约、相互依存的行为方式。利益机制通常涵盖利益表达、利益分享、利益补偿，以及利益机制运行的组织与管理方式等方面，并通过正向、负向两种存在状态影响城市群一体化的发展。第一，正向激励。当城市群利益机制正常运转时，利益主体会积极采取合理的行为，同时也会将与其发生利益关系的另一主体考虑在内，城市群及其利益主体获得正外部性，城市群一体化快速发展。第二，负向阻碍。当利益机制因某种原因未能发挥应有作用时，由于利益主体涉及多方，利益机制的负面影响便会通过连锁效应表现出来，扩散到城市群内部两个甚至多个参与主体，对城市群一体化发展产生阻碍作用。

（二）动力机制

动力机制是指影响某些自然、社会、经济及物质运动形成的基本力量及其在形成过程中的作用程度、方式，决定着系统的生机与活力。顺应事物发展规律和发展方向的动力机制可以有效推动事物的发展，这一论断同样适用于城市群一体化的发展。所谓城市群一体化动力机制是指以城市群一体化发展为根本目标的动力行为，它在城市群孕育伊始就存在，引致城市群一体化形成，且贯穿整个一体化过程中的各种动力的传导过程、相互作用方式。

城市群动力机制的含义可以从两个方面理解，一是城市群一体化发展的初始动力，包含资源禀赋、区位状况等，是城市群发展以及一体化的物质基础和先天条件；二是一体化发展的支撑手段，在城市群一体化发展过程中，资源禀赋和区位优势等要素只有借助支撑手段才能发挥作用，支撑手段主要包含基础设施建设、创新（人才培养、技术进步）、资金、信息，等等。

（三）链接机制

城市群是城市的集聚体，单个城市的发展离不开周围城市，社会分工将城市群内部的各个主体以链式相接，形成相互影响的关系，城市群一体化链接机制就是这样一种方式，指城市群中各组成部分之间传导和联系的总和，如产业链接机制、空间链接机制等。

1. 产业链接机制

产业链接是城市群发展过程中对于其内部产业的空间布局以及产业分工协作方式的选择，良好的产业链接对于提高城市群产业整体发展水平与竞争优势至关重要，既可以避免产业的盲目重复建设，又可以实现生产过程中资源的节约和效益的最大化。产业链接具有空间属性，其空间扩展过程，也是城市的扩张过程。由于产业链接与城市空间的互动关联，城市群内部不同城市之间形成的产业布局和分工协作将会影响城市群的发展。当产业布局及分工协作过度集中于少数城市，集聚效应大于扩散效应，城市群空间扩展从单一点向外发散，城市群发展差距便会拉大；产业布局与分工协作过于分散，增长点过多，同样易于导致“群体弱势”，因此，合理的产业链尤为重要，将会促使城市群轴线扩展和网络扩展的最优化。

2. 空间链接机制

空间链接是城市群内各城市之间的空间联系和空间布局方式，它最为明显地展示了一个城市群的时空演化过程，从最初的较少城市相互链接，到后来多个城市的纳入，空间链接显示了一个城市群从小到大的空间扩张和整合过程，全面展示了城市群空间结构的过去、现状和未来。在城市群空间结构演进的过程中，存在着两种效用，即集聚效应和扩散效应。集聚效应使原本孤立、分散的均质性单一城市对外产生双向吸引或是多向吸引，并逐渐产生集聚不平衡的低级有序状态；随着交流的增加，扩散效应使原来处于劣势的城市获得发展，并伴随少数“极核”城市在整个区域的推进过程，最终使城市群空间一体化得以形成。

（四）保障机制

保障机制作为城市群一体化建设过程中不可或缺的组成部分，包括法律手段、政策手段，等等。法律手段因为法律特有的权威性成为保障机制中最为有效的一种，政策则因灵活性和时效性成为最为常见的选择，在实际的城市群发展过程中二者并行存在，共同维护城市群的健康发展。

第二节　国内外典型城市群一体化机制分析与启示

一　日本太平洋沿岸城市群的一体化机制分析

第二次世界大战之后，日本城市群的建设再次起步，经过半个多世纪的发展，形成以东京为核心，大阪、名古屋为次核心，内含20多个城市、7000万人口、国民收入占比高达70%的世界级著名城市群，包含东京、大阪、名古屋都市圈等三个都市圈，统称日本太平洋沿岸城市群，这里重点分析最具典型的东京都市圈。

（一）强化利益表达与分享，促进利益机制建设

“二战”以后，日本政府颁布多项“复兴规划”，并重新明确了东京的核心地位，期望凭借东京的复兴带动日本经济的发展。“复兴规划”颁布实施，推动了生产要素在东京的快速集聚。为防止在发展过程中出现东京与周围县市尤其是邻接县市的利益冲突，借以有效协调不同区域的利益关系，日本政府在都市圈成立初期便专门成立了具有跨区域协调权力的“都市圈整备局”，隶属于日本国土综合开发厅，负责城市群的规划和建设。这一举措为解决利益纠纷和促进利益共享提供了权力保障，促进了都市圈的发展。

随着都市圈建设的深入，由于官本位思想和腐败现象的存在，加之政府在经济建设过程中的主导地位，利益机制的制定往往由政府控制（姜杰等，2008），政府主导的利益分配机制形成了对于其他城市群参与主体的忽视。为解决利益表达机制过程中出现的主体缺损，东京都市圈采用“多主体参与、全民共建”这一方式来促进利益表达、利益分享。东京都市圈成立了包括地方政府领导人、企业家、大学教授等具有社会影响力的

都市圈整备委员会，同时，该整备委员会还组建了规划部，由大学教授和企业负责。这种不同角色、不同理念、不同知识结构的群体之间分工协作，“多主体一体化”的组织与管理方式既能够从更广范围内提升利益机制的作用空间，又能有效促进东京都市圈的快速发展。

（二）推进与完善交通网络，强化动力机制建设

鉴于文献与资料的可得性，本节仅就交通网络完善进行分析。交通建设对于城市乃至城市群发展的重要性不言而喻，作为链接点状城市从而形成具有相互关系的都市圈的重要手段，交通在推进都市圈经济发展的同时，也提高了社会生活质量。作为城市群一体化发展动力机制的重要组成部分，东京都市圈的交通网络日益完善。

东京都市圈的最初形成得益于铁路交通的发展，山手线①作为城市的主要枢纽，将都市圈郊区与中心区紧密相连（张晓兰，2013）。“二战”以后，东京都市圈以铁路为主的交通建设发生了质的飞跃，1964 年，用于连接东京、大阪的东海道新干线顺利投入运营，有效缩短了东京与铁路沿线中、小城市诸如横滨、川崎等的“时间距离”。随后几年，多条东西向线路陆续投入运营，为东京都市圈“西向发展”，并强化与大阪、名古屋等城市的联系提供了有利条件。随着技术的进步以及政府的大力推动，东京都市圈的交通建设转入以地下为主、地面为辅的阶段，到 20 世纪 90 年代末，东京都市圈主体部分基本建成地下铁路交通网。东京都市圈交通便捷，轨道交通的长度和密度居世界大都市圈的首位，轨道交通线网密度为 0.21 千米/平方千米，大约是上海的 3 倍、北京的 7 倍（王凯等，2015）。密度高、布局合理的交通网络带来了东京都市圈的合理高效的交通运营，极大地推动了城市群一体化的发展。

（三）优化产业与空间，推动链接机制建设

1. 产业布局与结构优化

在自然条件和市场因素的影响下，东京都市圈产业布局地域特征鲜明：如东京形成高技术产业中心，神奈川县形成工业与物流中心，千叶县

---

① 1906 年日本铁道正式国有化，经过升级改造的山手线（经过山之手地区命名）因环状运行成为后来多条轨道线路的发起点与连接点。

形成商务与货运中心，明确的产业分工，虽然造成了各城市的职能较为单一，但由于产业互补性强，优势突出，合理的产业布局和产业结构的选择形成了良好的错位发展。

在形成错位发展的同时，东京都市圈产业链的优化过程，还伴随着大量的产业转移。日本各级政府不进行 GDP 考核，有利于企业根据成本收益进行最优区位的选择（王凯等，2015），在承接产业转移的过程中，可以有效避免政府操控行为的产生，以及大量不必要的盲目、雷同、重复建设。这一特点利于都市圈其他县市根据自身优势，结合东京对外转移的产业，形成精准定位，如横滨市凭借其雄厚的工业基础，积极创建产业园区，大量承接来自东京的工厂企业，并在随后的发展过程中形成了多达 67 个工业园区，伴随着产业转移和产业布局的优化调整，东京都市圈形成了贯穿多个城市，长达 60 千米的日本最大的京滨工业带。一方面，有效缓解了东京产业转型的压力，提升了核心城市的产业竞争力，利于其产业结构的高级化；另一方面，在多个县市进行了产业的重新布局，刺激了其经济发展。

2. 空间重构与演进

第一，强化行政因素，提升核心城市竞争力，奠定都市圈空间整合框架。为恢复“二战”创伤，在这一阶段，日本根据政治地位、地理位置等条件确立了东京的核心地位，通过生产要素的聚集不断提升东京的城市规模和综合竞争能力。核心地位的确立一方面提升了东京的实力，另一方面，也兼顾了周围城市的发展，基础设施建设的延伸、政策和资金的适当扶植强化了东京与周围城市的联系。这一阶段，“中心—外围”模式的城市群空间结构得以初步奠定。第二，市场倒逼政策，都市圈空间进一步整合。在第一阶段的空间划定的基础上，东京都市圈进入发展与扩张阶段，为缓解第一阶段出现的中心城市发展过快、周围以及更远地区遭遇“冷落”的状况，1968 年和 1976 年日本先后实施两次都市圈发展规划，将首都圈范围扩展至“一都七县”，而与大阪、名古屋等城市的联系也因新干线的完成得到进一步强化。由此，东京都市圈的空间范围得到拓展。与第一阶段的行政手段占据主导地位不同，这一阶段市场导向逐渐显现，外围城市快速发展，产业转移引致新的经济增长区域产生，都市圈内部各城市职能定位更加完善，城市群空间在内部发展进一步强化的基础上实现对外扩张，空间布局持续优化。第三，三圈结构形成，城市群空间布局成熟。经过前两个阶段的发展，东京都市圈在20世纪末达到了成熟阶段，不同层级城市实现协调发展，都市圈空间结构趋于稳定。与此同时，大阪都市圈和名古屋都市圈也基本上形成了自己的“核心—外围”空间结构，至此，各城市之间的联系越来越密切，空间布局更加合理，日本太平洋沿岸城市群“多中心—外围”的空间结构达到成熟（见图7－1）。

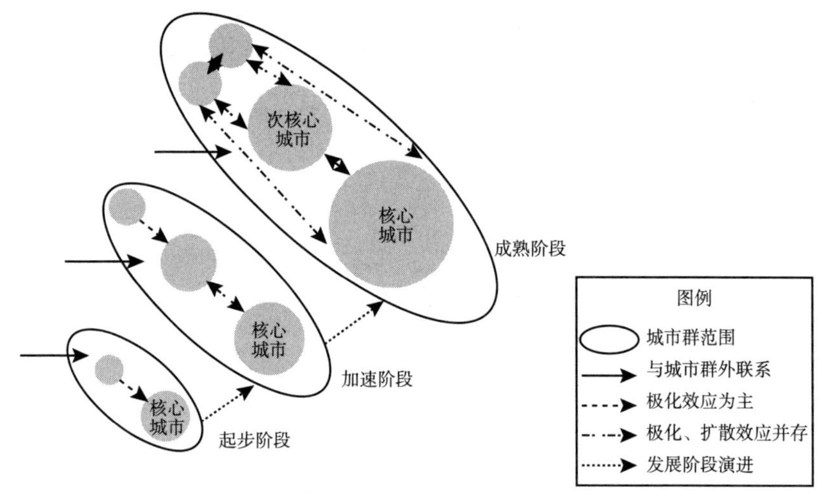

图7－1　日本太平洋沿岸城市群空间结构及布局优化过程

（四）强化立法与政府规划，完善保障机制

日本是一个成熟的法治国家，包括都市圈规划和建设发展在内的一切，均以法律为依据（张晓兰，2013）。为了推动东京都市圈的建设，确保建设过程中政府部门管理与规划职能地位的权威性，日本政府陆续颁布《首都圈整备法》（1956年）、《首都圈近郊绿地保护法》（1966年）以及《多极分散型国土形成促进法》（1986年），并先后制定5次“首都圈规划”。以法律和法规为核心的保障体系有效解决了发展过程中出现的利益冲突问题，保障了都市圈建设的顺利推进。同时，对于东京都市圈建设过程中出现的发展规模和速度的不平衡问题，以及有悖于都市圈发展的现象，政府形成专门的反馈机制，并借以积极调整和完善相应的法律、

法规和政府规划，随后重新用于指导都市圈的发展。良好的法律、法规和政府规划以及实施过程中形成的“自我反馈—修正”机制有力地促进了都市圈内部城市的经济与社会发展，同时优化了其空间布局和城市等级体系。

二 美国大西洋沿岸城市群的一体化机制分析

由于免受世界大战的影响，美国大西洋沿岸城市群的形成相较于日本太平洋沿岸城市群更具延续性，经过长期发展，形成了包括纽约、波士顿、费城、华盛顿在内的40多个城市、6500多万人口、国内GDP占比21%的世界级著名城市群，亦被称为纽约城市群。①

（一）整体与局部结合，完善利益机制

都市圈经济是利益系统，其内部各个城市之间不可避免会存在激烈的竞争关系，对于多核心都市圈来说，中心城市之间的利益问题更为明显（唐艺彬，2011）。作为多核心的纽约城市群在利益机制的建设方面形成了自己的有效方式。第一，确定利益机制决策主体，即成立纽约区域规划协会，并确立其核心地位；同时，联合地方政府的加入，以利于在维护城市群整体利益的基础上，维护每个城市的利益。第二，设立专门机构，拓宽利益表达与利益共享渠道。所谓专门机构，即为服务于某种特定目的而设立的组织机构，用于缓解城市群不同区域、不同部门之间产生的利益冲突，继而促进资源共享，提升协调发展能力，推进城市群发展。纽约城市群在设立区域性的专门机构时，坚持不与地方政府及其权利发生冲突，并对地方政府行政管理的不足进行补充的原则。专门机构的设立没有严格的协调区域的限制，既可以只包括两个城市，也可以涵盖整个纽约城市群，同样，专门机构的管辖内容也无特定种类，其设定因需要而产生，凡是包含在城市群发展范围内的均可以设定。经过多年的发展，在纽约城市群的发展过程中，非营利性的地方规划组织和基于民间团体的规划组织在利益共享与冲突解决方面发挥着举足轻重的作用

---

① 国内学者关于美国大西洋沿岸城市群的称呼分为两类：纽约大都市圈、纽约城市群，尽管表述不同，但多篇文献均显示为一样的地域覆盖范围，这里沿用第二种称谓。

（薛凤旋等，2014）。

（二）坚持动态调整，提升动力机制

1. 分阶段调整，交通需求与经济发展相互影响

纽约城市群的现代交通发展较早，主要有公路和区域铁路两大系统，并在城市群的发展过程中发挥了重要作用。值得注意的是，为与发展相适应，纽约城市群的主导交通类型经历过一个调整的过程，正是这一“适时变动”有效促进了城市群的经济发展，并在城市群空间结构的优化过程中发挥了重要作用。具体表现如下：在城市群发展的第一阶段，铁路交通占据主要地位，且主要满足大城市之间的交流；第二阶段，随着汽车的普及，以及这一阶段大城市与周围中小城市的联系日益密切，公路交通凭借其灵活性和短途运输的优势成为主流；这一现象在第三阶段又产生一定的变化：以解决交通拥堵为主要诉求的城市规划再一次提升了铁路运输的发展地位。可见，交通方式的变化影响了城市群发展，而城市群发展方式的改变又反作用于交通工具的选择。

2. 创新管理，提升区域交通运营效率

为防止因存在跨区而产生交通建设与管理上的混乱现象，纽约都市圈采用“统一管理、两个层面（决策层、执行层）、三大职能（管理、建设、执法）”的大交通管理模式，从根本上解决体制性障碍，实现交通管理的集中统一（郜俊成等，2011）。如纽约市交通部门、纽约州交通部门和新泽西州交通部门三个部分共同管理建设与运行，由于分工明确，权责清晰，最为关键的是职权范围覆盖整个城市群，这就降低了建设与管理过程中的风险性。

（三）优化产业、重构空间，完善链接机制

1. 产业布局和结构调整

20 世纪 70 年代之前，纽约城市群一直是美国乃至全世界最为重要的制造业中心，20 世纪 70 年代经济危机之后，制造业急剧衰退。从制造业行业规模看，1969～1977 年，纽约市的 143 个制造业中，仅有 9 个行业的就业人数有所增加，其他行业的就业人数同期减少，失业压力的恐慌心理导致了大量制造业公司总部的外迁（姜立杰等，2001）。随后，纽约城市群产业结构、产业布局经历大规模调整，服务业迅速发展，第三产业比

重不断增加，以技术密集型和知识密集型为特征的生产性服务业迅速崛起，由此引发强有力的集聚效应，城市群得以快速发展，进一步形成和巩固了纽约金融与贸易中心、费城制造业与运输中心、波士顿科技与教育中心等产业集聚中心。

纽约城市群产业布局和结构调整的过程中存在以下现象：首先，核心城市的主导产业更替以及新兴产业诞生；其次，外围城市表现为外来产业进入而引致的新型产业，且与核心产业相比，这一变动更为显著；最后，两种类别城市之间则产生第三种现象，即关联产业的发展。前两种行为均能够提升城市的产业高度和完整度，而关联产业的发展则更加倾向于增强两类城市的产业联系，形成生产过程的互动。可见，定位合理、分工明确、产业更替和产业转移共存的一体化过程，促成了纽约城市群产业结构的多元化和极强的互补性，合理的布局和错位发展强化了各城市之间的联系，成为城市群持续健康发展的关键所在。

2. 空间重构与优化

纽约城市群的空间重构与优化经历了一个较为漫长的过程，并同其三次发展规划有着密切的联系。第一阶段，制定规划，空间整合起步。19世纪末期，城市之间联系较少、交流多局限于小范围，为改变这一状况，出于提高资源配置与综合竞争力的构想，纽约区域规划协会于1921年对纽约城市群进行了第一次规划，着重调整纽约及其周围的发展，确立纽约的中心地位，对纽约城市群的布局进行初步规划。这之后，城市数量逐渐增加，城市化水平不断提高，大城市的联系开始密切，城市群内各城市的空间结构和城市等级进行初步调整。第二阶段，调整规划，空间整合加速。20世纪50年代以后，交通工具的普及为城市群的扩大创造了良好的条件，为适应发展需要，1968年，纽约区域规划协会对纽约城市群进行了第二次规划。这一阶段城市群进一步向外扩张，不断有新的中小城市被纳入城市群的发展范围，城市群空间范围扩大，原来存在的多个区域性核心城市，因发展规模和发展速度的区别而出现相对分化，整个区域基本形成了以纽约为核心，费城、波士顿、华盛顿为次核心的轴向分布格局。第三阶段，优化规划，空间整合完成。20世纪80年代以后，日益激烈的全球化竞争迫使纽约城市群做出了第三次规划，1996年，纽约区域规划协会对城市群进行了第三次规划，城市群不再追求空间的扩大化，继而转向可持续发展的构建，至此，经过三次规划，纽约城市群的空间重构与优化完成，并最终形成中心城市、次中心城市以及中小城市的城市等级体系（见图7-2）。

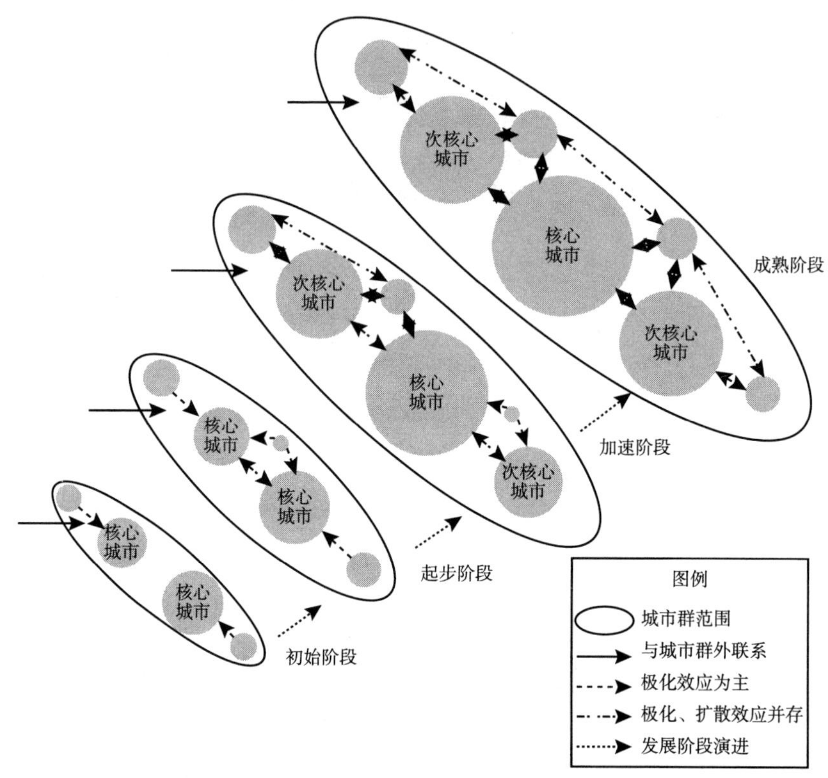

图7-2 美国纽约城市群空间结构及布局优化过程

（四）法律与规划并行，完善保障机制

在纽约城市群的发展过程中，来自联邦政府的法律与政策保障以及监管机制发挥了重要作用，这些保障性措施在产业转移、市场拓展以及区域规划的实施方面做出比较详细的说明，用于约束城市群各参与主体的行为。与此同时，联邦州法律与政策的制定还积极与城市群民间机构进行对接，通过多方参与的方式来修正法律和政策的不合理之处，做到保障机制建设的全面性与合理性。

三　国外城市群一体化机制建设的启示

通过对东京都市圈和纽约城市群一体化机制的分析，可以得到以下启示。

（一）利益机制建设的启示

1. 注重并优化利益机制建设过程中各主体的参与方式，从源头做好利益表达与利益共享

首先，明确不同等级政府的利益归属和职能管辖。低等级政府要在城市建设过程中不与高层级利益产生冲突的基础上实现自身利益，充分体现“一盘棋”的原则。例如，东京核心城市地位的确立，势必要占据更多的生产要素，为避免区域竞争引起利益冲突而造成资源浪费，非核心城市要主动进行城市生产的再定位。其次，尊重企业的市场主体地位，强化服务型政府建设。减少政府对资源配置的直接干预，对于影响城市甚至城市群发展的重大决策，充分尊重企业这一市场主体，鼓励其自主制定适合自身的微观决策，并在吸收各方意见和建议的基础上形成科学合理的利于城市群一体化的决策，充分平抑企业与政府在城市群发展过程中的利益冲突，实现政府和企业的良好互动，如东京都市圈在对外扩张阶段以“市场”为主导的发展选择。最后，强调实施以人为本、关注民生的利益分配方式。人的发展是社会发展的根本落脚点，由于存在个体弱势，在与政府、企业发生利益关系的过程中，个人利益的维护存在困难。为解决这一问题，要注重个人或民间团体在城市建设规划过程中的参与，赋予并保证其话语权，重点解决其利益关注点和利益诉求。例如，纽约城市群在纽约区域规划协会和专门机构设立与运行过程中对于民间团体的重视，以及东京“整备委员会”对于大学教授的吸纳。

2. 构建一体化的组织与管理机构，推进利益机制有效执行

西方经济学认为，“理性人”的假设会造成追求利益的最大化。由于行政管理界限的存在，城市群内部各城市之间必然面临难以克服的矛盾，通过实现跨区域的协调来破解这一矛盾成为关键，而一体化组织与管理机构的建设适应了这一具体需求（杨振山等，2015）。一方面，当利益机制运行不畅时，组织与管理机构致力于将利益冲突带来的损失最小化；另一

方面，当利益机制顺利运转时，区域协调机构则注重将利益机制的正向作用最大化；最终有效整合区域内部资源，促进信息共享，降低风险预期，缩减发展成本，优化城市群发展方式，促进城市群一体化发展。

（二）动力机制建设的启示

城市群交通网络系统的发展一方面促进了城市的经济社会发展，另一方面对于其空间结构的重构也起到了巨大的推动作用。可见，在城市群一体化建设过程中，我们要不断加大交通网络的建设力度，做到满足“量”的需要；同时，两个城市群在发展的不同阶段和不同空间距离内主导交通方式的最优化选择，也具有一定的借鉴意义。由于公路交通在道路拥堵、环境污染等方面具有难以从根本上消除的缺点，这就要求在未来的城市群建设过程中，在兼顾全方位交通网络建设的前提下，积极发展轨道交通，而这一发展诉求，也与当前我国在城市建设过程中倡导的“绿色环保”“低碳经济”“绿色发展”相适应。

（三）链接机制建设的启示

1. 优化产业空间分布

在城市群发展过程中，单一城市大包大揽的产业发展模式难以持续，并将导致整个城市群功能的畸形发展。因此，将产业链在空间上进行合理规划十分重要。一方面，发达国家城市群在产业布局上十分注重“特色”城市的发展，不同城市形成各具特色的产业，通过错位发展，既避免了城市群发展过程中部分城市与区域因无产业而形成发展洼地，又可以防止产业发展过程中因存在相似产业而产生恶性竞争从而造成资源浪费和地区矛盾。另一方面，注重产业园区的建设，在产业链接构建上，产业园区证明了其存在的合理性与必要性。如日本城市群发展过程中工业园区大量聚集，这些企业多以生产型、技术型的中小企业为主，企业间易于形成良好的生产、研发互动，彼此共享信息，产生集聚效应。此外，由于该类园区通常位于或者靠近城市群中心城市，在推动中心城市自身发展的同时，能够更好地产生空间外溢和辐射效应，从而带动整个城市群的发展。

2. 完善空间结构

通过分析两个城市群的空间链接演化过程可以看出，二者空间链接的阶段特征基本相似，并可以概括为：明确中心城市—打造发展核心—周围层级渗透—多重城市连接—跨区域融合形成。这种具有鲜明阶段性特征的空间发育过程表明：站在全局的战略高度，统筹整个城市群，明确各城市的职能定位，合理规划城市群的空间布局、延伸方向，借以形成合理的城市群空间结构至关重要。

需要注意的是，城市群空间结构的优化不能一蹴而就，其对于空间扩展方向的选择，以及某一或者某类城市是否应该纳入城市群伴随着一个筛选过程。同时，城市群空间布局的优化调整要与城市群发展的现实对接，做到规划由事实而来、规划为事实服务，用事实发展来修正规划，防止以个人意志为转移。

（四）保障机制建设的启示

法律法规的强制性特征保障了其在运行过程中的有效性，两个城市群尤其是日本太平洋沿岸城市群的一体化发展过程凸显了法律法规的重要性。这就要求我们在城市群建设过程中要加大立法力度，使城市群发展做到有法可依，既可以有效减轻决策主体和利益相关者之间的矛盾，又可以减少由于行政利益存在而造成的“区域倾向性”，从而能够在顾全整个城市群利益的基础上提高城市个体的积极性，最终促使城市群一体化的发展。此外，还要重视政策制定，使其与法律相衔接，共同服务于城市群一体化发展。

四　长三角城市群一体化机制分析

长三角城市群包括上海、南京、杭州在内的 16 个城市，截至 2014 年，成为国内 GDP 占比 15% 的世界级著名城市群。

（一）利益机制

由于存在地理邻近，长三角城市群的建设涵盖多个省份，这一方面利于自上而下的城市群的宏观调控和政策引导，但更多地依赖于中央政府的直接调控；另一方面，由于行政区经济的长期存在，当省级政府主导区域发展时，由于行政等级和“府际经济”观念的存在，又不可避免地出现利益冲突。集体行动不一定能导致集体利益或公共利益的产生，这是因为，参与集体行动的各个省市之间的理性、利益、偏好、目标以及所拥有资源等存在差异（张颢瀚，2012）。为此，长三角城市群在一体化过程中逐渐形成了自己的利益分享与协调方式，即建立“多层级、多主体参与”的网络体系：各级政府、企业以及社会组织的参与符合利益主体的广覆盖要求，多级会议的探讨方式符合利益表达途径的要求，针对不同地区均做出了相应的发展规划符合利益分享与补偿的要求，具体如下。

第一层，建立和实施每两年一次的省级主要领导会商机制，主要决定长三角的利益共享、目标共建与重点规划等核心问题，从源头把握好长三角一体化的正确方向；第二层，副省（市）长主持的一年一次的“沪苏浙经济合作与发展座谈会”机制，会议以落实第一层相关核心问题为主，进一步协调推进长三角城市群发展事项；第三层，市级领导参与的一年一次的“长江三角洲城市经济协调会”机制，主要任务是将前两层级会议部署的合作事项细分成专题，并积极推广实行，包括诸如城市规划、科技信息分享等；第四层，也是前三层的“落地环节”，直接关系到长三角城市群建设的合作，以及利益分享机制的实施效果，这一环节，政府与企业之间、企业与企业之间鼎力合作，将“梦想”变为现实。这种“有决策、有执行、分工明确、协调统一”的联动机制，既解决了利益机制中存在的利益冲突问题，又通过宏观调控等直接手段引导和造就了一系列具有可实现性、可操作性的动力机制，最终促进了长三角城市群一体化发展。

（二）动力机制

与前面外国城市群动力机制分析不同的是，本节关于国内城市群动力机制的分析加入城市群发展的另一关键动力——创新。

1. 交通网络建设

城市群区域综合交通运输网的通达性和便捷性是城市群得以实现的基础和保证。经过多年努力，长三角城市群在交通建设与管理方面取得了巨大成就。而近年来新的交通设施建设、新的交通运输管理理念更是推动了城市群的发展。

首先，引领潮流、构建新型交通运输方式。技术的进步使交通运输创新变为现实，这一论断在长三角城市群得到最好的验证，2010 年京沪高铁、沪宁高铁建成通车，拉开了长三角高铁建设的序幕。而 2013 年宁杭甬高铁线的全线贯通标志着我国城市化水平最高、城市分布最密集、经济发展水平最高的长三角地区成为全球高铁密度最集中的区域之一（方大春等，2015）。高速铁路极大地加强了长三角城市群的经济联系，压缩了城市群的时空距离，使城市群空间结构得到优化。其次，整合区内交通运输资源，优化空间格局。交通运输的发展既需要量的提高，也需要质的进步。2015 年，浙江省宁波—舟山港完成资产重组，正式合并，浙江省港口整合正式起步。随后，为进一步推动港口资源整合，提升港口运输的竞争力，2015 年底，浙江省组建"海洋港口发展委员会"，负责海洋和港口经济发展的宏观管理和综合协调，统一协调管理全省海洋港口发展工作，在其推动下，嘉兴、温州和台州港整合也提上日程。港口的整合将改变原有多个港口的不良竞争态势，为推进浙江省海洋和港口经济一体化、协同化发展创造条件，并有利于形成"示范效应"推动整个城市群交通运输一体化进而促进城市群的发展。最后，加强合作，保障交通运输网络。一体化的交通运输网络需要一体化的合作管理机制，在交通建设快速推进的同时，相关的保障机制也得到了强化。如长三角城市群定期召开长三角道路运输一体化会议，对于道路建设和运输过程中的问题进行协商，并建立反馈机制；成立长三角道路运输稽查委员会，由城市群成员共同维护长三角地区道路运输市场秩序。

2. 创新能力

创新对于城市群的发展极为重要，直接关系到城市群的可持续发展能力。创新型城市的建设已经成为创新型国家战略的最重要的载体，党的十八届五中全会将"创新发展"置于五大发展理念之首，更加彰显了创新的重要性。长三角城市群近年来在创新能力和创新环境方面取得了显著进步。

一方面，多管齐下，强化创新基础。首先，政府层面，R&D 经费支出以及地方财政对于科技拨款不断提升。其次，作为市场主体的企业，创新参与度提升，企业研发资金投入快速增加。以上海为例，2014 年，仅全市 15 家新型工业化产业创新示范基地研发投入就高达 980 亿元，占销售收入比为 3.1%，企业研发参与比方面，长三角城市群占比接近三成，位居全国第一；与此同时，企业还积极主动入驻创新园区，通过创新园区的集聚效应和辐射效应，拉动整个城市群的产业升级和经济发展。最后，加大科研人员培养力度。创新源于人才，为保持创新源泉的竞争性，长三角城市群人才培育规模不断扩大，科研从业人员不断增加。例如，2014年，苏州市高技术产业就业人员占全社会就业人员比重高达17%，远远超过全国其他城市的水平，同年，上海“知识密集型服务业就业人员占全社会就业人员比重”为9.02%，高居全国第二位（朱平芳等，2016）。这种创新人才的集聚带来的辐射效应和知识溢出提升了各城市之间的创新共享。

另一方面，提升政府服务，优化创新环境。为促进创新发展，长三角地区政府还积极创建公共平台，例如，围绕战略性新兴产业和先进制造业发展需求，建设公共技术服务平台，为处于产业发展顶端的产业类型提供良好的“落地”平台；围绕企业发展需求，搭建园区公共设施服务平台，为处于创新园区的企业提供高效的政府服务，提高其研发积极性。

（三）链接机制

1. 产业链接机制建设

一方面，明确定位，优化产业整体布局。改革开放以来，长三角城市群内各城市的产业布局和产业结构选择经历了一个逐渐演变的过程，随着2010年《长江三角洲地区区域规划》（简称《发展规划》）的颁布实施，长三角地区产业布局的优化和结构不断加速。核心城市上海主要发展高科技产业和现代服务业，如陆家嘴金融贸易区、张江高科技园区，并处于整个产业链的顶端位置。包括南京、杭州、苏州、宁波等在内的次核心城市主要发展现代制造业和覆盖次都市圈的服务业，如苏州工业园区、杭州经济开发区等，上述区域与上海联系紧密，作为次级辐射中心，在整个城市群产业链的有效衔接上起着至关重要的作用。绍兴、南通、嘉兴、镇江等外围城市则根据自身区位特点和资源禀赋发展资源加工型和劳动密集型产业，并积极承接核心、次核心城市的产业转移。

另一方面，微观对接，创新产业协作方式。与前述宏观层面的产业布局相比，产业协作方式及其创新成为不同城市之间乃至整个长三角城市群产业链发展的微观推动机制。首先，强化合作，共建产业园区。产业园区的建设对于形成产业集群、产生规模效应意义重大，长三角城市群在发展过程中先后建立了一批特色工业园区和产业基地，并且还跨区共建园中园、托管园、共管园等具有“飞地经济”性质的园区，解决了企业发展的空间问题，降低了生产成本，同时利于实现参与主体的利益共享。其次，产学研协作，提高技术转换能力。将研发与实际生产相结合成为长三角城市群产业发展、链条升级的又一重要方式。高等院校、研究院与企业共同创建以市场为导向的技术研发中心，并通过科技论坛等方式分享与交流最新科技成果，共同促进科研成果转化。如上海市、江苏省、浙江省药学会联合主办，华东理工大学、上海交通大学承办的“长三角海洋生物医药产学研科技论坛”，研发技术在提升原有产业发展水平的同时，又创造了新的产业点。最后，增强主动性，搭建产业发展平台。对于部分外围城市来说，其在与次核心城市的竞争中处于不利的地位，为尽力扭转这一局面，产业链末端的城市积极发挥主观能动性，开展丰富多样的活动来促使自身产业发展，如湖州、嘉兴、太仓等多个城市举办的“接轨上海活动周”。

综上，在多方合力的推动下，长三角城市群内形成了多种跨区的积极有效的产业合作互助方式，优化了产业布局、提升了产业发展水平。

2. 空间结构演化

改革开放之前长三角城市群发展较为缓慢，各城市之间的联系较少，这一状态在改革开放以后得到迅速扭转。1990 年上海浦东新区设立，对外开放的强大经济动力使上海的核心地位得以重新确立，随着 1992 年长江三角洲城市协作部门主任联席会议制度的创建，以及 1997 年长江三角洲城市经济协调会的正式诞生，长三角城市群一体化快速推进。在此背景下，浙江省以推动城市集聚和城市建设为目的，适时调整行政区划，促进了杭州市作为浙江省中心城市的发展。随后，江苏省在 2000 年城市工作会议提出全省城市发展战略，突出大城市在区域发展中的作用，并着手打造以南京、苏州为首的城市圈，强调通过促进大城市的发展来调整和优化整个江苏省尤其是江苏南部的空间结构。

随着两省一市经济深入发展，长三角地区大城市数量迅速增加，城市群所辖城市数量也由 1992 年的 14 个增加到 2004 年的 16 个。由此，长三角城市群的空间结构经历了由点到线、由线到面的发展过程：点，意指多点，包括上海 1 个集聚与辐射主中心，南京 1 个承东启西副中心，苏州、宁波、杭州等多个连南接北副中心的空间布局，共同成为整个城市群空间结构的主要支撑点；轴，意指因交通轴线而形成的三条城市群空间轴线路径，包括沪宁空间路径、沪杭空间路径、杭甬空间路径；面，意指在点和轴线的基础上发展起来的完整的城市群等级体系，并覆盖整个区域。经过20多年的发展，最终形成以上海、南京、苏州、杭州、宁波等为核心，散布多个地级市和中小城市，“根基—主干—茎—叶”并存，且功能互补性强、城市职能分工较为明确的空间网络体系。

（四）保障机制

区域合作需要与之相适应的区域法制来保障和促进，它要求区域内各地方采取一致的规则和行动，建立无壁垒、无障碍、各地利益最大化的共同市场和共同规则（王春业、任佳佳，2013）。由于涵盖两省一市的多个城市，长三角城市群存在多个可以自主建立法律法规的行政主体，这一“权力优越性”一方面保障了城市群的健康发展，另一方面也造成了冲突问题，由于缺乏相应协作，多年来制定的900余件地方性立法在一定程度上阻碍了城市群的一体化发展。2007年，江苏、浙江、上海两省一市共同签署《苏浙沪法制协作座谈会会议纪要》，拉开了探索长三角地区区域协作立法的序幕，随着《发展规划》的实施，城市群区域协作立法迈入实质阶段，2014年长三角大气污染防治协作机制在上海启动，并于2014年7月诞生了首个区域立法协作的成果——《上海市大气污染防治条例》。

此外，长三角城市群还在全国首创了区域性执法合作模式——“苏浙沪地区竞争执法协作会议”，并签署了《长三角地区竞争执法合作协议书》。长三角城市群有关立法、执法协作的探索与实践对于整合社会资源、实现优势互补、共同推进长三角地区法制建设，对城市群一体化发展起到了积极作用。

五　珠三角城市群一体化机制分析

20世纪90年代以来，珠三角地区通过借鉴国外城乡一体化理论及实践基础，在全国率先提出并开展了多次以区域规划为引领的一体化探索。截至2014年，珠三角城市群共包含9个地级以上城市，约占全国经济总量的12%。经过20多年的发展，逐步成为我国市场化程度最高、经济活力最强的著名城市群之一。

（一）利益机制建设

与长三角城市群相比，同属广东省的珠三角城市群在权力运用和资源整合方面相对较为灵活，在发展过程中逐渐形成了自己的利益分享与协调机制，即建立“大区域协商、小范围组合、多主体同参与”的利益表达与分享模式。

1. 全局着眼，协调城市群利益

一体化发展的最终目的是实现区域内部的协同发展，这就要求在利益机制的构建过程中尽可能地包含全部参与城市，做到不偏不倚，实现全体成员的利益表达。由于利益机制构建涉及政府博弈，而行政权力等级的差别无疑会对利益分配与利益表达产生影响，因此，广东省成立了由省长担任组长，省委常委等多个省级部门参与，并包含9个城市主要负责人的多主体多层级共同参与的领导机构，从根本上提升了其协调能力和权威性，为防止利益分配在城市群建设初期就产生严重失衡奠定了基调。

2. 局部深入，优化利益格局

利益机制的建设不能“一刀切”，需要具体问题具体分析，全局层面的利益构建并不能完全保证区域层面的利益均衡，同时，每个区域的利益表达方式、利益分享及补偿方式也难免存在差异性。因此，广东省委省政府采取“俱乐部”做法（杨爱平，2011），将珠三角城市群划分为广佛肇（广州、佛山、肇庆）、深莞惠（深圳、东莞、惠州）、珠中江（珠海、中山、江门）三个都市圈，分别成立由各市主要负责人组成的领导小组，并通过各个城市圈内部不定期举办的联席会议对涉及区域内的重大利益问题进行协调与磋商。

（二）动力机制建设

1. 交通网络建设

改革开放以来，珠三角城市群交通基础设施建设取得巨大成就，过去单一的交通运输方式局面得到根本扭转，以公路运输为主体，多种运输方式共同发展，相互衔接、层次齐全的网络状交通运输体系初步形成。近年来，珠三角城市群的交通建设迈上新台阶，2008年《珠江三角洲地区改革发展规划纲要（2008～2020年）》（简称《珠三角规划纲要》）明确要求珠三角城市群要按照统筹规划、合理布局、适度超前、安全可靠的原

则，加大交通基础设施建设，大力推进区域交通基础设施一体化发展。2009年广东省政府出台《关于加快推进珠江三角洲区域经济一体化的指导意见》，要求以交通一体化为先导，省市联手推进基础设施一体化。连续的政策出台加速了珠三角交通建设，成为一体化发展的重要推动力。

在省级政府从全局高度提出推进交通一体化的同时，因产业关系和空间邻接而形成的次级都市圈也在各自合作范围内积极推进交通建设。2014年，东莞、深圳与惠州三市共同编制了《深莞惠交通运输一体化规划》，规划从多方面统筹，系统地解决了三市之间各种交通方式的衔接问题，先后完成多条边界道路的建设，妥善解决了“断头路”的历史遗留问题，有效完善了区域路网体系，促进了深莞惠都市圈的一体化发展。

近年来，由于技术进步，珠三角城市群交通基础设施建设出现新的变化——轨道交通快速发展，并成为进一步扩大城市辐射影响力、拓展城市群发展新空间的重要手段。为适应这一新形势，2016年《中共广东省委关于制定国民经济和社会发展第十三个五年规划的建议》指出，科学布局建设综合交通运输体系，加快高速铁路网建设，推进珠三角地区城际轨道交通建设，实现2020年市市通高铁目标。

综上可见，作为珠三角一体化发展的主要动力机制，交通设施建设既要从整体把握，进行良好的顶端设计，又要局部区域的主动探索，同时还需保持发展政策的延续性并根据社会发展、技术进步做出利于城市群建设的策略调整。

2. 创新能力

同长三角城市群一样，近年来珠三角城市群创新能力建设也取得了巨大进步。一方面，不断夯实创新基础。政府R&D经费支出不断增加，地方财政对于科技拨款力度持续提升，企业的创新热情持续攀升，2014年自主进行科研研究的企业占比接近20%，仅次于长三角城市群；与此同时，每百万人高等院校在校人数位居全国第二，仅次于京津冀城市群（黄金波，2015）。另一方面，抢抓机遇，提升区域协同创新能力。2014年，深圳正式获批成为国家自主创新示范区，随后，为进一步提升整个珠三角城市群的创新发展能力，2015年广州、珠海、佛山、惠州仲恺、东莞松山湖、中山火炬、江门、肇庆等8个国家高新区获批建设国家自主创新示范区，至此覆盖整个城市群的国家自主创新示范区正式成立。这一举动将会大大促使区域内产业转型升级、强化集聚和辐射效应，加快形成区域协同创新模式，提升一体化发展水平。

（三）链接机制建设

1. 产业布局与结构优化

改革开放的推行，促使内地大量剩余劳动力迁移沿海，珠三角凭借良好的地理区位、国家政策的大力支持以及外资的迅速涌入，“三来一补”等劳动密集型产业飞速发展，这一时期，原来处于沉寂状态的多个城市成为企业落户和产业寻址的主要区域，并形成了颇具特色的产业布局，如“顺德模式”“南海模式”“中山模式”“东莞模式”（费孝通，1996）。这一时期，珠三角产业布局区域扩大，虽多数城市的产业类型仍处于产业链中低端（张红，1995；林宏生、刘伟东，1996），但产业层次多样化开始形成。

21 世纪以来，为改变日益显现的产业发展弊端，提升珠三角城市群产业竞争力，珠三角制定了一系列产业发展政策，借以优化和推动整个产业链。2008 年《珠三角规划纲要》从全局高度对产业发展做出明确要求，奠定了共同参与、集体创建高新技术产业的政策基调。并由此延伸出以下两个主要发展路径：第一，积极协作，共同发展高科技产业，2014 年《广东省云计算发展规划（2014 ~ 2020 年）》颁布实施，谋求将珠三角城市群打造成物联网核心产业群，与此同时，各城市积极响应，分别出台配套设施共同促进整个物联网产业链建设，如佛山市“互联网 +”云制造公共服务平台发布，深圳市物联网产业示范基地挂牌成立，城市之间的积极协作为高科技产业的发展和布局创造了有利条件。第二，加快次级都市圈内产业链衔接，形成特色产业集群。比如，惠州市东北部园区承接深圳、东莞等地电子信息产业转移，并与深圳、东莞共同发展成为珠江东岸高端电子信息产业核心集聚区。江门市园区承接肇庆机械、装备制造业上下游配套企业转移，并与肇庆共同形成珠江西岸先进装备制造产业带配套区。这种因承接产业转移而形成的错位发展成为珠三角城市群产业发展的重要推动因素。

综上，改革开放使珠三角凭借优越的区位优势成为外来产业的首选地，以“三来一补”为主导的产业类型提升了珠三角地区的产业发展水平，拉开了整个城市群产业布局的序幕。随着市场因素影响的深入和新的政府发展规划的颁布，珠三角城市群产业结构和产业布局日趋合理。政府和市场两种手段在促进珠三角城市群产业基础结构孕育、引导产业梯度转移、完善产业转移配套政策、加快构建主导产业、培育新兴产业的过程中并行存在。

2. 空间结构演化

改革开放之前，由于多种因素的约束，珠三角地区发展较为缓慢，区域内的城市空间格局虽以广州为中心，但更多的处于自我发展状态，城市联系较为松弛。改革开放以后，珠三角地区经济获得飞速发展，珠三角城市群空间结构迅速演化，表现为城市规模急剧扩大、空间联系增强，由于深圳市的异军突起，原来的广州单中心模式为广州和深圳双中心模式所取代，至此，城市群的“核心—外围”模式初具雏形。随着城市群的深入发展，佛山、东莞等陆续迈上大城市台阶，原来的城市绝对等级差距缩小。至此，新的城市群空间重构完成：由双核模式向网络化、多中心模式演变，形成包括以深圳为中心、东莞和惠州环绕的珠江东岸小都市圈，以广州为中心、佛山和肇庆环绕的中部小都市圈，以珠海为中心，江门和中山环绕的珠江西岸小都市圈。

综上，珠三角城市群空间结构大致经历了“单中心—双中心—多中心、网络化”三个阶段的演变，这一过程中政府调控和市场经济均发挥了极为重要的作用。

（四）保障机制建设

城市群的快速发展需要构建行之有效的一体化保障机制，珠三角城市群在发展过程中大致形成了如下保障机制用于维护整个城市群的持续健康发展。首先，明确权责和阶段性任务，扎实推进城市群一体化建设。广东省委省政府依据《规划纲要》的总体目标，对省直部门和珠三角九市提出了“一年、四年、九年”的目标考核，并明晰相关部门的权责，如2010年印发《实施珠江三角洲地区改革发展规划纲要（2008～2020年）实现“四年大发展”工作方案》，2013年对“四年大发展”进行阶段性总结，继而提出实施《珠三角规划纲要》实现“九年大跨越”工作方案。

这种"有计划、分阶段"推进的模式既保证了发展的延续性，又可以及时修正存在的问题。其次，创新量化考核方式。为确保相关工作的顺利实施，广东省政府还出台了推动城市群一体化工作的绩效考核体系——《实施〈珠三角规划纲要〉评估考核办法》，这一措施从定量的角度对城市群进行衡量，使"好坏与否"可以获得有效评判，防止出现"无为而治"。最后，强化监督。2011 年《广东省实施珠三角地区改革发展规划纲要保障条例》，要求省市政府每年向人大报告《珠三角规划纲要》落实状况与发展阶段，并向人大负责，接受其监督，这一"报告—反馈"制度可以及时发现并纠正与《珠三角规划纲要》相违背的行径；要求各级政府及其有关部门建立健全投诉举报制度，对不符合《珠三角规划纲要》要求的行为由上级机关责令限期改正。同时，广东省政府出台《实施〈珠江三角洲地区改革发展规划纲要（2008 ~ 2020 年）督查办法（试行）》，对《珠三角规划纲要》，以及城市群内部的各项合作协议落实情况等进行专门督查。这种多位一体的保障机制，为珠三角城市群一体化发展提供了有效保障。

六 国内城市群一体化机制建设启示

（一）利益机制建设的启示

1. 高度重视一体化合作机制的构建，拓宽利益表达与分配途径

由于行政主体的多元性，以及行政区经济的长久化存在，利益分配问题在城市群一体化的实施上扮演着重要角色，直接关系到城市群一体化能否持续开展。通常情况下，短期的利益失衡由于行政权力的层级性和地方支援中央的牺牲精神可以得到一定程度的维持。但由于利益机制往往存在调整惰性，一旦利益长期失衡，将最终造成矛盾的激化和城市群一体化的失败，因此，城市群各行政主体建立完善的协调和合作制度，通过多种方式健全政府、企业、公众的利益表达对于一体化的顺利推进至关重要。

2. 坚持原则性和灵活性共存，稳步拓展利益共同点

在城市群一体化的推进过程中，由于事关重大，涉及多个城市，政策的贯彻实施必须具有权威性和原则性，以防止推行过程中部分地区因行政权力的滥用造成规划实施的"空壳化"。然而，坚持原则性并不意味着刻

板、僵化，由于利益机制两面性的存在，过度的原则性难以避免利益冲突的产生，由此，在城市群一体化进程中，要注重灵活性的使用，坚持“由易到难、由点及面、逐次推进、逐步进行”的方式。

（二）动力机制建设的启示

1. 要大力推动交通网络建设，努力构建交通一体化

交通建设要分阶段、按重点、有选择地推进；既要重视量的提升，又要进行质的改进，对于因存在竞争而有潜在资源浪费风险的空间点要尝试进行资源整合，以提升综合竞争力；要加强合作，积极制定跨区域的交通发展规划，设立具有区域联动性质的监督与管理机构，保障政策在实施过程中的延续性，以及交通网络建设与运营的顺利进行。

2. 夯实创新基础，提升区域性创新协作

创新作为核心推动力之一，对于城市群一体化发展至关重要，要提升政府、企业科研投入，重视人才建设，夯实城市群创新基础；要加强各城市在创新过程中的区域联动，鼓励良性竞争；政府要积极创建区域内和区域间的合作平台，为区域创新提供良好的外界环境。

（三）链接机制建设的启示

1. 产业链接机制建设

合理而完善的产业链对于城市群发展的重要性不言而喻，通过对长三角和珠三角城市群的分析可以有如下发现：首先，合理的产业分工是平衡城市群区域发展的重要推手。城市群一般地域较广，各地区要素禀赋迥异，产业发展各有侧重，合理地进行产业分工和优化资源配置可避免产业内恶性竞争和重复建设，有效地发挥产业的集聚效应和扩散效应，进而促进各地区经济的协调发展。其次，发展现代化产业体系，要正确认识产业发展不同阶段的优缺点。要加大核心城市对于夕阳产业和低端产业的对外转移力度，同时，城市群内部不同城市要加强合作，积极发展新兴产业。最后，充分鼓励产业链建设过程中的多主体参与。要鼓励社会团体和研究机构等在产业发展过程中的作用，形成产学研的一体化模式。

2. 空间链接机制建设

合理的空间链接机制有利于城市群各个区域在城市群一体化过程中明确自身位置，实现不同区域间的良性互动，并通过集聚与扩散效应的共同

作用，最终促成城市群形成最优的空间结构。

通过对长三角和珠三角城市群的分析可以发现，在城市群空间扩展的初期，在宏观层面以政府为主导对整个城市群的空间结构、各城市的发展定位进行科学、合理的规划非常重要。比如用于引导开放潮流、扮演长三角龙头的浦东新区，受益于政府明确打造中心城市战略的杭州、南京等，这些既促进了相关城市的发展，又明确了整个城市群空间结构的核心点，为城市群空间布局的推进打下了坚实基础。同时，长三角与珠三角城市群“多中心、多核”的空间结构也表明：尽管有协商会议，但行政区经济往往因折中而带来机会成本，加之距离成本的存在，“局部抱团、整体相连”的发展模式具有较强的可行性。同时这也是一种符合地理学规律的城市群发展模式。

（四）保障机制建设的启示

法律法规制定与一般性政策在城市群一体化保障机制框架中占据绝对主体地位，但囿于立法机制的相对滞后和具体国情，一般性政策在我国城市群一体化发展中仍为主导。这就要求政策制定既要包含全局性战略规划，又要包含与之相符的细节性协议，二者“详略结合”，共同服务于城市群一体化发展。

同时，由于一般性政策在强制性方面存在难以消除的缺陷，立法的探索很有必要，尽管起步较晚，但长三角城市群在环境污染立法方面的探索仍旧为城市群建设过程中构筑“区域协作立法”模式提供了可以借鉴的经验。

第三节　长江中游城市群一体化机制问题解析

本书第四、五、六章的实证分析结论表明，长江中游城市群一体化建设尚处于初始阶段。结合本章前文关于城市群一体化机制的相关分析可以将长江中游城市群在其发展过程中显现的一体化机制存在的问题归纳为：因城市群利益主体参与程度与参与方式的不成熟而造成的利益机制缺失；因交通设施建设和创新发展滞后而造成的动力机制缺失；因产业结构雷同、优化重组力度不足造成的产业链接机制缺失，以及因规划起步较晚、城市群发展深度与广度不足造成的空间链接机制缺失；因法律法规制定、政策细节模糊、执行与考核力度不够而造成的保障机制缺失等内容，下文将详细展开。

一 利益机制缺失

（一）长江中游城市群利益共同体建设滞后

利益共同体是城市群发展过程中形成的认同感与归属感，团结一致的良好氛围有利于全局性工作的开展。它能够协调各方利益关系，具有强大的激励与约束功能，能够降低城市群经济合作的机会成本，为城市群经济合作创造有利条件，从而促进城市群一体化顺利进行。当前，由于长江中游城市群一体化尚处于初级阶段，利益共同体尚未形成。一方面，在合作意愿上，虽然近年来湘鄂赣三省高层交流日益频繁，省合作的步伐日渐加快，但城市群内各城市之间的合作意愿，尤其是三大次城市群之间的跨省合作意愿仍不够强烈。总体而言，作为湖南省“十一五”期间经济发展的重大举措之一，环长株潭城市群是打造湖南省承接泛珠三角区域产业转移最重要的基地和着力点，因而其融入泛珠三角城市群的意愿比较强烈；而环鄱阳湖城市群则因泛长三角经济区的存在，存在向东靠拢长三角的趋势（谢元态等，2008）。

另一方面，在合作主体上，虽然目前长江中游城市群地方政府的合作已在多个领域展开，但合作以武汉、长沙和南昌三大核心城市为主，合作层级结构缺失。在已签订的最重要、最具影响力的长江中游城市群地方政府合作协议——《武汉共识》《长沙宣言》《南昌行动》中，合作的参与主体都只限于城市群内各省会城市。长江中游三大次城市群除核心城市之外，其他地方政府之间的实质性合作仍很缺乏，尽管有小范围的合作尝试（如“岳九咸”地方政府合作），但也仅限于少数地级政府间，多数地级政府乃至县级政府之间的合作几乎为空白。这样，合作意愿的不足以及合作主体与多圈层合作层级结构的缺失制约了区域利益共同体这一价值观念的形成。

（二）利益机制缺失

一方面，利益参与主体以及利益表达的缺失。长期以来，政府庞大的身影活跃在经济社会生活的方方面面，企业、市民、非营利组织等城市利益相关者被排除在公共决策之外（王志峰，2010），强势政府的存在造成利益参与主体以及表达方式的不健全，与我国多数城市群一样，长江中游城市群一体化建设也面临同样的问题，即使获得利益表达的机会，行政主管部门等会以“公众内部利害关系复杂”为由，倾向于听取理论上保障全局和共同利益的“专家意见”（吴可人，2006），而更为普遍性的利益诉求则被忽视。

另一方面，利益分享与补偿机制缺失，与发达地区城市群相比，长江中游城市群在利益的共享与补偿机制方面还存在制度真空问题，缺乏专门性的制度安排。此外，一体化的组织与管理也同样缺位，尚未形成类似于长三角与珠三角的一体化组织与管理机构，导致利益机制构建过程中重要的协作平台的缺失。

二　动力机制缺失

（一）交通网络建设有待提高

从本书第三章有关基础设施条件的分析可知，近年来长江中游城市群的交通网络状况有了很大改善，通达性大大提高，但与发达城市群相比，差距仍十分明显。

当前，长江中游城市群地方政府合作还处在一种比较松散的组织状态，没有负责协调城市群地方政府合作的领导机构，合作完全出于自愿发起状态，从而带有主观上的随意性（杨少劼，2014）。强有力的领导机构的缺位，造成发展过程中统一规划和顶层设计的缺乏，由于次城市群在进行交通规划时往往会优先考虑本省的发展而忽略整个城市群的综合交通链接规划，各省所签订的交通合作方面的协议在执行落实上力度不够，效率低下。

例如，早在2012年初，《推进设立长江中游城市群综合交通运输示范区合作意向书》便签订，将长江中游城市群省与省之间存在的18条重要“断头路”作为重点对接项目，原定“十二五”后三年陆续成功对接，但时至今日，仍有如平江—湘赣界—修水高速、萍乡—洪口界段、当阳—枝江界段等多条省际高速未能形成有效对接，高等级公路难以纵横相通。同时，在内河航道与港口建设方面，长江中游城市群发展也比较滞后，航道、港口、船舶、航运支持保障系统，航运企业和航运市场等方面与长江干线和发达通航支流相比仍存在较大差距，且存在港口之间的不良竞争行为。

（二）创新发展能力不足且严重失衡

一方面，创新资源少。由于经济发展水平与劳动工资同发达城市群相比较为落后，尽管长江中游城市群在高校的集聚和人才的拥有数量方面位居全国前列，但每年仍有大量人才流出，例如，武汉大学、华中科技大学的毕业生仅流入东部沿海发达城市的比例就高达40%～60%（龚鹏，2014），而世界银行的发展报告也指出“多种因素的存在造成了中国中部地区和西部地区缺乏技术转移中心城市，技术的流失成为普遍现象”（世界银行，2004）。人才和技术的大量流失成为长江中游城市群创新基础能力薄弱的主要原因，且易于形成循环累积现象。

另一方面，创新资源不均。严重的经济失衡制约了区域创新能力的提高，当前长江中游城市群在经济发展过程中，武汉和长沙等中心城市占用其他城市发展要素资源，导致部分相邻地级市出现“灯下黑”而发展缓慢的现象，98%的县级经济发展更为滞后，上述地区财政资金不足，人口、人才、资源、资金向外流出，缺乏集聚内生能力（梁本凡，2015）。2003年以来，长江中游城市群各城市之间的创新发展能力差距逐渐拉大，武汉都市圈、环长株潭城市群这两个次级都市圈尤其明显（李琳、龚胜，2015），由于核心城市的创新发展“吸管效应”吸引周围创新资源，创新能力薄弱的城市创新发展很可能陷入“创新陷阱”，城市群内部创新差异出现“马太效应”（肖刚，2016）。

上述两层因素叠加，共同引起当前长江中游城市群创新资源“少而不均”的局面，从而不利于城市群的发展。

三　链接机制缺失

目前，在推进长江中游城市群一体化建设的政策框架中，还只有国务院2015年4月批复的《长江中游城市群发展规划》属于国家层面出台的可参考政策，尽管规划中提到了城乡统筹发展、基础设施互联互通、产业协调发展、共建生态文明、公共服务共享，以及深化对外开放六个长江中游城市群重点合作领域，对于推进城市群一体化具有一定的指导意义，但目前为止，仍然缺乏对长江中游城市群产业链接与空间链接做出较为详细部署的规划纲要，导致城市群在产业与空间一体化发展方面缺乏具体有效的政策参考。

（一）产业链接机制缺失

根据《长江中游城市群发展报告（2013～2014）》，产业一体化是长江中游城市群协同发展的前提和核心。城市群的发展离不开产业的支撑作用，而产业链的构建又是提高城市群整体产业发展水平与质量的重要手段和产业发展的新生长点，同时也是塑造新的产业空间的必要条件（刘靖，2013）。城市群一体化建设中，经济一体化的实质是产业在一定空间的大规模聚集，而在长江中游城市群一体化建设中，尚未营造产业集群的优势，也未能围绕各城市产业优化组合这个核心，形成产业发展的合力。目前，由于自然地理、历史基础等客观因素以及政策等主观因素的影响，三省产业结构具有一定的趋同性（白洁，2012）。由第五章实证分析可知，目前长江中游城市群产业专业化分工不明显，产业互补性较低，且产业同构程度较高，专业化部门存在重构与相互竞争的现象，缺乏相应的产业链接机制，严重影响着长江中游城市群整体性竞争优势的发挥。

当前，长江中游城市群还未理顺湘鄂赣三省之间，武汉、长沙、南昌三大核心城市之间以及城市群内其他城市之间的分工关系。从城市群整体经济利益出发，依托核心城市及其区域支柱产业来进行合理产业分工的区域协作体系尚未形成，如何结合各省份的现实省情、区位特征、产业优势等确定重点发展产业并转移其他产业也缺乏相应的制度安排。

（二）空间链接机制缺失

良好的空间链接机制是城市群空间布局和等级体系形成的关键，由于城市数量众多，尽管长江中游城市群中武汉城市圈、环长株潭城市群和环鄱阳湖城市群三个次城市群呈现“三足鼎立”的空间分布格局，武汉、长沙、南昌三个核心城市也呈现“三角形”空间形态，但整体来看，这种空间链接更倾向于“单纯的地理现象”，城市群内次城市群之间以及各城市之间的空间联系仍较弱。当前长江中游城市群城际联系符合距离衰减规律，表现出“群（圈）内>群（圈）际”的空间分布特征，城际整合的重心和方向仍然以各个次城市群内部整合为主，而次城市群之间的联系与整合仍显不足，且整合受行政边界和交通距离的影响较大（童中贤等，2016）。空间一体化是城市群一体化形成与发展的基础，空间链接机制的缺失是影响长江中游城市群一体化推进的原因之一。

四 保障机制缺失

自《长江中游城市群发展规划》批复以来，长江中游城市群一体化发展推进取得了一定成果，但因起步较晚，与一体化发展相适应的保障机制还有待完善。

（一）立法机制缺失

虽然目前国务院已经批复《长江中游城市群发展规划》，提出湘鄂赣三省人民政府应切实加强组织领导，密切协调配合，落实工作责任，完善定期会商机制和工作推进机制，抓紧制定实施方案和专项规划，依法落实规划明确的主要目标和重点任务。但由于没有从法律上确定城市群规划的地位，其对长江中游城市群一体化发展的作用主要还是引导和规劝的方式，各次级城市群以及次级城市群内各城市的各项发展规划仍旧主要从各自的利益与要求出发，城市之间缺乏相互协调和沟通。此外，近年来城市群在越来越多的领域签订了一些制度性的协议，但根本上而言都依赖于政府领导的承诺，缺乏明确的法律效力，因而很容易使合作机制以及框架协议架空，无法获得有效实施。

（二）政绩评价指标体系与评估机制缺失

一方面，权威性的城市群一体化评价指标体系缺失。当前，对于如何综合评价长江中游城市群一体化发展水平还没有建立明确的评价指标体系，《长江中游城市群发展规划》中也没有提出评判长江中游城市群一体化程度的具体标准，从而导致对其一体化发展程度的判断基本上只能从定性的角度进行比较分散的评价，或者是学界的考核标准，但都缺乏权威性，这就在一定程度上使一体化机制建设的政策缺乏现实的数据支撑，只有在对长江中游城市群一体化发展程度进行定量的评价之后，并将定性与定量相结合，才能制定出更具针对性和操作性的政策建议。

另一方面，城市群建设过程中政府绩效评估机制不完善。长江中游城市群尚未将“合作绩效”纳入政府绩效考核范围，各地政府对于一体化合作的绩效还未形成明确的目标观念，从而导致长江中游城市群一体化合作意识上的不足与缺失，在经济发展过程中不免出现因不良竞争导致的区域发展失衡，同时，针对发展过程中存在的短期政绩观等不可持续现象仍然缺乏相应的评估手段加以约束。

第四节　长江中游城市群一体化机制构建的思路与策略

长江中游城市群一体化的发展是一个复杂的过程，而其最终能否取得成功，取决于能否在合理的构建思路和机制框架指导下形成长久而有效的一体化机制。

一　长江中游城市群一体化机制构建思路

（1）城市群一体化机制是在城市群孕育、成长、壮大的过程中不断完善的，对这一过程进行完整认知有利于对一体化机制进行深入研究。要在认知的基础上，将一体化机制上升到理论高度，并从理论上抽象出城市群一体化过程中存在的共性特征，确立城市群一体化机制的组成部分。

（2）构建城市群一体化发展机制，必须尊重城市群发展的特性，城市群发展的共性虽有可取之处，但不能简单地移花接木。适合国外的，不一定适合国内；适合国内的，不一定适合长江中游城市群，要根据自身特点创建合适的一体化发展机制。

（3）实现对于城市群一体化机制的认知并不复杂，复杂的是在认知的基础上对一体化机制作用程度的判断，以及一体化机制的有效构建问题。比如，我们在对城市群一体化的研究过程中可以清晰地发现，存在利益机制、动力机制、链接机制、保障机制等多种机制，却难以有效判别在什么时候强化何种机制比较好，因此，将各个机制进行搭配使用尤为重要，且要不断总结和反思。进一步而言，我们可以发现机制的问题所在，但这并不足够，还需要寻找相应的解决办法。

二　长江中游城市群一体化机制构建的策略

人与人之间的根本关系是“利益关系”，城市群的发展也不例外，一体化机制框架的构建要以利益机制为主线，其设计必须贯穿城市群一体化始终。但利益机制并不能独立运行，需借助动力机制、链接机制、保障机制而存在（见图 7－3）。

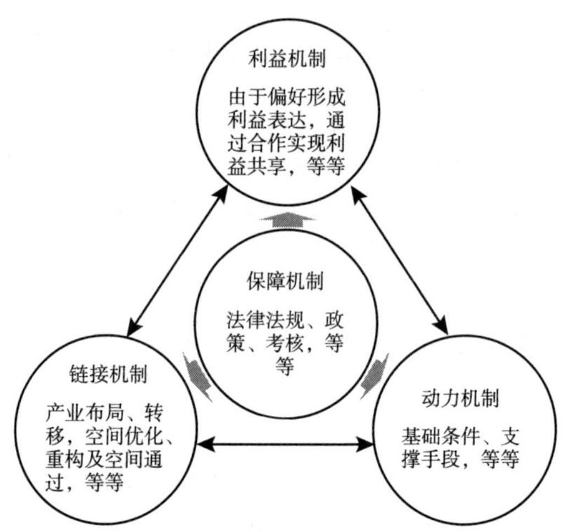

图 7－3　长江中游城市群一体化机制结构框架

（一）利益机制构建

利益机制的偏差与缺陷，导致地方政府决策的异化和对稀缺资源分配的自利性与随意性，这种行为加剧了主体间的利益冲突，从利益分配的结果来看也没有实现城市发展的最终目的（姜杰等，2008）。可见，合理有效的利益机制对于城市群发展的重要性，结合前文长江中游城市群利益机制建设过程中存在的问题，从以下几个方面提出解决措施。

1. 强化利益共同体意识

有团体意识，才会有团体行动，有团体行动，才会真正有可能提升团体利益。当前，长江中游城市群建设过程中，要努力摒弃仍然存在的“战略方向摇摆不定，发展心态左右逢源”的思维，各级政府和次级城市群要积极树立长江中游城市群一体化发展观念。要积极运用公共媒体，加大城市群一体化的宣传力度，从历史文化、价值观树立等多个方面强化政府层面的团体意识和团体思维。与此同时，各城市应自觉走出各自为政的“行政区经济”，尽快转变传统的“市域”观念，树立新型的区域观与“区域联动、共同发展”的整体战略意识。

2. 提升弱势参与者的利益表达

首先，社会公众作为“弱势群体”的主要集群，其利益表达往往被忽视，作为与社会公众联系最为直接的社区理应受到重视。当前我国公众对社区的认同度和参与度远远不够，社区的上传下达作用，因为“上传”的缺失而意义微弱，因此，引导公众广泛参与社区，建立完善的社区制度，鼓励有条件的社区成立市民咨询委员会、市民规划委员会等民间组织，可以在一定程度上拓宽利益表达主体，又可以发挥社区约束政府行为的作用。其次，鼓励企业组织和行业协会的建立，赋予其相应的城市建设监督权和城市规划制定参与权。最后，要重视外围城市的利益，由于行政地位、资源占有等方面的劣势，外围城市在城市群规划制定过程中通常被忽视，可以考虑在行政领导机构的建立过程中给予其一定的代表数量和话语权。

总之，要扩展社会公众、中小企业以及外围城市的代表数量和利益表达，并尊重其合法地位，改变当前存在的利益参与主体的偏差，防止利益代表虚化与异化现象（李东升等，2015）。

3. 健全利益分享机制

利益分享并不是城市群建设过程中将利益在不同参与主体之间进行绝对的平均分配，而是各利益体依据其拥有资源的重要性、稀缺程度，以及资源利用过程中是否不可替代，从而做出的符合差异性的利益分配。然而，这种差异必须可控，且需保持在合理范围。在长江中游城市群建设过程中，要形成合理的利益分享机制，就要保障参与主体对所获得利益的认可与赞同。例如，在产业与政府利益的分享上，要对产业分布做出一定的安排，在尽量尊重市场规律的前提下，对企业的选址和产业的空间布局做出适度且合理的干预，争取实现产业发展、企业利益、地方利益的兼顾，既保障企业的发展，又避免发展洼地的存在。

4. 完善利益补偿机制

利益补偿是维护利益链正常运转的重要环节，当前，武汉、长沙、南昌等核心城市的“极化效应”远远超过“扩散效应”，这就使多数外围城市表现为利益输出地，第一阶段的利益分配已无法自动修正至满足区域协调发展的需要。因此，第二阶段的利益补偿便成为重要的组成部分，用以保障城市群的持续发展。利益补偿机制可由两种途径实现，途径一，区域内政府之间的直接利益让渡。核心城市与部分相对发达的区域应当对直接利益牺牲者和外围弱势区域做出相应的补偿。途径二，建立相应的区域合作发展基金，大的方面，可以建立“长江中游城市群发展基金”，小的方面，可以建立“次级都市圈发展基金”，甚至可以在更小区域范围进行尝试。在初期，发展基金可以尝试对弱势区域进行缴纳免除，主要用于城市群内跨区域的基础设施、产业发展等。随后，针对发展基金的受益主体，应当在条件允许的基础上进行基金的缴纳，用于充实发展基金，借以满足更多的区域，并最终形成良性循环。

5. 搭建利益机制实施平台

将利益机制的设计付诸实践需要具体的组织与管理平台进行支撑。可借鉴长三角、珠三角城市群的一体化组织与管理模式，建立“两级运作、多方参与”的城市群组织与管理机制。

“两级运作”即湘鄂赣三省建立决策协调层和执行层两级运作的区域合作机制，使利益分享阶段的权责明晰化：一是决策协调层，包括省长联席会议制度、政府秘书长协调制度，定期召开会议，明确合作方向和重点，并联合编制发展计划。二是执行层，包括部门衔接落实制度、城市经济协调会制度，构建由各省直部门组成的部门衔接落实制度；构建以三个省会城市为核心，逐步吸引城市群各地级市参与的城市经济协调会制度，共同推进发展规划的实施。

“多方参与”即将拓展利益参与主体、完善利益表达机制的主要成果，诸如社区建设、行业组织、各类研究中心，纳入统一的组织与管理机构，使其地位得到提升。

（二）动力机制构建

1. 完善城际交通网络，促进城际互联互通

便捷的交通网络是城市群发展的基础。近年来，长江中游城市群交通网络建设取得了很大进步，但仍然需要强化。其一，大力推进航道改造整

治工程，包括长江宜昌至九江段主航道，湘江、汉江、赣江等主要支线航道的升级改造；当前，长江中游城市群范围内共包含不同等级港口多达31个，但综合实力不强，且存在不良竞争现象，因此，可以借鉴浙江省港口整合经验，对城市群的港口进行资源整合，纠正“小而散”的局面，推进“具有区域竞争力的港口格局”的建设。其二，要尽快建设沿江高铁（上海—重庆）、兰福高铁（兰州—福州）、西安—南昌、西安—长沙等高铁建设，加快城际铁路的建设，进一步提升轨道交通路网密度。将“断头路”的建设权责明晰化，纳入相关管辖区域的考核体系；对缺乏边界道路建设的地区，要予以合作层面的引导，提升积极性；采取多管齐下的“奖惩方式”促进城市组团之间的交通基础设施的互联互通。其三，加快城市群交通信息资源平台构建，保障交通运输一体化。良好的区域交通网络需要区域性的合作与管理，要建立路网管理与突发事件处置系统、城市群内物流信息管理与服务平台，提高交通与物流信息的有效性与及时性。

2. 强化创新投入，促进协同创新发展机制建设

从前文分析可知，长江中游城市群的创新资源面临“少而不均”的空间格局。针对本区域创新资源“少”的形势，要从以下方面进行提升。首先，增加创新投资，政府要适当提升科研资金占财政收入的比重，推动基础创新研究；企业要增强创新意识和风险意识，明确创新对于企业发展的重要性，提升销售收入中的“研发资金比”。其次，政府适当提升最低工资标准，企业同样要提升薪资待遇，提升对科技人员的吸引力，要强化“只有留住人才，才能留住创新；只有拥有创新，才能不断进步”的发展理念。最后，稳步推进国家级新区——湘江新区的建设，将其打造成为高端制造研发转化基地和创新创意产业集聚区，同时，努力推动武汉“光谷新区”和江西“赣江新区”上升为国家级新区，协同促进创新发展机制建设，联手打造国家创新发展示范区。

针对区域创新资源“不均”的局面，要着重强化“帮扶”手段，防止创新的“马太效应”。一方面，创新能力落后地区要加快完善市场经济环境，通过优惠的财税、金融等政策吸引城市群内外资金、技术、人才（李琳、龚胜，2015），提升自身的创新能力；同时，弱势区域之间要开

展合作，在资源流动方向等难以逆转的情况下，要创造条件，努力寻找新的经济增长点以及有效的人才吸引方式。另一方面，要注意促进武汉、长沙、南昌等创新优势区域在科研、教育、人才等方面对于落后地区的对口帮扶，建立“强弱对口”的合作共享平台，共促城市群创新发展能力。

（三）链接机制的构建

1. 产业链接机制

长江中游城市群产业链接机制的构建既要有良好的宏观规划，做到不同城市或是不同类别城市发展不同产业，又要注重特色产业集群的构建，做到“点、线、面”结合。

一方面，促进不同层次的产业在“核心—外围”城市的有效分工，优化城市群产业布局。在武汉、长沙、南昌等核心城市发展现代服务业及部分现代制造业；在次级城市群的重要支点城市发展现代制造业及部分现代服务业，在外围城市发展具备当地特色的产业以及由核心城市转移而来的产业，形成整个产业的结构、布局与城市等级相适应的态势。

另一方面，“串点成线”，整合产业存量资源，提升城市群特色产业整体竞争力。例如，以武汉东湖高新区为龙头，整合周边地区资源，提升光电子信息产业发展水平；依托武汉、南昌、长沙、景德镇等地汽车工业，建立长江中游城市群汽车产业战略联盟；依托江西铜业、方大特钢、章源钨业等龙头企业，强化配套产业，提升江西有色金属冶炼产业竞争力。

2. 空间链接机制

长江中游城市群城市众多，府际关系错综复杂。因此，根据各城市的地理位置、联系紧密程度、各自的优劣势等因素，形成彼此呼应、环环相套、互联互通的空间链接格局很有必要。结合中外城市群的相关分析，以及长江中游城市群实际情况，提出以下优化空间链接机制的措施。

首先，强化中心城市的辐射带动效应。一是继续提升武汉的发展水平，强化其城市群网络体系的核心地位，重视武汉市对武汉都市圈的引领带动作用，提升武汉都市圈外围城市的发展水平。二是由于长株潭一体化已初显成效，因此，应进一步强化其核心增长极的作用，同时，提升其对泛长株潭地区的辐射。三是加快南昌发展，强化其中心城市能力构建。

其次，强化发展轴线的城市群集聚功能。一是北部发展轴线，依托黄金水道和沪蓉高速等交通线路，加快沿江高铁建设，以九江、武汉、岳阳为主要连接点，优化沿线产业布局，提升发展水平和城市联系；二是南部发展轴线，即沪昆高速、在建的沪昆高铁沿线城市带，以长沙、南昌为中心，优化两侧城市集聚区；三是中部发展轴线，以京广高铁为轴，以武汉、长沙、株洲为主体，带动沿线城市协同发展；四是西部发展轴线，以二广高速为轴，推动荆州、常德、娄底等沿线城市建设；五是东部发展轴线，以京九线为轴，以南昌、九江为支撑点，以昌九一体化为契机，提升沿线中小城市发展。

最后，推进城市群毗邻地区的联动与协作。一是以产业合作、路网互通、旅游合作等为先导，促进岳阳、九江、咸宁三市的融合发展，发挥其三省接合处的联动作用；二是以洞庭湖生态经济区建设为依托，加强荆州、岳阳、常德、益阳等城市的发展；三是以推动湘赣开放合作试验区为着力点，促成《湘赣开放合作试验区发展规划》的正式实施，强化长沙、株洲、湘潭和萍乡、宜春、新余的城市联系；四是以《江西省城镇体系规划（2015~2030年）》的顺利获批为契机，推动以九江—小池、瑞昌—武穴为先导的九江、黄冈、黄石等边界互邻城市的互联互通。

（四）保障机制构建

1. 推进城市群层面的法治协作

与中央立法相比，地方性立法具有充分贴近城市群发展，更好地掌握城市群一体化过程中的相关动态、法治需求信息，并能够做出及时回应的优势，可见，地方性立法对于城市群一体化发展意义重大。首先，抢抓机遇，建立区域立法新篇章。2015年，《中华人民共和国立法法》修订完成，其有关“设区的市可以对‘城乡建设与管理、环境保护、历史文化保护等方面的事项’制定地方性法规”的相关规定使我国284个设区市具有了一定的自主立法权，而这一规定也为我国城市群的区域协作立法提供了良好的机遇。制度化的立法部门的参与向行政部门和其他国家提供了立法部门和社会的偏好，这些可靠信息减少了背信违约机会（陈光，2013）。从本章前面的分析可知，当前长江中游城市群的合作多停留在承诺性质的框架协议，实质性进展较少。因此，武汉、长沙、南昌等省会城市要发挥带头示范作用，积极响应最新立法规定，采取行动，对城乡建设与管理和环境保护等城市群建设的重要方面进行有益的探索，以有效的法律制定来提升湘鄂赣政府间的相关协议的可信性及执行力，以防止不具约束力的框架协议因违约而产生过多的机会成本，并提升政治互信，强化进一步合作的基础。其次，建立和完善城市群立法信息交流平台，加强立法协调、降低立法冲突，并对现有法规进行清理和优化。在产生立法需要时，要加强合作，必要时可联合起草制定，避免或减少重复立法。在经验借鉴方面，可以参考长三角城市群区域协作立法的经验，以降低立法过程中的机会成本。整改并优化现存法规政策，营造无差异和无壁垒的法律政策环境，以促进一体化。要加强合作，对现存不利于城市群内生产要素自由流通的法规政策，应达成限期清理或者优化的共识，并确保完成，以减少甚至消除城市群内的地方保护。最后，培育并吸收城市群行业协会合理规则，完善法规政策制定。

2. 加快构建一体化建设评价体系

借鉴珠三角城市群一体化评价指标体系，从基础设施一体化，如区域内轨道交通、公路网建设和连接程度，港口资源整合程度，电网、天然气管道建设和连接程度，通信及信息服务等方面；从产业布局一体化，如区域内产业布局一体化协作发展程度、先进制造业增加值、劳动生产率等方面；从基本公共服务一体化，如区域内基本公共服务财政支出增加率，住房、就业、医疗保障一体化指数等方面；从环境保护一体化，如区域内环境信息共享程度、环境监测一体化程度、环境执法合作联动程度等方面，建立跟踪评估制度，对各种一体化发展要素进行针对性的监测、检查、统计、分析、评价，提出进一步修改、发展和完善的建议。

3. 创新政府绩效评估方式

行政区经济的存在以及现有的政绩考核方式往往会带来“政治经济周期”，从而不利于城市群的持续健康发展。因此，要积极探索新的绩效评估方式。首先，显性化隐性指标，注重城市群的综合发展。将人文进步、民生质量、社会管理、生态文明、城市群建设、公民满意度等与GDP相比较为隐性化的指标纳入绩效评估。其次，短期绩效与长远绩效综合评估。既要考核当期的发展状况，又要评估当期建设是否有利于长远发展，同时，又要坚决更正“一届一个规划”的非科学政绩观念，保障规划决策的延续性。再次，尝试纳入城市群发展过程中的“绩效成本”评估方式，将自身发展与合作发展相结合，进行全方位评估。城市群的一体化不会一蹴而就，这就要求要素的投入需要一个合理的时间分配和相对均衡的空间分配，既不能杀鸡取卵，又不能以邻为壑，要将“后续成本”和“外部成本”作为绩效评估的一部分纳入，并针对其权重进行考量。最后，创建“多位一体”的评估参与体系。要动员全社会力量，形成自我评估、不同行政等级评估、公众评估等共同作用、并行发展的综合性评估体系。

第五节　本章小结

城市群一体化机制的构建是推进城市群一体化发展的关键。本章首先简析城市群一体化机制的内涵、构成，继而选取国内外著名城市群，对其一体化机制建设进行分析与经验总结。接着剖析了长江中游城市群一体化机制缺失的主要表现，根据国内外城市群的经验和长江中游城市群自身的实际构建了一体化机制框架，并提出了建设一体化机制的具体策略。本章主要结论如下。

第一，城市群一体化机制是指特定城市群在形成、发展、成熟过程中所涵盖的各种要素之间相互联系、相互作用、相互制约的关系集合。它具有整体性、客观性、复杂性，以及动态性等多种特征，包括利益机制、动力机制、链接机制和保障机制等多种机制。其中，利益机制主要反映城市群参与主体通过怎样的协调管理方式对利益表达、分享、冲突进行解决；动力机制对于城市群一体化发展具有重要的推动作用，主要解决城市群一体化发展的动力问题；链接机制用于揭示城市群的关系表达；保障机制则对前述机制的运行起到维护和约束作用。各项机制之间彼此联系、相互影响，共同存在于城市群一体化发展过程中。

第二，国内外城市群一体化建设的启示如下。①利益机制方面。要注重并优化利益机制建设过程中各主体的参与方式，明确不同行政等级政府的利益归属和职能管辖，尊重企业的市场主体地位，同时注意保障民生。

一体化组织与管理是利益机制建设过程中重要的一环，各个主体之间通过事前协商来协调利益分配，通过事中、事后反馈来解决利益冲突及进行利益补偿。②动力机制方面。作为动力机制建设的重要组成部分，交通网络建设是城市群各参与主体“时空”对接的核心纽带，其重要性不言而喻，因此，要强化对于多样性的交通工具的重视。创新是城市群发展过程中的创造性的源泉，要加大科研投资、培养人才、提升企业创新积极性，政府在园区的建设过程中要积极发挥服务功能，为创新提供良好的外界环境。注重产业（创新）园区的建设，提升集群创新能力，并利用其空间外溢和辐射效应来带动整个城市群的发展。③链接机制方面。在城市发展过程中，将产业在地域上进行合理规划十分重要。不同城市形成合理的产业分工、各具特色的产业功能，打造错位发展的空间布局，形成产业互补，十分重要，可以有效防止发展失衡。城市群空间布局和优化不能一蹴而就，其空间扩展方向的选择，以及不同等级的连接方式，源于行政与市场两种因素的共同影响。④保障机制方面。城市群一体化发展过程中参与主体的多样性和复杂性，要求法律、政策等保障机制的存在，法律的权威性对于城市群一体化发展的保障重要性毋庸置疑，与国外城市群相比，我国城市群法制建设还有很长的路要走。政策凭借其灵活性和实效性的优势，在一体化建设过程中发挥着重要作用，为满足一体化的发展要求，政策的制定要更具“区域”性质，且要注重延续性和建立反馈与监督机制。

第三，由于起步较晚，长江中游城市群一体化机制存在许多问题，须采取有效措施加以完善。一是构建合理的利益机制，包括合理有效的利益表达与参与机制、和谐共赢的利益共享与补偿机制，并提升组织与管理在利益机制过程中的实际作用。二是完善城市群交通网络，强化城际互联互通；强化创新投入，协同促进创新发展机制建设。三是促进不同层次产业在“核心—外围”城市的有效分工，优化城市群产业布局；“串点成线”，整合产业存量资源，提升城市群特色产业整体竞争力；强化点、提升线、发展圈，点、线、圈有序推进，构筑城市群合理空间链。四是探索区域性法律法规建立，加强城市群内部区域协作，消除地方保护，探索符合城市群一体化发展的评价与评估机制。

第八章

结论与研究展望

本书围绕“基于市场、产业、空间三重维度的长江中游城市群一体化发展模式及机制研究”这一论题展开了探索性的理论分析与实证研究。在理论研究层面，清晰阐述城市群一体化的内涵、特征，探析城市群一体化的理论基础，探究市场—产业—空间三重维度下城市群一体化水平测度指标与测度方法，市场—产业—空间三重维度下城市群一体化模式选择，实现市场—产业—空间三重维度下城市群一体化发展的机制体系，来尝试构建市场—产业—空间三重维度下的城市群一体化发展理论分析框架。在实证研究层面，采用基于遗传算法的投影寻踪聚类评价模型对长江中游城市群市场一体化发展水平进行了动态评估与比较，以分析长江中游城市群一体化发展的市场基础；采用产业分工多重测度指标分析了长江中游城市群产业一体化的演变特征，以探析长江中游城市群一体化发展的产业支撑；采用修正后的引力模型分析了长江中游城市群空间一体化的发展格局，以揭示长江中游城市群一体化发展的空间表征。通过以上研究，得出如下结论。

（1）城市群一体化的实质是要素自由流动，形成城市群地域空间组织高度集中、产业关联高度紧密、要素市场高度融合的一种状态。城市群经济是由内部不同城市通过密切的分工与协作形成的综合经济，应重视要素禀赋的差异性、比较优势的可创造性与区域分工的外部性；城市群一体化发展包含城市群市场一体化、产业一体化、空间一体化、制度一体化等内容，应重视制度统一的必要性、政府干预的有效性以及大市场的优越性；聚集与扩散机制在城市群空间结构的演化进程中起着关键作用，应重视打造整体产业链、强化中心城市的辐射带动效应、协调城际利益关系以及完善网络化设施；城市群内城市间的协调与共生既是区域一体化发展的内在要求，也是外部环境决定的必然结果，应重视城市群内城市间的差异化共生、合作性共生与进化性共生。

（2）长江中游城市群一体化发展的现实基础分析表明，长江中游城市群享有共同深厚的历史文化渊源和难得的历史机遇、独特的区位条件与良好的交通基础、渐强的经济实力与良好的发展契机、相似的产业分工定位与共同的利益诉求，政府间、企业间以及非政府组织间多领域的交流合作平台已搭建，交通运输、产业发展和市场一体化等重点领域的一体化已逐渐推进。

（3）长江中游城市群市场一体化测度及市场一体化模式选择研究表明，长江中游城市群市场一体化水平加速提升，但四大构成要素呈现非均衡发展格局，尚处于以城市间联系度为单一支撑的初级发展阶段；三大次城市群呈现武汉城市圈—环长株潭城市群—环鄱阳湖城市群的梯级格局，产品市场一体化和政府效能同一度是主驱动因子；武汉城市圈呈现“四要素协同驱动型”特征，环长株潭城市群呈现城市间联系度主导的“单要素驱动”特征，环鄱阳湖城市群则是城市间联系度和要素市场一体化共同主导的“双要素驱动”型。长江中游城市群市场一体化应从整体以及三大次城市群的视角实行差异化发展模式，长江中游城市群应选择协调高效的城市群区域政策协调模式；武汉城市圈应选择城市群市场一体化推进阶段的多层次交通体系模式；环长株潭城市群以及环鄱阳湖城市群应选择序贯式政策协调模式和政府主导的产品和要素市场整合模式。具体思路是，长江中游城市群区域政策协调化，武汉城市圈交通通信网络化，以及环长株潭城市群、环鄱阳湖城市群区域政策协调化、产品和要素流通自由化。

（4）长江中游城市群产业一体化测度及产业一体化模式选择研究表明，长江中游城市群三次产业同构程度较高，产业互补性有待增强；工业产业一体化水平虽有所提升，但仍处于较低水平，专业化分工有待提升；专业化产业多为低技术产业或高耗能产业，工业产业结构层次低，高技术产业缺乏比较优势；近 15 年的专业化产业变动呈现能源密集型产业衰退、轻纺制造业优势形成的特征，工业产业结构调整虽有成效，但新专业化产业多为低技术产业，高技术支撑乏力。长江中游城市群应针对不同的产业采取不同的一体化模式，石油化工产业可选择产业链纵向型的一体化模式，装备制造业应采取技术市场协同型和异构互补型相结合的一体化模式，战略性新兴产业可选择蛛网辐射型一体化模式，冶金工业可选择技术市场协同型和蛛网辐射型相结合的一体化模式。具体思路是，增强增长极作用，实现区域产业功能互补；沿经济带合理布局，优化产业空间结构；打造优势产业集群，分工合作承担产业转移；实施低碳化发展，助推能源密集型产业链转型升级；科学编制产业规划。

（5）长江中游城市群空间经济联系测度及空间一体化模式选择研究表明，长江中游城市群城市对外经济联系整体呈上升之势，新余、益阳、萍乡等城市通过产业互补在非中心城市对外经济联系中表现尤为突出；城市间经济联系差异扩大，基本维持以武汉为中心以及以长沙、新余组团为中心的两大圈层式扩散形态的空间结构，呈北部与中南强、东部弱的空间分异特征；三大次城市群之间的互动集群式结构尚未形成。长江中游城市群空间一体化发展应选择以武汉为主角，以长沙、南昌为副角的成三角一体化模式，并向星座式一体化模式进化，最终成为世界网络城市体系的一部分，具体发展策略是构建“一区三圈四组团五轴”的城市网络格局；催育长江中游城市群核心区，强化组织带动作用；完善城市体系结构，加强协作对接。

（6）长江中游城市群一体化发展机制研究表明，长江中游城市群一体化发展过程中存在利益机制、动力机制、链接机制及保障机制等多重机制缺失，应从四方面构建长江中游城市群的一体化发展机制。一是构建合理的利益机制，包括合理有效的利益表达与参与机制、和谐共赢的利益共享与补偿机制。二是完善城市群交通网络，强化城际互联互通；强化创新投入，协同促进创新发展机制建设。三是促进不同层次产业在“核心—外围”城市的有效分工，优化城市群产业布局；“串点成线”，整合产业存量资源，提升城市群特色产业整体竞争力；强化点、提升线、发展圈，点、线、圈有序推进，构筑城市群合理空间链。四是探索区域性法律法规建立，加强城市群内部区域协作，消除地方保护，构建符合城市群一体化发展的评价与评估机制。

在我国正在实施长江经济带战略以及以城市群为主要形态的新型城镇化战略背景下，本书以长江中游城市群为研究对象弥补了相关研究集中于京津冀、长三角、珠三角等发达城市群的局限性，以市场、产业、空间三重维度的综合研究丰富了城市群一体化的研究视角，采用基于遗传算法的投影寻踪聚类评价模型及修正的引力模型突破了现有研究创新性不足的缺陷。但囿于笔者学术能力和精力有限，研究中尚存在许多不足，以下观点或论题尚有待进一步深入探究。

（1）本书对长江中游城市群产业一体化的测度采用的是省际层面数据，并从整体及省与省之间的产业一体化视角进行了分析，虽能揭示长江中游城市群产业一体化的演变特征，但碍于数据的可获得性，缺乏从城市层面对长江中游城市群产业一体化的细化分析。而城市是现代经济发展产业专业化分工最重要的空间载体，往往能反映比省级单位更细微、更深入、更有针对性的现实问题，采用城市层面的制造业细分行业的数据来研究城市群整体以及城市之间的产业分工应成为未来城市群产业一体化发展的研究方向。

（2）本书提出了长江中游城市群一体化发展的模式选择与机制构建，长江中游城市群的市场一体化、产业一体化、空间一体化发展模式，以及从动力机制、利益机制、链接机制和保障机制四方面构建的长江中游城市群一体化发展机制体系，能否为中国其他城市群一体化发展提供参考借鉴？城市群一体化发展模式机制的具体落实过程中会遇到何种困难？相关问题有待于深入探究和实践探索。

（3）本书聚焦于“市场、产业、空间三重维度的长江中游城市群一体化模式及机制”研究，没有关注市场一体化、产业一体化、空间一体化以及三者之间的交互分别对于城市群一体化的影响，有待于未来的持续关注与探索。

参考文献

[1] A. R. Goetz. 1992. "Air Passenger Transportation and Growth in the US Urban System 1950 - 1987". *Growth and Change* 23.

[2] Abdel-Rahman H., Fujita M. 1990. "Product Variety, Marshallian Externalities and City Sizes". *Journal of Regional Science* 30.

[3] Antoine Decoville, Christophe Sohn. 2013. "Comparing Cross-border Metropolitan Integration in Europe: Towards a Functional Typology". *Journal of Borderlands Studies* 28 (2).

[4] Bela Balassa. 1962. *The Theory of Economic Integration*. London: Routledge.

[5] Bournel L. S., Simmons J. W. 1978. *Systems of Cities*. New York: Oxford University Press.

[6] Christaller W. 1933. *Central Places in Southern Germany*. Jena: Fischer.

[7] Cristina Bernini. 2009. "Convention Industry and Destination Clusters: Evidence from Italy". *Tourism Management* 11.

[8] Dirk Libaers, Martin Meyer. 2011. "Highly Innovative Small Technology Firms, Industrial Clusters and Firm Internationalization". *Research Policy* 11.

[9] Durantot J., Puga. 2000. "Diversity and Specialization in Cities: Why, Where and When does It Matter". *Urban Study* 373.

[10] E. Besuss, A. Cecchini and E. Rinaldi. 1998. "The Diffused City of the Italian North-East: Identification of Urban Dynamics Using Cellular Automata Urban Models". *Computers, Environments and Urban Systems* 22 (5).

[11] E. L. Ullman. 1957. *American Commodity Flow*. Seattle: University of Washington Press.

[12] Engel C., Rogers J. H. 2001. "Deviations from Purchasing Power Parity: Causes and Welfare Costs". *Journal of International Economics* 55 (1).

[13] Fang C., Song J. and Song D. 2007. "Stability of Spatial Structure of Urban Agglomeration in China based on Central Place Theory". *Chinese Geographical Science* 17 (3).

[14] Farrell H., Héritier A. 2005. "A Rationalist-institutionalist Explanation of Endogenous Regional Integration". *Journal of European Public Policy* 12 (2).

[15] Francesca Giardini, Gennaro Di Tosto and Rosaria Conte. 2008. "A Model for Simulating Reputation Dynamics in Inberninidustrial Districts". *Simulation Modeling Practice and Theory* 2.

[16] Friedmann J. H., Turkey J. W. 1974. "A Projection Pursuit Algorithm for Exploratory Data Analysis". *IEEE Trans on Computer* 23 (9).

[17] Friedmann J. 1966. *Regional Development Policy: A Case Study of Venezuela*. Cambridge: MIT Press.

[18] Friedmann J. 1986. "The World City Hypothesis". *Development and Change* 17 (1).

[19] Foley L. D. 1964. "An Approach to Metropolitan Spatial Structure", in Webber M. M. (ed.) *Exploration into Urban Structure*. Philadelphia: University of Pennsylvania Press.

[20] Fujita M., Krugman P. and Venables A. J. 1999. *The Spatial Economy: Cities, Regions, and International Trade*. Cambridge: Cambridge University Press.

[21] Geddes P. 1915. *Cities in Evolution: An Introduction to the Town Planning Movement and to the Study of Civics*. London: Hardpress.

[22] Gorkem Gulhan. 2014. "Evaluation of Residential Area Proposals Using

Spatial Interaction Measure: Case Study of Denizli, Turkey". *Procedia-Social and Behavioral Sciences*111.

[23] Gottmann J. 1957. "Megalopolis or the Urbanization of the Northeastern Seaboard". *Economic Geography* 33 (3).

[24] Guanfeng Mao, Bei Hu and Hong Song. 2009. "Exploring Talent Flow in Wuhan Automotive Industry Cluster at China". *Economics* 11.

[25] H. Serret, R. Raymond and J. C. Foltête et al. 2014. "Potential Contributions of Green Spaces at Business Sites to the Ecological Network in an Urban Agglomeration: The Case of the Ile-de-France Region, France". *Landscape and Urban Planning* 131.

[26] Hagerstrand T. 1968. *Innovation Diffusion as a Spatial Process*. Chicago: University of Chicago Press.

[27] Heckscher, Eli F. 1936. "Revisions in Economic History: V. Mercantilism". *The Economic History Review* 7 (1).

[28] Henderson and Hyoung Gun Wang. 2007. "Urbanization and City Growth: The Role of Institutions". *Regional Science and Urban Economics* 37 (3).

[29] Hidenobu Matsumoto. 2004. "International Urban Systems and Air Passenger and Cargo Flows: Some Calculations". *Journal of Air Transport Management* 10.

[30] Hiernaux A. G., Guerrero D. E. and McAleer M. 2013. "Market Integration Dynamics and Asymptotic Price Convergence in Distribution". *Economic Modeling* 28.

[31] Hirshman and Albert O. 1958. *The Strategy of Economic Development*. Newhaven. Connecticut: Yale University Press.

[32] Ian R. Gordon, Philip Mccann. 2000. "Industrial Cluster: Complexes, Agglomerations and/or Social Network?". *Urban Studies* 37 (3).

[33] Imbs J., Romain W. 2003. "Stages of Diversification". *American Economic Review* 77 (3).

[34] Jacob V. 1950. *The Customs Union Issue*. Oxford: Oxford University

Press.

[35] James P. LeSage , Carlos Llano. 2013. "A Spatial Interaction Model with Spatially Structured Origin and Destination Effects". *Springer-Verlag Berlin Heidelberg* 15.

[36] Jean-Marc Callois. 2008. "The Two Sides of Proximity in Industrial Clusters: The Trade-off between Process and Product Innovation". *Journal of Urban Economics* 1.

[37] Joonas Järvinen, Juha-Antti Lamberg and Lauri Pietinalho. 2012. "The Fall and the Fragmentation of National Clusters: Cluster Evolution in the Paper and Pulp Industry". *Journal of Forest Economics* 8.

[38] Junho H. Choi. 2006. "Comparing World City Networks: A network Analysis of Internet Backbone and Air Transport Intercity Linkages". *Global Networks* 6 (1).

[39] Krugman Paul. 1991. "Increasing Returns and Economic Geography". *Journal of Political Economy* 99 (3).

[40] Krugman P. 1996. "Urban Concentration: The Role of Increasing Returns and Transport Costs". *International Regional Science Review* 19.

[41] Kruscal J. B. 1972. *Linear Transformation of Multivariate Data: Theory and Application in the Behavioral Sciences*. New York & London: Seminar Press.

[42] Liliya Sarach. 2015. "Analysis of Cooperative Relationship in Industrial Cluster". *Procedia-Social and Behavioral Sciences* 6.

[43] Liu Y., Chen J. and Cheng W. et al. 2014. "Spatiotemporal Dynamics of the Urban Sprawl in a Typical Urban Agglomeration: a Case Study on Southern Jiangsu, China (1983 - 2007)". *Frontiers of Earth Science* 8 (4).

[44] Manuel G. Russon, Farok Vaki. 1995. "Population, Convenience and Distance Decay in a Short-haul Model of United States Air Transportation". *Journal of Transport Geography* 3 (3).

[45] Martijn J. Burger, Bas Karreman and Fred van Eenennaam. 2015. "The

Competitive Advantage of Clusters: Cluster Organisations and Greenfield FDI in the European Life Sciences Industry". *Geoforum* 10.

[46] McCallum J. 1995. "National Borders Matter: Canada-US Regional Trade Patterns". *The American Economic Review* 85 (3).

[47] McGee T. G. 1994. "The Future of Urbanization in Developing Countries: The Case of Indonesia". *Third World Planning Review* 16 (1).

[48] Michael S. Dahl, Christian Ø. R. Pedersen. 2004. "Knowledge Flows through Informal Contacts in Industrial Clusters: Myth or reality?". *Research Policy* 11.

[49] Milan Bufon. 2011. "Cross-border Co-operation and European Economic Integration: An Empirical Analysis". *European Spatial Research and Policy* 18 (2).

[50] Morton E. O'Kelly. 1998. "A Geographer's Analysis of Hub-and-spoke Networks". *Journal of Transport Geography* 6 (3).

[51] Naughton B. "How much can Regional Integration do to Unify China's Markets". Wording Papers of Stanford University, 1999.

[52] Norton Ginsburg, Bruce Koppel and T. G. McGee. 1991. *The Extended Metropolis: Settlement Transition is Asia*. Honolulu: University of Hawaii Press.

[53] Ogrokhina O. 2015. "Market Integration and Price Convergence in the European Union". *Journal of International Money and Finance* 56.

[54] Oliver Falck, Stephan Heblich and Stefan Kipara. 2010. "Industrial Innovation: Direct Evidence from a Cluster-oriented Policy". *Regional Science and Urban Economics* 11.

[55] Paolo Guerrieri, Carlo Pietrobelli. 2004. "Industrial Districts' Evolution and Technological Regimes: Italy and Taiwan". *Technovation* 11.

[56] Paolo Veneri, David Burgalassi. 2011. "Spatial Structure and Productivity in Italian NUTS-3 Regions". Working Papers of Marche Polytechnic University.

[57] Parsley D. C., Wei S. J. 2001. "Explaining the Border Effect: The

Role of Exchange Rate Variability, Shipping Costs, and Geography". *Journal of International Economics* 55 (1).

[58] Paul Krugman. 1991. "Increasing Returns and Economic Geography". *Journal of Political Economy* 99 (3).

[59] Perroux F. 1950. "Economic Space: Theory and Applications". *The Quarterly Journal of Economics* 64 (1).

[60] Peter Hall, Kathy Pain. 2006. "The Polycentric Metropolis: Learning from Mega-city Region in Europe". *Earthscan Publications* 20 (1).

[61] Phedon Nicolaides. 2012. "Economic Integration and the Structure of National Institutions". *Intereconomics* 47 (3).

[62] Poncet S. 2003. "Domestic Market Fragmentation and Economic Growth in China". ERSA Conference.

[63] Pu-yan Nie and Peng Sun. 2015. "Search Costs Generating Industrial Clusters". *Cities* 2.

[64] Qi S., Fang L. 2008. "Land Use Change and Environmental Hazard in the Coastal Areas: The Case of Laizhou Gulf, China". *Journal of Coastal Research* 245 (5).

[65] Qin G., Zhang P. Y. and Jiao B. 2003. "Formation Mechanism and Spatial Pattern of Urban Agglomeration in Central Jilin of China". *Chinese Geographical Science* 16 (2).

[66] Raffaella Taddeo, Alberto Simboli and Anna Morgante. 2012. "Implementing Eco-industrial Parks in Existing Clusters. Findings from a Historical Italian Chemical Site". *Journal of Cleaner Production* 9.

[67] Rasa Viederyte. 2013. "Maritime Cluster Organizations: Enhancing Role of Maritime Industry Development". *Procedia-Social and Behavior Sciences* 6.

[68] Ravallion M. 1986. "Testing Market Integration". *American Journal of Agricultural Economics* 68 (1).

[69] Reitel, Bernard. 2013. "Border Temporality and Space Integration in the European Transborder Agglomeration of Basel". *Journal of Borderlands*

Studies 28 (2).

[70] Rikard Forslid , Karen Helene Midelfart. 2005. "Internationalisation, Industrial Policy and Clusters". *Journal of International Economics* 5.

[71] Robert Triffin. 1954. "Economic Integration: Institutions, Theories, and Policies". *World Politics* 6 (4).

[72] Rondinelli, D. A. 1980. *Secondary Cities in Developing Countries: Policies for Disffusing Udbanization.* Beverly Hills: Sage Publicafions.

[73] Rughoo A. , You K. 2016. "Asian Financial Integration: Global or Regional? Evidence from Money and Bond Markets". *International Review of Financial Analysis* 12.

[74] Saarinen E. 1943. *The City: Its Growth, Its Decay, Its Future.* New York: Reinhold Publishing Corporation.

[75] Scitovsky T. 1968. *Economic Theory and Western European Integration.* London: Routledge.

[76] Scott A. J. 2001. *Global City-regions: Trends, Theory, Policy.* Oxford: Oxford University Press.

[77] SeilMun. 1997. "Transport Network and System of Cities". *Journal of Urban Economics* 42.

[78] Sharada Vadali, Shailesh Chandra. 2014. "Buyer-Supplier Transport Access Measures for Industry Clusters". *Journal of Applied Research and Technology* 10 (12).

[79] Sutikno, Muhammad Sri Wahyudi Suliswanto. 2015. "The Development of Manufacturing Industry Cluster as an Effort of Economic Improvement Expansion in East Java". *Procedia-Social and Behavioral Sciences* 11 (211).

[80] Takatoshi Tabuch, Jacques-François Thisse. 2011. "A New Economic Geography Model of Central Places". *Journal of Urban Economics* 69 (2).

[81] Taylor P. J. 2004. *World City Network: A Global Urban Analysis.* London: Routledge.

[82] Tinbergen J. 1954. "Over de theorie der economische politiek". *De*

Economist 102 (1).

[83] Todd A. Hagadone, Robert K. Grala. 2012. "Business Clusters in Mississippi's Forest Products Industry". *Forest Policy and Econimcs* 7.

[84] U. Wissen Hayek. 2015. "Quality of Urban Patterns: Spatially Explicit Evidence for Multiple Scales". *Landscape and Urban Planning* 142 (10).

[85] UNIDO. 1979. *World Industry since* 1960: *Progress and Prospects*. New York: United Nations.

[86] Victor Mesev. 1997. "Remote Sensing of Urban Systems: Hierarchical Integration with GIS". *Computers, Environment and Urban Systems* 21 (3).

[87] Wang K., Deng Y. and Sun D. et al. 2014. "Evolution and Spatial Patterns of Spheres of Urban Influence in China". *Chinese Geographical Science* 24 (1).

[88] Wei Jia, Li-ran Liu and Xue-mei Xie. 2010. "Diffusion of Technical Innovation Based on Industry-university-institute Cooperation in Industrial Clusters". *The Journal of China Universities of Posts and Telecommunications* 11.

[89] Wilson A. G. 1967. "A Statistical Theory of Spatial Distribution Models". *Transportation Research* 1 (3).

[90] Xinpeng Xu. 2002. "Have the Chinese Provinces become Integrated under Reform?". *China Economic Review* 13.

[91] Young A. 2000. "The Razor's Edge: Distributions and Incremental Reform in the People's Republic of China". *Quarterly Journal of Economics* 115 (4).

[92] Yung-Lung Lai et al. 2014. "The Effects of Industry Cluster Knowledge Management on Innovation Performance". *Journal of Business Research* 5.

[93] Zipf G. K. 1946. "Some Determinants of the Circulation of Information". *The American Journal of Psychology* 59 (3).

[94] 埃比尼泽·霍华德，2000，《明日的田园城市》，商务印书馆。

[95] 白洁，2012，《长江中游城市群产业分工协作的基础条件分析》，《湖北社会科学》第6期。

[96] 白永亮、党彦龙，2014，《长江中游城市群空间作用机理与空间结构研究》，《宏观经济研究》第 11 期。

[97] 白重恩、杜颖娟、陶志刚、仝月婷，2004，《地方保护主义及产业地区集中度的决定因素和变动趋势》，《经济研究》第 11 期。

[98] 彼得·罗布森，2001，《国际一体化经济学》，上海译文出版社。

[99] 伯特尔·俄林，2008，《区际贸易与国际贸易》，华夏出版社。

[100] 蔡丽娟，2016，《中三角城市群城市经济联系的时空演变分析》，湖南大学硕士学位论文。

[101] 蔡坚，2013，《中三角城市群空间经济联系及动态变化分析》，《技术经济与管理研究》第 9 期。

[102] 查日升，2013，《产业集群跨区域合作的机制和模式研究》，《现代产业经济》第 3 期。

[103] 柴彦威，1999，《中、日城市内部空间结构比较研究》，《人文地理》第 1 期。

[104] 陈光，2013，《城市群发展的立法需求及其供给》，《科技进步与对策》第 12 期。

[105] 陈红霞、李国平，2009，《1985～2007 年京津冀区域市场一体化水平测度与过程分析》，《地理研究》第 6 期。

[106] 陈桦楠、姜德波，2006，《长三角区域市场的地区分割——基于边界效应模型的分析》，《产业经济研究》第 5 期。

[107] 陈建军，2004，《长江三角洲地区的产业同构及产业定位》，《中国工业经济》第 2 期。

[108] 陈丽媛，2012，《长江中游城市群城镇一体化发展研究》，《学习月刊》第 14 期。

[109] 陈伟劲，2013，《珠三角城市联系的空间格局特征研究——基于城际客运交通流的分析》，《经济地理》第 4 期。

[110] 陈雯、王珏，2013，《长江三角洲空间一体化发展格局的初步测度》，《地理科学》第 8 期。

[111] 陈雯、周诚军，2003，《长江流域经济一体化下的中游地区产业发展研究》，《长江流域资源与环境》第 2 期。

[112] 陈修颖，2007，《长江经济带空间结构演化及重组》，《地理学报》第12期。

[113] 陈雅雯，2014，《京津冀区域产业一体化现状及对策研究》，北京邮电大学硕士学位论文。

[114] 陈彦光，2009，《空间相互作用模型的形式、量纲和局域性问题探讨》，《北京大学学报》（自然科学版）第2期。

[115] 陈耀，1998，《产业结构驱动的度量及合意性与非合意性》，《中国工业经济》第4期。

[116] 陈园园、李宁，2011，《城市群空间联系能力与SOM神经网络分级研究——以辽中南城市群为例》，《地理科学》第12期。

[117] 陈云霞，2013，《成渝城市群形成的动力机制研究》，兰州商学院硕士学位论文。

[118] 陈自芳，2014，《以产业升级推进京津冀经济一体化——兼对京津冀与长三角产业的比较分析》，《区域经济评论》第6期。

[119] 初楠臣、姜博，2015，《哈大齐城市密集区空间联系演变特征——基于东北振兴战略实施前后的视角》，《经济地理》第3期。

[120] 储莎、陈来，2011，《基于变异系数法的安徽省节能减排评价研究》，《中国人口·资源与环境》第S1期。

[121] 楚芳芳、蒋涤非，2012，《基于能值理论的长株潭城市群一体化研究》，《科技进步与对策》第5期。

[122] 崔大树，2003，《长江三角洲地区高新技术产业一体化发展研究》，《中国工业经济》第3期。

[123] 戴学珍，2002，《京津市场一体化研究》，《经济地理》第S1期。

[124] 杜培林、赵炳新，2014，《K-cores视角的区域产业结构的趋同演变与空间格局》，《经济问题探索》第11期。

[125] 杜荣江、蔡元成，2014，《区域协调发展视角下的安徽省城市群发展模式与机制研究》，《科技与经济》第3期。

[126] 范剑勇、林云，2011，《产品同质性、投资的地方保护与国内产品市场一体化测度》，《经济研究》第11期。

[127] 范剑勇，2004，《市场一体化、地区专业化与产业集聚趋势——兼

谈对地区差距的影响》，《中国社会科学》第6期。

[128] 方创琳、张永姣，2014，《中国城市一体化地区形成机制、空间组织模式与格局》，《城市规划学刊》第6期。

[129] 方大春、孙明月，2015，《高铁时代下长三角城市群空间结构重构——基于社会网络分析》，《经济地理》第10期。

[130] 费孝通，1996，《学术自述与反思》，生活·读书·新知三联书店。

[131] 冯更新，2013，《中部地区城市群一体化发展研究》，《城市》第1期。

[132] 冯兴元，2010，《地方政府竞争：理论范式、分析框架与实证研究》，译林出版社。

[133] 付强、赵小勇，2006，《投影寻踪模型原理及其应用》，科学出版社。

[134] 高新才、杨芳，2015，《丝绸之路经济带城市经济联系的时空变化分析——基于城市流强度的视角》，《兰州大学学报》第1期。

[135] 高煜，2016，《政策冲击、产业集聚与产业升级——丝绸之路经济带建设与西部地区承接产业转移研究》，《经济问题》第1期。

[136] 郜俊成、黄娟，2011，《国际大都市圈综合交通发展经验与启示研究》，《江苏城市规划》第10期。

[137] 戈银庆，2004，《中国区域经济问题研究综述》，《甘肃社会科学》第1期。

[138] 龚鹏，2014，《区域高等教育与经济发展协调关系研究——以长江中游城市群为例》，华东师范大学硕士学位论文。

[139] 龚胜生、张涛等，2014，《长江中游城市群合作机制研究》，《中国软科学》第1期。

[140] 顾朝林等，1995，《中国大城市边缘区研究》，科学出版社。

[141] 桂琦寒、陈敏、陆铭、陈钊，2006，《中国国内商品市场趋于分割还是整合：基于相对价格法的分析》，《世界经济》第2期。

[142] 郭建科、韩增林，2012，《我国不同区域城市空间联系的差异分析》，《地域研究与开发》第1期。

[143] 国务院发展研究中心课题组，2005，《国内市场一体化对中国地区

协调发展的影响及其启示》,《中国工商管理研究》第12期。

[144] 韩国高、高铁梅等,2011,《中国制造业产能过剩的测度、波动及成因研究》,《经济研究》第12期。

[145] 韩会然、焦华富、李俊峰、王荣荣,2011,《皖江城市带空间经济联系的网络特征及优化方向研究》,《人文地理》第2期。

[146] 何胜、唐承丽、周国华,2014,《长江中游城市群空间相互作用研究》,《经济地理》第4期。

[147] 河北经贸大学经济研究所课题组,2009,《冀东经济区一体化战略选择——基于区域产业链的视角》,《经济与管理》第11期。

[148] 侯天琛,2006,《中原城市群空间一体化的形成机制和发展布局》,河南大学硕士学位论文。

[149] 黄金波、李仲飞,2015,《珠三角九市自主创新能力测算与比较》,《科技管理研究》第16期。

[150] 黄群慧,2014,《"新常态"、工业化后期与工业增长新动力》,《中国工业经济》第10期。

[151] 黄赜琳、王敬云,2006,《地方保护与市场分割:来自中国的经验数据》,《中国工业经济》第2期。

[152] 江景和,2013,《关于湘鄂赣三省内部和对外合作的若干思考》,《湖北社会科学》第4期。

[153] 江曼琦、谢姗,2015,《京津冀地区市场分割与整合的时空演化》,《南开学报》(哲学社会科学版)第1期。

[154] 江小国、周海炜等,2017,《皖江城市群和长三角地区产业联动性研究——基于空间引力模型》,《经济与管理评论》第1期。

[155] 姜杰、曲伟强,2008,《中国城市发展进程中的利益机制分析》,《政治学研究》第5期。

[156] 姜立杰、黄际英,2001,《论20世纪七八十年代纽约市产业结构的转型》,《东北师大学报》第2期。

[157] 金世斌,2017,《国外城市群一体化发展的实践成效与经验启示》,《上海城市管理》第2期。

[158] 克里斯塔勒,2010,《德国南部中心地原理》,常正文,王兴中等

译，商务印书馆。

[159] 库诗雨，2013，《长江中游城市群经济发展评价研究》，武汉理工大学硕士学位论文。

[160] 冷炳荣、杨永春，2011，《中国城市经济网络结构空间特征及其复杂性分析》，《地理学报》第2期。

[161] 李斌，2013，《区域产业优势互补协同创新发展的途径与方法》，《科学管理研究》第6期。

[162] 李浩任，2017，《川南经济区产业一体化发展的财税政策研究》，《财政科学》第10期。

[163] 李东升、杜恒波、唐文龙，2015，《国有企业混合所有制改革中的利益机制重构》，《经济学家》第9期。

[164] 李红、张平宇、刘文新，2010，《基于新区域主义的城市群制度整合研究——以辽宁中部城市群为例》，《地域研究与开发》第5期。

[165] 李红锦，2011，《基于引力模型的城市群经济空间联系研究——珠三角城市群的实证研究》，《华南理工大学学报》（社会科学版）第2期。

[166] 李慧玲、戴宏伟，2016，《京津冀与长三角城市群经济联系动态变化对比——基于城市流强度的视角》，《经济与管理》第30期。

[167] 李善同、侯永志、刘云中、陈波，2004，《中国国内地方保护问题的调查与分析》，《经济研究》第11期。

[168] 李雪松、孙博文，2014，《区域经济一体化视角下的长江中游地区市场整合测度——基于湘鄂赣皖四省面板数据的分析》，《江西社会科学》第3期。

[169] 李雪松、孙博文，2013，《长江中游城市群区域一体化的测度与比较》，《长江流域资源与环境》第8期。

[170] 李郇、殷江滨，2012，《国外区域一体化对产业影响研究综述》，《城市规划》第5期。

[171] 李阳，2010，《长三角文化产业一体化进程中的政府角色定位》，《经济论坛》第10期。

[172] 李桢业、金银花，2006，《长江流域城市群经济带城市流——基于

长江干流 30 城市外向型服务业统计数据的实证分析》,《社会科学研究》第 3 期。

[173] 李志刚、王庆生,2014,《以制度和机制创新构建京津冀旅游产业一体化格局》,《天津商业大学学报》第 6 期。

[174] 梁本凡,2015,《长江中游城市群建成世界级智慧城市群的进程与路径研究》,《江淮论坛》第 3 期。

[175] 林宏生、刘伟东,1996,《珠江三角洲的产业优化与技术创新》,《探求》第 2 期。

[176] 林森,2010,《多层次区域发展视角下城市群一体化的思考》,《财经问题研究》第 6 期。

[177] 林文益,1994,《论国内统一市场的形成》,《北京商学院学报》第 4 期。

[178] 刘钒、易晓波、李光,2013,《基于区域创新能力的长江中游城市群科技合作研究》,《湖北社会科学》第 2 期。

[179] 刘富朝、袁锋、武友德,2010,《区域分工与合作视角下区域产业同构问题及优化路径》,《资源开发与市场》第 1 期。

[180] 刘靖,2013,《长江三角洲城市群一体化的机制和实现路径研究》,上海社会科学院硕士学位论文。

[181] 刘晓丽、王发曾,2006,《经济转型期中原城市群地区城镇规模结构演变分析》,《人文地理》第 3 期。

[182] 刘耀彬,2013,《基于 SNA 的环鄱阳湖城市群网络结构的经济联系分析》,《长江流域资源与环境》第 3 期。

[183] 刘耀彬、喻群等,2017,《长江中游城市群一体化演进格局及其竞争份额潜力研究》,《企业经济》第 6 期。

[184] 柳坤、申玉铭,2014,《中国生产性服务业外向功能空间格局及分形特征》,《地理研究》第 11 期。

[185] 柳青,2014,《长江中游城市群协同发展研究》,《长江论坛》第 2 期。

[186] 陆大道,1986,《2000 年我国工业生产力布局总图的科学基础》,《地理科学》第 2 期。

[187] 陆大道，1995，《区域发展及其空间结构》，科学出版社。

[188] 陆大道，2001，《论区域的最佳结构与最佳发展——提出“点－轴系统”和“T”型结构以来的回顾与再分析》，《地理学报》第2期。

[189] 陆大道，2002，《关于“点—轴”空间结构系统的形成机理分析》，《地理科学》第1期。

[190] 路洪卫，2014，《长江中游城市群区域协调发展机制探析》，《湖北经济学院学报》第4期。

[191] 吕典玮、张琦，2010，《京津地区区域一体化程度分析》，《中国人口·资源与环境》第3期。

[192] 迈克尔·波特，1997，《竞争优势》，陈小悦译，华夏出版社。

[193] 梅志雄、徐颂军，2012，《近20年珠三角城市群城市空间相互作用时空演变》，《地理科学》第6期。

[194] 孟德友、陆玉麒、樊新生、史本林，2013，《基于投影寻踪模型的河南县域交通与经济协调性评价》，《地理研究》第11期。

[195] 孟德友、陆玉麒，2009，《基于引力模型的江苏区域经济联系强度与方向》，《地理科学进展》第5期。

[196] 宁越敏、石崧，2011，《从劳动空间分工到大都市区空间组织》，科学出版社。

[197] 牛慧恩、孟庆民，1998，《甘肃与毗邻省区区域经济联系研究》，《经济地理》第3期。

[198] 潘少奇、李亚婷，2014，《中原经济区经济联系网络空间格局》，《地理科学进展》第1期。

[199] 庞晶、叶裕民，2008，《城市群形成与发展机制研究》，《生态经济》第2期。

[200] 齐讴歌、赵勇，2014，《城市群功能分工的时序演变与区域差异》，《财经科学》第7期。

[201] 钱纳里、鲁宾逊、赛尔奎因，1995，《工业化和经济增长的比较研究》，吴奇，王松宝等译，上海三联书店。

[202] 秦尊文、陈丽媛，2014，《推进长江中游城市群生态文明建设一体

化》，《理论月刊》第 9 期。

[203] 秦尊文、汤鹏飞，2013，《长江中游城市群经济联系分析》，《湖北社会科学》第 10 期。

[204] 秦尊文，2015，《加快推进长江中游城市群一体化发展》，《政策》第 11 期。

[205] 秦尊文，2007，《长江中游城市群的整合与发展前景》，全国经济地理研究会第十一届学术年会暨中国区域协调发展学术研讨会论文集。

[206] 任玉珑、刘焕、望玉丽、刘宁，2009，《基于熵权法和支持向量机的中长期电力负荷预测》，《统计与决策》第 14 期。

[207] 石磊、马士国，2006，《市场分割的形成机制与中国统一市场建设的制度安排》，《中国人民大学学报》第 3 期。

[208] 石军伟、王玉燕，2013，《中国西部省份工业结构同构度测算及其决定因素——基于 SIP 框架的分析与实证检验》，《中国工业经济》第 3 期。

[209] 世界银行，2003，《2004 年世界发展报告》，中国财政经济出版社。

[210] 宋吉涛，2009，《基于投入产出理论的城市群产业空间联系》，《地理科学进展》第 6 期。

[211] 宋兰旗、李秋萍，2012，《论发展区域产业一体化的理论基础》，《长春金融高等专科学校学报》第 4 期。

[212] 苏华，2012，《中国城市产业结构的专业化与多样化特征分析》，《人文地理》第 1 期。

[213] 孙东琪、张京祥，2013，《基于产业空间联系的大都市阴影区形成机制解析——长三角城市群与京津冀城市群的比较研究》，《地理科学》第 9 期。

[214] 孙友银，2014，《长三角城市群发展的动力机制研究》，南京师范大学硕士学位论文。

[215] 孙媛，2013，《两岸经济一体化测度问题研究》，《中国物价》第 10 期。

[216] 谭培文，2010，《以改善民生为利益机制推进社会主义核心价值认同》，《马克思主义研究》第5期。

[217] 汤放华、汤慧、孙倩、汤迪莎，2013，《长江中游城市集群经济网络结构分析》，《地理学报》第10期。

[218] 汤尚颖、杨丹丹，2015，《“创新发展”是长江中游城市群一体化发展的必由之路》，《长江论坛》第1期。

[219] 唐艺彬，2011，《美国纽约大都市圈经济发展研究》，吉林大学博士学位论文。

[220] 陶维兵，2014，《长江中游城市群经济协作的法治保障研究》，《湖北行政学院学报》第3期。

[221] 陶希东，2008，《中国跨界都市圈规划的体制重建与政策创新》，《城市规划》第8期。

[222] 田超、王磊，2016，《市场一体化下长江中游城市群第二产业结构与经济增长研究》，《湖北社会科学》第1期。

[223] 童中贤、曾群华，2016，《长江中游城市群空间整合进路研究》，《城市发展研究》第1期。

[224] 童中贤，2011，《城市群整合论——基于中部城市群整合机制的实证分析》，格致出版社。

[225] 汪伟全，2011，《区域一体化、地方利益冲突与利益协调》，《当代财经》第3期。

[226] 王安平，2014，《产业一体化的内涵与途径——以南昌九江地区工业一体化为实证》，《经济地理》第9期。

[227] 王春雷、黄素心，2011，《区域政策协调模式比较分析》，《中南财经政法大学学报》第1期。

[228] 王春雷，2015，《区域政策协调模式选择及其对区域市场一体化的影响》，《中央财经大学学报》第5期。

[229] 王春业、任佳佳，2013，《长三角区域地方立法的冲突与协作》，《唯实》第2期。

[230] 王德利、方创琳，2010，《中国跨区域产业分工与联动特征》，《地理研究》第8期。

[231] 王德忠、庄仁兴，1996，《区域经济联系定量分析初探——以上海与苏锡常地区经济联系为例》，《地理科学》第1期。

[232] 王发曾、郭志富、刘晓丽、赵威，2007，《基于城市群整合发展的中原地区城市体系结构优化》，《地理研究》第4期。

[233] 王芳、夏丽华，2010，《基于GIS的珠江三角洲城市群结构与空间关联研究》，《广州大学学报》（自然科学版）第1期。

[234] 王海江、苗长虹，2012，《我国省域经济联系的空间格局及其变化》，《经济地理》第7期。

[235] 王开科，2011，《区域一体化进程中的产业发展协作问题及其治理机制优化》，《经济地理》第10期。

[236] 王凯、周密，2015，《日本首都圈协同发展及对京津冀都市圈发展的启示》，《现代日本经济》第1期。

[237] 王美霞，2008，《新疆城市可持续发展的综合评价》，《黑龙江对外经贸》第5期。

[238] 王涛、曾菊新，2014，《长江中游城市群城际竞合空间格局分析——基于城市竞争力与空间相互作用的视角》，《热带地理》第3期。

[239] 王晓娟，2009，《长江三角洲地区产业一体化的内涵、主体与途径》，《南通大学学报》（社会科学版）第4期。

[240] 王学定、范宪伟、高峰，2012，《基于城市联系的甘肃省区域发展战略》，《城市问题》第5期。

[241] 王宇华，2007，《产业一体化与武汉城市圈》，《长江日报》1月13日。

[242] 王志锋，2010，《城市治理多元化及利益均衡机制研究》，《南开学报》（哲学社会科学版）第1期。

[243] 韦伯，1997，《工业区位论》，李刚剑，陈志人，张英保译，商务印书馆。

[244] 韦素琼、陈艳华，2010，《基于相似系数和R/S分析方法的闽台产业同构性》，《地理研究》第3期。

[245] 魏后凯、成艾华，2012，《携手共同打造中国经济发展第四极——

长江中游城市群发展战略研究》，《江汉论坛》第4期。
[246] 魏震、李佳、高远秀，2012，《基于京津冀一体化背景下区域合作与产业整合》，第六届沿渤海·环首都·京津冀协同发展论坛会议论文。
[247] 吴常艳、黄贤金等，2017，《长江经济带经济联系空间格局及其经济一体化趋势》，《经济地理》第7期。
[248] 吴传清、刘陶等，2005，《城市圈区域一体化发展的理论基础与协调机制探讨》，《经济前沿》第12期。
[249] 吴可人，2006，《城市规划中四类利益主体剖析及利益协调机制研究》，浙江大学硕士学位论文。
[250] 吴三忙、李善同，2010，《市场一体化、产业地理集聚与地区专业分工演变——基于中国两位码制造业数据的实证分析》，《产业经济研究》第6期。
[251] 刁明明、张进铭，2012，《“中三角”城市群研究：基于引力模型的视角》，《中国井冈山干部学院学报》第6期。
[252] 肖刚、杜德斌、李恒、戴其文，2016，《长江中游城市群城市创新差异的时空格局演变》，《长江流域资源与环境》第2期。
[253] 谢元态、吴春雅、周陈曦，2008，《泛长三角“3+2”框架下江西经济发展前瞻》，《江西农业大学学报》（社会科学版）第4期。
[254] 徐慧超、韩增林、赵林、彭飞，2013，《中原经济区城市经济联系时空变化分析——基于城市流强度的视角》，《经济地理》第33期。
[255] 徐建斌、占强等，2015，《基于经济联系与空间流的长株潭城市群空间异质性分析》，《经济地理》第10期。
[256] 徐茜，2010，《省际外联经济量与地缘经济关系的匹配分析——以浙江省为例》，《经济地理》第4期。
[257] 徐铮、房国忠，2014，《发达国家城乡人力资源市场一体化模式研究——兼论中国城乡人力资源市场一体化的模式选择》，《东北师大学报》（哲学社会科学版）第6期。
[258] 许吉辰、李佩瑶，2012，《长株潭“3+5”城市群一体化水平实证

分析》，《当代经济》第5期。
[259] 许露元、李红，2015，《城市空间经济联系变化的网络特征及机理——以珠三角及北部湾地区为例》，《城市问题》第5期。
[260] 许学强、周一星、宁越敏，1997，《城市地理学》，高等教育出版社。
[261] 薛凤旋、郑艳婷、许志桦，2014，《国外城市群发展及其对中国城市群的启示》，《区域经济评论》第4期。
[262] 薛丽萍、欧向军，2014，《淮海经济区主要城市经济联系的空间作用分析》，《经济地理》第11期。
[263] 薛永应，1982，《试论经济利益范畴》，《经济科学》第3期。
[264] 亚当·斯密，1972，《国民财富的性质和原因的研究》，郭大力，王亚南译，商务印书馆。
[265] 闫卫阳、王发曾，2009，《城市空间相互作用理论模型的演进与机理》，《地理科学进展》第4期。
[266] 杨爱平，2011，《从政治动员到制度建设：珠三角一体化中的政府创新》，《华南师范大学学报》（社会科学版）第3期。
[267] 杨凤华、王国华，2012，《长江三角洲区域市场一体化水平测度与进程分析》，《管理评论》第1期。
[268] 杨少劼，2014，《中三角城市群地方政府合作模式探析》，华中师范大学硕士学位论文。
[269] 杨先花、张杰，2017，《创新链视角下区域产业一体化对策研究——以京津冀地区为例》，《商业经济研究》第15期。
[270] 杨振山、程哲、蔡建明，2015，《从国外经验看我国城市群一体化组织与管理》，《区域经济评论》第4期。
[271] 叶玉瑶、张虹鸥，2007，《珠江三角洲城市群空间集聚与扩散》，《经济地理》第5期。
[272] 银温泉、才婉茹，2001，《我国地方市场分割的成因和治理》，《经济研究》第6期。
[273] 尹广萍，2009，《长三角区域产业一体化研究》，上海交通大学硕士学位论文。

[274] 尹正、倪志伟，2017，《区域博弈、产业分工与经济一体化》，《中国流通经济》第 12 期。

[275] 袁瑞娟、宁越敏，1999，《全球化与发展中国家城市研究》，《城市规划汇刊》第 5 期。

[276] 张颢瀚，2012，《转型与融合：长三角地区一体化发展的体制机制建设》，《中国浦东干部学院学报》第 5 期。

[277] 张红，1995，《珠江三角洲经济区产业结构调整的困难与对策》，《南方经济》第 4 期。

[278] 张立荣、姜明军、陈娜，2009，《湖南省长株潭城市群空间组织研究》，《地域研究与开发》第 3 期。

[279] 张攀，2008，《长江三角洲城市群整合发展研究》，华东师范大学博士学位论文。

[280] 张伟、胡剑波、高辉，2014，《能源密集型产业链低碳化发展模式与升级路径》，《科技进步与对策》第 10 期。

[281] 张晓兰，2013，《东京和纽约都市圈经济发展的比较研究》，吉林大学博士学位论文。

[282] 张玉英、畅向辉，2015，《长江中游城市群产业分工协作一体化问题研究》，《商业经济研究》第 2 期。

[283] 张子珍，2017，《基于企业区位选址的城乡产业一体化发展研究》，《经济问题》第 5 期。

[284] 赵璟、党兴华，2012，《城市群空间结构演进与经济增长耦合关系系统动力学仿真》，《系统管理学报》第 4 期。

[285] 赵丽珍，2013，《我国城市群交通模式选择对策》，《综合运输》第 12 期。

[286] 赵凌云、秦尊文、张静、汤鹏飞，2010，《关于启动和加快长江中游城市群建设的研究》，《学习与实践》第 7 期。

[287] 赵伟、徐朝晖，2005，《测度中国省域经济“二重”开放》，《中国软科学》第 8 期。

[288] 赵亚平、肖湘，2001，《我国国内统一市场理论研究的发展》，《宏观经济研究》第 1 期。

[289] 赵勇、白永秀，2008，《区域一体化视角的城市群内涵及其形成机理》，《重庆社会科学》第9期。

[290] 赵勇，2009，《区域一体化视角下的城市群形成机理研究》，西北大学博士学位论文。

[291] 郑勇军、汤筱晓，2006，《集群间产业链整合：提升产业竞争力的重要途径——以中国沿海地区计算机制造业集群为例》，《工业技术经济》第7期。

[292] 郑元凯，2008，《城市群的兴起与发展——基于制度变迁理论的分析》，《经济与管理》第1期。

[293] 周国富、陈玲，2005，《市场化进程中的产业同构演化趋势分析》，《工业技术经济》第6期。

[294] 周立群、夏良科，2010，《区域经济一体化的测度与比较：来自京津冀、长三角和珠三角的证据》，《江海学刊》第4期。

[295] 朱平芳、李世奇，2016，《长三角创新型城市建设的比较研究》，《南京社会科学》第1期。

[296] 朱文兴、卢福财，2013，《鄱阳湖生态经济区产业共生网络构建研究》，《求实》第2期。

[297] 朱英明，2004，《城市群经济空间分析》，科学出版社。

[298] 朱英明，2007，《长三角城市群产业一体化发展研究——城际战略产业链的视角》，《产业经济研究》第6期。

[299] 李琳、蔡丽娟，2015，《中三角城市群城市经济联系的时空演变特征》，《城市问题》第7期。

[300] 李琳、龚胜，2015，《长江中游城市群协同创新度动态评估与比较》，《科技进步与对策》第23期。

[301] 李琳、刘立涛、陈文韬，2008，《长沙汽车产业集群的辨认、问题及政策选择》，《经济地理》第5期。

[302] 李琳、谈肸、徐洁，2016，《长江中游城市群市场一体化水平评估与比较》，《城市问题》第10期。

[303] 李琳、彭宇光，2017，《中三角城市群与长三角城市群市场一体化及影响因素比较研究》，《科技进步与对策》第1期。

后　记

本书是我主持的国家社科基金后期资助项目“基于市场、产业、空间三重维度的长江中游城市群一体化模式选择及机制研究”（16FJL009）的最终成果，也是我和我的团队近些年来潜心于“城市群一体化发展”论题研究的阶段性总结。在书稿出版之际，感激之情油然而生。

首先，要感谢我的弟子和团队。数年来，我们一直坚持“两周一次”的讨论机制。无数次地讨论、争执，争执后再讨论、再思考，正是有了一届又一届博士、硕士研究生的积极参与，才有了探索道路上徘徊过后的坚持，才有了坚持后的收获。特别是已经毕业的博士刘莹，作为硕博连读的优秀学生，在本课题的参与过程中做出了努力！

本书的出版，还离不开众多良师益友的鼓励和帮助，在此，一并向他们表示诚挚的谢意。要特别感谢湖南大学经济与贸易学院名誉院长赖明勇教授、院长张亚斌教授、罗能生教授、陈乐一教授，以及湖南师范大学资源与环境学院的周国华教授、中科院地理所的何书金研究员，感谢他们一直以来给予我的鼓励、支持与帮助。感谢国家社科基金后期资助项目评审过程中提出宝贵意见的专家，正是他们的真知灼见才使得本书内容不断完善。感谢在课题调研过程中和本书撰写中给予启迪的众多学者，请原谅不能逐一道谢！感谢社会科学文献出版社责任编辑张超在本书出版过程中的辛勤付出。

最后，我要感谢我的家人。父母始终如一的无私关爱、先生的理解与关心、女儿的成长，是激励我在学术道路上勇敢前行的动力源泉。

李　琳

2018 年 11 月

索 引

F

G

H

J

K

L

图书在版编目（CIP）数据

长江中游城市群一体化模式选择与机制研究：基于市场、产业、空间三维视角 / 李琳著. --北京：社会科学文献出版社，2019.3

国家社科基金后期资助项目

ISBN 978-7-5201-3788-1

Ⅰ.①长… Ⅱ.①李… Ⅲ.①长江流域-中游-城市群-区域经济一体化-研究 Ⅳ.①F299.275

中国版本图书馆 CIP 数据核字（2018）第 250977 号

·国家社科基金后期资助项目·

长江中游城市群一体化模式选择与机制研究

——基于市场、产业、空间三维视角

著　　者 / 李　琳

出 版 人 / 谢寿光
项目统筹 / 张　超
责任编辑 / 张　超

出　　版 / 社会科学文献出版社·皮书出版分社（010）59367127
地址：北京市北三环中路甲 29 号院华龙大厦　邮编：100029
网址：www.ssap.com.cn
发　　行 / 市场营销中心（010）59367081　59367083
印　　装 / 三河市龙林印务有限公司

规　　格 / 开　本：787mm × 1092mm　1/16
印　张：17.25　字　数：270 千字
版　　次 / 2019 年 3 月第 1 版　2019 年 3 月第 1 次印刷
书　　号 / ISBN 978-7-5201-3788-1
定　　价 / 89.00 元

本书如有印装质量问题，请与读者服务中心（010-59367028）联系